ASTROLOGIA PARA RELACIONAMENTOS VERDADEIROS

ASTROLOGIA PARA RELACIONAMENTOS VERDADEIROS

Um Guia Moderno e Inclusivo sobre os Astros para Enriquecer sua Vida Amorosa e seu Relacionamento com a Família e Amigos

Jessica Lanyadoo e T. Greenaway

Ilustrações de Joel Burden

Tradução de Marcelo Brandão Cipolla

Editora
Pensamento
SÃO PAULO

Título do original: *Astrology for Real Relationships*.
Copyright do texto © 2020 Jessica Lanyadoo e T. Greenaway.
Copyright das ilustrações © 2020 Joel Burden.
Copyright da edição brasileira © 2022 Editora Pensamento-Cultrix Ltda.
1ª edição 2022.

Todos os direitos reservados. Nenhuma parte deste livro pode ser reproduzida ou usada de qualquer forma ou por qualquer meio, eletrônico ou mecânico, inclusive fotocópias, gravações ou sistema de armazenamento em banco de dados, sem permissão por escrito, exceto nos casos de trechos curtos citados em resenhas críticas ou artigos de revista.

A Editora Pensamento não se responsabiliza por eventuais mudanças ocorridas nos endereços convencionais ou eletrônicos citados neste livro.

Editor: Adilson Silva Ramachandra
Gerente editorial: Roseli de S. Ferraz
Preparação de originais: Alessandra Miranda de Sá
Gerente de produção editorial: Indiara Faria Kayo
Editoração Eletrônica: Join Bureau
Revisão: Adriane Gozzo

Dados Internacionais de Catalogação na Publicação (CIP)
(Câmara Brasileira do Livro, SP, Brasil)

Lanyadoo, Jessica
 Astrologia para relacionamentos verdadeiros: um guia moderno e inclusivo sobre os astros para enriquecer sua vida amorosa e seu relacionamento com a família e amigos / Jessica Lanyadoo e T. Greenaway; ilustrações de Joel Burden; tradução de Marcelo Brandão Cipolla. – 1. ed. – São Paulo: Editora Pensamento, 2022.

 Título original: Astrology for real relationships
 ISBN 978-85-315-2218-5

 1. Amor 2. Astrologia 3. Relações interpessoais I. Greenaway, T. II. Burden, Joel. III. Título.

22-112943 CDD-133.5

Índices para catálogo sistemático:
1. Astrologia 133.5
Cibele Maria Dias – Bibliotecária – CRB-8/9427

Direitos de tradução para a língua portuguesa adquiridos com exclusividade pela
EDITORA PENSAMENTO-CULTRIX LTDA., que se reserva a
propriedade literária desta tradução.
Rua Dr. Mário Vicente, 368 – 04270-000 – São Paulo – SP – Fone: (11) 2066-9000
http://www.editorapensamento.com.br
E-mail: atendimento@editorapensamento.com.br
Foi feito o depósito legal.

A todos os que lutam por dignidade, igualdade e amor – especialmente nestes tempos de incerteza.

SUMÁ

RIO

11 Introdução

21 Um: Amigos e Família Escolhida

101 Dois: Ficar e Namorar

177 Três: Relacionamentos de Longo Prazo

251 Agradecimentos

253 Sobre as Autoras

INTRODUÇÃO

Vou lhe contar um segredo. Este livro não é apenas sobre relacionamentos. Foi assim que chamei sua atenção. Ele é, na verdade, sobre você.

A astrologia nos oferece uma ótima maneira de aprender mais sobre as pessoas que fazem parte de nossa vida. Mas o mais importante é que também nos oferece instrumentos úteis que podemos usar para conhecer a nós mesmos. Uma vez que compreendamos todas as peças de nosso quebra-cabeça pessoal – quem somos de fato e o que realmente desejamos –, podemos nos tornar participantes efetivos e capacitados em cada relacionamento em que decidirmos nos envolver.

A astrologia é um sistema vasto e surpreendente para entender nosso interior e exterior – e fazer a ponte entre os dois. E, quando falo de relacionamentos e intimidade, estou falando, na realidade, de saúde mental, emocional e espiritual. O modo como nos sentimos em relação a nós mesmos está diretamente ligado a quanto estamos dispostos a nos aproximar de outras pessoas. E, para aqueles que foram desencorajados a fazer valer a própria vontade quanto aos sentimentos e ao próprio corpo, abrir a porta para que outra pessoa entre pode ser particularmente difícil.

Espero que você use este livro como recurso para entender de que forma o posicionamento dos planetas em seu mapa astral tem relação com seus problemas de intimidade com amigos, amantes e parceiros românticos. A astrologia é complicada! Portanto, vamos começar do início.

O QUE É ASTROLOGIA?

A astrologia é um sistema divinatório. É o estudo do movimento dos corpos celestes, que tem sido usado por diferentes culturas no decorrer do tempo. Os astrólogos observam onde os planetas estão no céu, e uns em relação aos outros, para determinar ciclos e tendências da vida.

A astrologia não é um sistema de crenças; é um instrumento de compreensão que tem sido associado a uma ampla gama de sistemas de crenças há milhares de anos. Existem astrólogos agnósticos, budistas, anticapitalistas, membros das Fadas Radicais e cristãos. Há aqueles que acreditam que tudo é luz e amor, e outros que acreditam na condenação de todos nós. Podem-se aplicar aos astros qualquer ponto de vista espiritual ou filosófico.

VOCÊ VAI ME CONTAR SOBRE MEU SIGNO?

Quase sempre, a astrologia popular resume um sistema complexo e multiplanetário unicamente no signo solar. Por essa razão, as pessoas têm a tendência a categorizar e "patologizar" os indivíduos com base nos signos solares. Isso não é apenas uma visão limitada, mas também uma oportunidade perdida. O Sol governa nossa identidade e nossa autopercepção – ela é importante, sem dúvida, mas é apenas parte de quem somos. Por exemplo, o posicionamento da Lua nos fala sobre nossas emoções; o de Netuno, sobre nossos ideais; e o ponto onde está Mercúrio no mapa oferece uma visão sobre nossa mente e nossos pensamentos.

O QUE É O MAPA NATAL?

O mapa natal é uma representação visual do céu noturno no momento e local de seu nascimento. Na astrologia ocidental, o mapa natal é sempre um círculo. Ele nos fornece informações sobre nossa natureza no passado, no presente e no futuro. Este livro não ensinará você a ler em detalhes mapas natais; esses mapas são uma ferramenta por meio da qual profissionais e estudantes de astrologia podem entender, com mais profundidade, o que está implícito, em termos de relacionamentos, no posicionamento dos planetas por signo e casa.

Para sabermos em que casa determinado planeta está, precisamos saber a hora em que nascemos e colocá-la numa ferramenta de criação de mapas com a data e o local de nosso nascimento. É possível encontrar uma ferramenta dessas em meu site, LoveLanyadoo.com. O ascendente (também chamado de signo ascendente) é parte fundamental de sua identidade e dos seus relacionamentos, mas este livro não falará sobre os quatro ângulos principais: Ascendente (ASC), Descendente (DEC), Meio do Céu (MC) e Fundo do Céu ou *Imum Coeli* (IC).

Como uma pizza com doze fatias, o mapa natal é uma roda dividida em doze partes, uma para cada signo do zodíaco. Essas fatias são chamadas de casas (veja a lista na p. 14), e cada casa rege parte de sua natureza, que se expressa em diferentes situações da vida. Cada signo é regido por um planeta e tem uma casa chamada de lar ou domicílio (ver página ao lado). Todos esses níveis de informação compõem sua natureza.

CASAS, PLANETAS E SIGNOS

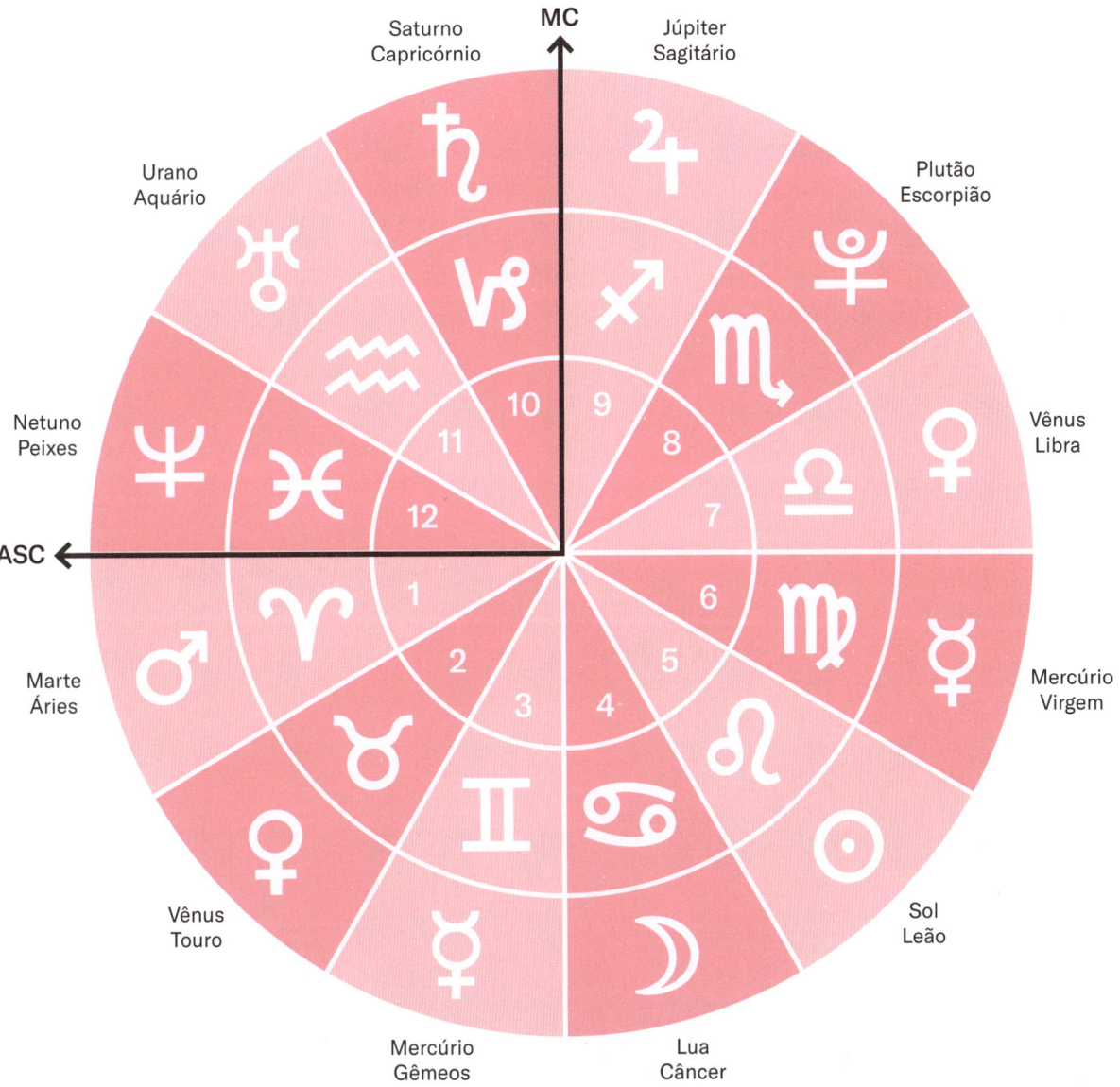

AS CASAS

PRIMEIRA CASA: Sua personalidade superficial e como você se apresenta aos outros.

SEGUNDA CASA: Seus valores pessoais e o que você possui (suas finanças).

TERCEIRA CASA: Amizades, vizinhança e seu ambiente imediato.

QUARTA CASA: Família de origem e a vida doméstica escolhida; também "problemas com a mãe".*

QUINTA CASA: Criatividade (incluindo bebês e arte), brincadeiras e sexo dinâmico.

SEXTA CASA: Hábitos, vida cotidiana, trabalho e seu corpo.

SÉTIMA CASA: Parceria e relacionamentos de longo prazo (seus melhores amigos, seu companheiro, seus inimigos declarados).

OITAVA CASA: Seus impulsos sexuais, suas emoções profundas e seus recursos compartilhados.

NONA CASA: Filosofias, crenças espirituais e atitudes em relação à religião.

DÉCIMA CASA: Sua carreira e seus objetivos de vida conscientes; também "problemas com o pai".*

DÉCIMA PRIMEIRA CASA: Sua vida social e suas tendências humanitárias.

DÉCIMA SEGUNDA CASA: Seu subconsciente, sua saúde mental e sua infância/desenvolvimento no início da vida.

---

* Refiro-me aqui a arquétipos, não a papéis de gênero.

OS SIGNOS E RESPECTIVOS ELEMENTOS E QUALIDADES

Os doze signos se classificam de acordo com seus elementos: Terra, Ar, Água e Fogo. Os signos de Terra criam raízes e se preocupam com o mundo material; os signos de Ar são motivados por inspiração, liberdade e ideias; os signos de Fogo, por entusiasmo, criação e mudança; e os signos de Água são sensíveis, emocionais e profundos.

Cada um dos signos também está associado a uma qualidade: cardinal, mutável ou fixa. Elas se relacionam às estações, e os quatro elementos estão representados em cada qualidade. Os signos cardinais iniciam uma estação; os signos fixos mantêm essa estação; e os mutáveis marcam um momento de transição.

ÁRIES: cardinal, Fogo, Marte, primeira casa

TOURO: fixo, Terra, Vênus, segunda casa.

GÊMEOS: mutável, Ar, Mercúrio, terceira casa.

CÂNCER: cardinal, Água, Lua, quarta casa.

LEÃO: fixo, Fogo, Sol, quinta casa.

VIRGEM: mutável, Terra, Mercúrio, sexta casa.

LIBRA: cardinal, Ar, Vênus, sétima casa.

ESCORPIÃO: fixo, Água, Plutão, oitava casa.

SAGITÁRIO: mutável, Fogo, Júpiter, nona casa.

CAPRICÓRNIO: cardinal, Terra, Saturno, décima casa.

AQUÁRIO: fixo, Ar, Urano, décima primeira casa.

PEIXES: mutável, Água, Netuno, décima segunda casa.

MAIS SOBRE OS PLANETAS

Os planetas contam a história de quem somos. Eis sua ficha de respostas rápidas:

- ☉ O Sol é sua identidade.
- ☾ A Lua é o que você sente.
- ☿ Mercúrio é como você pensa e se comunica.
- ♀ Vênus é como você se expressa romanticamente.
- ♂ Marte é como você age.
- ♃ Júpiter é como você pretende crescer.
- ♄ Saturno é o que você acha ser possível ou realista.
- ♅ Urano é como você procura romper as amarras e ser livre.
- ♆ Netuno é a área em que você é escapista ou idealista.
- ♇ Plutão é sua relação com o trauma, a cura, a destruição e o renascimento.

POR QUE AMO OS PLANETAS EXTERIORES (E VOCÊ TAMBÉM DEVERIA)

Dos dez planetas que usamos na astrologia, cinco são chamados de "planetas pessoais". São os planetas rápidos: o Sol, a Lua, Mercúrio, Vênus e Marte. Depois há os planetas sociais (Saturno e Júpiter), e os planetas exteriores ou geracionais (Urano, Netuno e Plutão), que se movem mais lentamente, revelam condições herdadas e moldam os valores e as experiências de gerações inteiras. Os planetas de movimento mais lento podem parecer menos pessoais porque muitos de nós os temos nos mesmos lugares. Mas o que revelam em seu mapa astral é profundamente pessoal. Você é parte de sua geração e produto de sua ancestralidade. Os planetas geracionais representam as questões transmitidas por nossas famílias; falam sobre nossas compulsões, nossas esperanças e nossos medos mais profundos, além das questões que de fato nos norteiam. Aprender sobre esses planetas pode trazer à tona verdades sobre nós e sobre nossos problemas de intimidade que, quando revelados, podem nos dar a sensação de termos sido atropelados por um caminhão. Os planetas interiores se relacionam com nosso humor, e os exteriores podem destravar gatilhos e nos dar a chave para nossa saúde mental.

Os posicionamentos nas casas e os aspectos dos planetas exteriores descrevem como é possível você fazer parte do tempo em que vive. Para os planetas exteriores em cada signo, algumas das informações se repetem nas seções, mas incluí interpretações específicas para amizade, namoro e relacionamentos de longo prazo.

QUANDO SUAS ESTRELAS NÃO ESTÃO ALINHADAS

Se ler algo neste livro que não ressoe em você, pode ser que tenha aspectos ou posicionamentos em seu mapa que mudem o contexto e, portanto, modifiquem o quadro geral de sua experiência. Não existe nenhum aspecto isolado. Na astrologia, sua natureza é descrita com mais precisão pela síntese de seus posicionamentos planetários e aspectos.

Por exemplo, você pode ter seu Sol em Leão, que é, normalmente, um signo exagerado, exuberante. Mas, se tiver aspectos fortes de Saturno – que podem ocorrer por Saturno estar em ângulo, em conjunção, em quadratura ou em oposição a dois ou mais planetas –, isso o fará ser menos propenso à extroversão, como definiria o estereótipo. Ou você pode ser de Peixes – signo solar sensível e introvertido, por tradição –, mas, se tiver aspectos fortes de Júpiter, provavelmente será mais extrovertido, dinâmico e comunicativo que outras pessoas com seu signo solar.

O QUE SÃO ASPECTOS?

A distância angular entre dois ou mais planetas (ou pontos) é chamada de aspecto. Aspectos diferentes indicam o tipo de conversa que os planetas estão tendo: estão gritando um com o outro? Estão trocando carícias? São rivais?

Os principais ângulos que os astrólogos levam em consideração são:

- ☌ 0 grau → conjunção = intensidade e ênfase, pois os planetas envolvidos são inseparáveis.

- ✶ 60 graus → sextil = criatividade e autoexpressão.

- □ 90 graus → quadratura = desafio e tensão.

- △ 120 graus → trígono = harmonia e oportunidade.

- ☍ 180 graus → oposição = tensão e projeção.

Não se assuste ao ver muitos aspectos difíceis (quadraturas, oposições ou conjunções) em seu mapa astral, porque, como todos os astrólogos sabem, a tensão está diretamente relacionada à criatividade, e muitas das pessoas mais interessantes, dinâmicas e bem-sucedidas têm aspectos conflitantes na vida. A chave é fazer uso dos desafios – e a astrologia lhe dá os instrumentos para isso.

POR QUE HÁ TANTAS INFORMAÇÕES CONTRADITÓRIAS EM MEU MAPA ASTRAL?

Você vai notar que, muitas vezes, faço descrições opostas quando discuto os planetas em cada casa, usando frases como "essas pessoas ou são obcecadas pelos bens materiais ou os rejeitam por completo". Isso se dá porque, quando falo de astrologia em termos gerais (não quando estou lendo o mapa natal de alguém), há certos temas que funcionam como moedas. Podemos olhar ou a cara ou a coroa, mas a moeda é a mesma. O tema é idêntico, porém a maneira com que se expressa pode ser bem diferente. Isso não significa que a astrologia seja imprecisa ou genérica; significa que nenhuma parte de seu mapa existe em um vácuo. Os detalhes do mapa são essenciais e devem ser aprendidos, mas é sua síntese que revela quem você é. O posicionamento de um planeta pode indicar que o sexo casual é adequado a você, enquanto outro lhe diz o contrário. Em outras palavras, você é uma pessoa complexa, com sentimentos mistos e necessidades conflitantes. De modo ideal, a astrologia pode nos ajudar a ver que parte de nós precisa de que, para que possamos viver nossa existência do modo mais feliz e satisfatório.

Você também tem – é claro – o livre-arbítrio, e, portanto, as escolhas que fez e continuará fazendo desempenham papel importante na definição de como cada posicionamento planetário funciona para você.

AS MULHERES SÃO REALMENTE DE VÊNUS, E OS HOMENS, DE MARTE?

De modo algum. As mulheres, os homens e aqueles que vivem fora do sistema binário de gênero têm Vênus e Marte no mapa natal. Apesar de que alguns gostariam em que acreditássemos, nem todas as mulheres estão destinadas a cuidar dos outros, tampouco todos os homens estão destinados a ser guerreiros. Pessoas de todos os gêneros merecem ter espaço para ser vulneráveis e vivenciar experiências com o amor, a conexão, a fraqueza e a ambiguidade. Todos merecem um excelente sexo e atingir o orgasmo. A competição, a ambição e a raiva não são impulsos relacionados a um gênero.

A ideia de gêneros binários e papéis rígidos vêm de séculos de pensamento, literatura e soberania masculinos sobre o que, como coletividade, concordamos que é verdadeiro. Os homens têm controlado os setores editorial e financeiro, além de outros igualmente influentes. Mulheres e os não binários quase nunca tiveram liberdade de movimento e ação em nossa economia, nem capacidade de assumir um papel ativo na sociedade. Os homens vêm dizendo às mulheres o que elas são há tantos séculos que é natural que a astrologia reflita a mesma compreensão limitada do que o gênero é ou foi. Não usemos a astrologia para "patologizar" as pessoas com base em gênero, no signo solar ou em qualquer outra coisa do tipo. Seu mapa natal descreve sua natureza, mas dentro dele você tem liberdade, independentemente de seu gênero.

O AMOR-PRÓPRIO COMO PARTE CENTRAL

Este livro pretende ser uma referência para você compreender e lidar com o que quer que surja em seus relacionamentos – contudo, relacionamentos têm a ver com trabalho interior. A astrologia é um instrumento precioso para aprender a amar a si mesmo, sendo essa parte essencial de todo relacionamento. Para alcançar a verdadeira intimidade, devemos estar dispostos a ser amados, apreciados e desejados – mesmo que isso machuque, que falhemos, que tenhamos de aceitar e lamentar nossas perdas. Não tomamos a *decisão* de nos apaixonar; não é algo intencional – e, às vezes, é até doloroso.

Não precisamos nos amar com perfeição para termos bom sexo, belas amizades ou relacionamentos amorosos saudáveis. Todavia, não importa quantas pessoas excelentes tenhamos ao redor ou quão maravilhosos sejam nossos relacionamentos, se não formos bom amigo e bom amante para nós mesmos, nada disso será o bastante.

O objetivo, quando nos relacionamos com alguém, não deve ser a perfeição nem a duração. Relacionamentos surgem e fluem, podem terminar por completo ou ser excelentes em alguns momentos e terríveis em outros – e nada disso faz deles um fracasso. Aprender a não se abandonar quando as coisas se tornam difíceis é o essencial. Se estiver disposto a estar presente e a dar o seu melhor, poderá determinar o que é saudável em qualquer relacionamento, em vez de se preocupar com o que os outros querem ou com o que se "deve" fazer.

Neste livro, analisaremos diferentes formas de amar e de nos relacionarmos com outras pessoas. O amor-próprio é o fio conjuntivo que liga todas as coisas entre si. Se não cuidarmos de nós, em essência estaremos pedindo aos outros que o façam. Encontrar um equilíbrio saudável entre cuidar de nós, cuidar dos outros e deixar que cuidem de nós é fundamental para que todos os relacionamentos prosperem.

Com amor,
Lanyadoo

UM

AMIGOS E

FAMÍLIA

ESCOLHIDA

A amizade é difícil no mundo moderno. Embora talvez seja mais importante agora do que já foi, também se tornou mais difícil que nunca estabelecer e manter amizades na vida real. A astrologia não é apenas um instrumento que nos ajuda a descobrir como namorar ou manter relacionamentos fortes; ela nos auxilia, ainda, a encontrar os verdadeiros parceiros, nossa família escolhida e as pessoas com as quais podemos construir uma vida melhor. Os amigos são um meio para nos entendermos e compreendermos nossos outros relacionamentos; proporcionam uma caixa de ressonância e verificação da realidade bastante necessária e nos amam durante nossos momentos menos glamorosos.

CONEXÃO NA VIDA REAL

Compreender suas amizades é uma maneira poderosa de entender a si mesmo. Como você escolhe participar da amizade é um reflexo de sua própria natureza, isto é, do seu mapa natal. Suas escolhas, ações, sentimentos – e aquilo com que consente – falam tudo sobre você.

O planeta Mercúrio é responsável por todas as relações não amorosas que mantemos com pessoas que ocupam lugar semelhante ao nosso na hierarquia social, como as que temos com amigos, colegas, conhecidos, vizinhos e irmãos. Mensagens de texto e conversas ao telefone também são regidas por Mercúrio, pois ele é o planeta da comunicação, das ideias e dos planos. A influência de Mercúrio tem papel importante na formação de relacionamentos, mas é apenas uma peça do quebra-cabeça. Embora seja o planeta principal a se olhar quando queremos saber sobre as amizades, os relacionamentos mais emocionais são regidos pela Lua e por Vênus; a forma como precisamos ter nossa identidade validada é regida pelo Sol; e as atividades que buscamos e o ritmo dessa busca são regidos por Marte.

A tecnologia está presente em todas as áreas da vida, e a maioria de nós tem importantes amizades *on-line*; no entanto, quando essas relações não estão, de algum modo, enraizadas na presença física e no tempo despendido juntos, o nível de confiança não é o mesmo. (Qualquer um que tenha compartilhado segredos por mensagens de texto com alguém que possa estar conversando com três outras pessoas ao mesmo tempo sabe exatamente do que estou falando.)

Não precisamos que todas as amizades sejam completas, mas que, pelo menos, *algumas* o sejam – e encontrá-las nem sempre é fácil. Desenvolver conexões que incluam mais que apenas nosso Mercúrio é algo importante. Estar disponível no mundo, abrir-se a experiências interativas na vida real e tentar coisas novas, mesmo enquanto é muito mais fácil ficar em casa com nossas telas, é crucial para desenvolver amizades mais profundas e satisfatórias.

A FAMÍLIA ESCOLHIDA

A família não são apenas nossos relacionamentos de longo prazo e os filhos – bebês humanos ou peludos. Para aqueles que perderam membros da família de origem ou não têm boas relações com eles, a comunidade de amigos atende a um propósito essencial. Mas cultivar relacionamentos platônicos* de longo prazo requer esforço, cuidado e disposição para mudança ao longo do tempo. Amizades que se estendem por dez anos ou mais e envolvem a partilha de nossas experiências formativas de vida podem trazer uma intimidade que talvez não seja possível adquirir de outra maneira.

Quando os fundamentos do amor ou da intimidade estão presentes, a amizade pode assumir inúmeras formas. Cada vez mais, as pessoas vêm optando por não se envolver em parcerias românticas monogâmicas em favor de relações poliamorosas ou menos estruturadas. Cultivar amizades ou amores platônicos com pessoas ao lado das quais podemos envelhecer (e com quem podemos até coabitar) é importante. Assim como no namoro, a compatibilidade na amizade não é apenas atender a uma lista de tópicos. Sobretudo, trata-se de química relacional, confiança e valores compartilhados.

Não há prescrição para cultivar e manter amizades, pois é algo que envolve todos os planetas no seu mapa e no mapa da outra pessoa. Veja sua Lua para saber como você se disponibiliza emocionalmente; seu Mercúrio para saber como se comunica; sua Vênus para saber como se relaciona; seu Marte para saber o ritmo que imprime aos relacionamentos; e seu Sol para saber seu estilo de apresentação. Uma vez que já tenhamos entrado em contato com nossos posicionamentos planetários, ainda é preciso agir.

---

* Por este termo, a autora não se refere a relacionamentos amorosos não sexuais, mas a todos os relacionamentos não amorosos no sentido estrito, dos quais seriam exemplos aqueles com amigos e familiares. (N. do T.)

DICAS DE AMIZADE

1. Esteja presente para ajudar e apoiar. Não se pode ter intimidade real quando não estamos realmente à disposição de nós mesmos ou da outra pessoa.

2. Esforce-se. Às vezes, a amizade consiste em se encontrar em festas, ir ao cinema e jogar conversa fora. Outras, as coisas ficam sérias. Você pode ter de presenciar seus amigos fazendo escolhas ruins ou lidar com seus sentimentos feridos por algo que eles fizeram. Em todos esses cenários, a amizade requer esforço.

3. Escute. Não se trata apenas de ouvir o que os outros dizem. As pessoas estão sempre se revelando a nós, e é nosso trabalho escutar – quando obtemos informações importantes e as ignoramos, estamos sendo amigos ruins.

4. Tenha discernimento. Isso é diferente de julgar. Discernimento significa permitir que nossas capacidades críticas nos ajudem a determinar o que estamos sentindo, as informações que nos são dadas e como aplicá-las ao contexto de nossos relacionamentos.

5. Repita todas as dicas anteriores.

Relações platônicas fluem ou não. A astrologia ensina que, aonde quer que vá, ninguém pode fugir de si mesmo. Assim, as amizades com as quais nos envolvemos, as pessoas que escolhemos como família e aquilo com que concordamos participar são reflexos de nosso próprio mapa natal.

Os planetas na sétima casa nos dão ótimas informações sobre relacionamentos íntimos, platônicos ou românticos. A décima primeira casa é onde aprendemos sobre nossa abordagem com grupos de amigos e atividades coletivas. Se você não tem planetas em nenhuma dessas casas, pode verificar os planetas que regem o signo da cúspide, que estão lá para lhe dizer o que você precisa saber.

Crie um diagrama de todas as suas conexões (círculos são bonitinhos, mas faça o que sentir que é certo). Coloque seu melhor amigo no centro e depois vá avançando para fora. Você deve partir das pessoas com as quais sai muito até o colega de trabalho mais próximo, o colega de quarto favorito, as pessoas com as quais gosta de ir ao cinema ou a shows, mas nas quais não confia profundamente, até amizades que só existem na forma virtual – de amigos de trabalho a colegas, passando por rivalidades amigáveis, até chegar, enfim, aos inimigos.

Ao colocar as pessoas nesse diagrama, você pode começar a se sentir grato pelo que tem e a ficar mais atento ao que precisa cultivar. Amigos e inimigos se manifestam no mesmo espaço – pessoas a quem você é indiferente têm a própria categoria.

CONFLITOS COM AMIGOS (SEGUIR EM FRENTE OU PERSEVERAR?)

Muitas vezes, as pessoas me procuram em busca de aconselhamento em momentos nos quais percebem que estão amadurecendo e deixando muitas amizades para trás. Isso é comum, sobretudo, entre os 26 e 29 anos. (Essa é uma época em que todos nós passamos por um movimento chamado retorno de Saturno, que significa que Saturno passou por todos os signos para retornar ao local exato em que estava quando nascemos.) Há também outros movimentos e ciclos individuais que ocorrem quando um planeta no céu forma um ângulo matemático específico com outro planeta ou ponto em nosso mapa natal em tempo real, e eles podem nos dizer pelo que estamos passando, por quanto tempo e o que devemos fazer para sair da situação. Vários desses movimentos e ciclos dão início a problemas relativos a amizades, incluindo alguns associados à meia-idade. Durante esses períodos, as pessoas se veem ansiando pelos verdadeiros semelhantes.

A astrologia apresenta ciclos de desenvolvimento pelos quais todo ser humano vai passar, nos quais questionamos nossas amizades ou amadurecemos e as deixamos para trás. É claro que esse tipo de questionamento não significa que todas as nossas amizades devem terminar. Mas ele pode nos ajudar a ficar mais à vontade para lidar com as amizades e também nos fazer reconhecer melhor quando os relacionamentos estão chegando ao fim. Há pessoas que não estão destinadas a fazer parte de nossa vida, e alguns relacionamentos podem ser explosivos ou destrutivos e transformar as pessoas em inimigos. Não é possível controlar o que as pessoas sentem por nós, e esse sentimento não depende somente de nós, mas delas também. O que *fazemos* é nossa responsabilidade.

Há, ainda, momentos em que quem amamos faz coisas que nos incomodam, desencorajam ou machucam. Neste caso, entrar em conflito com esse alguém é um modo de investir na amizade. Discutir com pessoas nas quais não confiamos é insensato, mas, quando decidimos esclarecer ou discutir algo com um amigo, este pode ser um indício de nossa disposição em manter essa amizade.

Se você realmente investiu em uma amizade, porém não expressa o que está errado, não dá a seu amigo a chance de ajudá-lo. A maioria de nós não manifesta o que está errado porque queremos cuidar de nós mesmos, evitando conflitos. Ou, por outro lado, podemos expressar demais os problemas, a ponto de produzir um resultado semelhante: falta de intimidade e de trabalho em equipe, que deveriam ser a peça central da amizade. Do mesmo modo, ser capaz de ouvir sem ficar na defensiva é parte essencial para o cultivo da amizade e da intimidade.

Há inúmeras mensagens culturais que nos fazem pensar que todo conflito é ruim. Todavia, para ter verdadeira intimidade, precisamos ser capazes de tolerar as partes difíceis. Também é importante lembrar o que amamos nas pessoas quando estamos lidando com o que não gostamos nelas. A amizade deve nos fazer sentir em casa; portanto, certifique-se de que seus amigos – e a maneira como você se faz presente como amigo – sejam solidários.

SOL

Tempo que leva para percorrer o zodíaco: aproximadamente 1 ano

Signo que rege: Leão

Casa que rege: quinta

AMIZADE: O SOL

O Sol rege nossa identidade e nossa vontade. Nas amizades, esses são componentes importantíssimos quando se trata de se fazer presente e de ser seu verdadeiro eu. Muito da astrologia popular aborda apenas o posicionamento do Sol no mapa natal; portanto, parte do que veremos nesta seção provavelmente lhe será familiar. Mas é fundamental lembrar que o Sol é apenas uma peça do quebra-cabeça. Ao passo que há milhões de geminianos e leoninos por aí, seu coração, sua alma e suas experiências únicas pertencem somente a você.

O Sol pode desempenhar papel importante nas amizades porque rege a maneira como nos vemos – e como queremos ser vistos e validados pelos outros. E, a menos que uma amizade seja íntima (e envolva a Lua), o modo como nos relacionamos com os outros platonicamente pode permanecer fixo na parte de nós mesmos que esperamos projetar. É possível que isso se dê com todos os amigos que tenham identidades semelhantes, mas não necessariamente o mesmo signo solar. Em outras palavras, é bem provável que você seja atraído para pessoas cuja identidade reconhecer como semelhante à sua.

Quando o assunto é o Sol, não se trata de aparências; trata-se de como sentimos que somos em nosso âmago. Trata-se de um planeta muito centrado no eu, semelhante a Marte, e seu posicionamento no mapa descreve como nos relacionamos com os outros e como os outros se relacionam conosco. É essencial que seus amigos o vejam da mesma maneira como você se vê, mesmo que isso signifique poderem ver suas partes sombrias ou complicadas. Queremos que nossos amigos nos conheçam. E obter a validação dos outros – da experiência de nós mesmos – é parte essencial das verdadeiras amizades.

Quando tentamos esconder nosso verdadeiro eu dos amigos, é como se tentássemos colocar o Sol em um canto escuro; limitar a própria luz é uma empreitada complicada. Embora possa ser necessário em certas situações, não é algo que nos causa bem-estar no longo prazo.

OBSERVAÇÃO SOBRE A ASTROLOGIA DOS SIGNOS SOLARES

Quando lemos nosso horóscopo, estamos lendo sobre o signo solar. Por que a astrologia popular moderna é tão obcecada com o Sol – e com a ideia de que todos temos "um signo", ou de que somos de um signo específico? Isso se deve, em grande parte, à consistência do Sol. Ele costuma se mover um grau por dia e nunca retrocede (ou seja, nunca volta na órbita). Há 30 graus para cada signo, o que torna fácil saber onde o Sol estava quando alguém nasceu e descobrir seu signo solar sem fazer muitas contas. Essa simplicidade se converteu muito bem em publicação em massa e facilitou a divulgação de informações genéricas que ressoam em muita gente.

Quando os astrólogos, na maioria das culturas ocidentais, se dirigem à população em geral, por exemplo, em horóscopos publicados em jornais e revistas, a identidade e a vontade são o foco. É com elas que as pessoas se afirmam, o modo como desejam ser percebidas. O Sol é também fonte de nosso senso de vitalidade. É a energia que utilizamos para brilhar. Trata-se de coisas incrivelmente importantes, mas diria que existem outras partes tão importantes do eu quanto essas. E é por isso que é fundamental desenvolver uma compreensão holística de como todos os planetas funcionam no nosso mapa.

O QUE SIGNIFICA ESTAR "NA CÚSPIDE"?

Astrologia é matemática! Cada signo do zodíaco é um duodécimo de uma roda de 360 graus, ou seja, tem 30 graus; e, com base nessa matemática, você é de um signo ou de outro; não pode ser de dois. Minha experiência tem mostrado que, para a maioria das pessoas que se sente "na cúspide", isso ocorre porque têm planetas em dois signos adjacentes.

COMO LIDAR COM ESTE PLANETA

Quando nos moldamos com base naquilo que achamos que os outros querem, corremos o risco de enfraquecer a própria luz. Dê atenção especial às pessoas com as quais se sente confortável e procure mais desses tipos de relacionamento. Boa parte de sermos nós mesmos é ouvir; portanto, preste atenção – com discrição saudável – ao que os outros lhe refletem sobre você.

O SOL NOS SIGNOS

SOL EM ÁRIES

Estas pessoas podem ser solidárias, dinâmicas e divertidas. Tê-las ao lado é como fazer amizade com uma animadora de torcida pessoal. Por outro lado, elas não são as melhores ouvintes do zodíaco. Podem se precipitar para resolver problemas se tiver pedido ajuda ou ficar entediadas com coisas que acreditam não ter nada a ver com elas. Pessoas com Sol em Áries têm tendência a se enfurecer com facilidade e a deixar a fúria de lado com a mesma facilidade. Gostam de ter parceiros em suas atividades, em particular os que estiverem dispostos a participar de esportes de aventuras com elas.

SOL EM TOURO

Ninguém gosta mais de prazer que os taurinos. Eles são amigos leais e atenciosos, quando não estão completamente distraídos com os próprios desejos e necessidades. Seu apoio é muito valioso, pois são bons em expressar amor por meio de ações. Problemas podem surgir no caso de conflitos, uma vez que eles tendem a favorecer a diplomacia em detrimento da honestidade. Touro também não é o signo mais flexível do zodíaco; costuma ser rígido com sua perspectiva e tem dificuldade de ver as coisas do ponto de vista dos outros, o que pode gerar problemas em amizades.

SOL EM GÊMEOS

Falantes e facilmente distraídos, os geminianos têm a reputação de ser ambíguos. Na realidade, em geral, são capazes de ver todos os ângulos de uma situação, e, qualquer que seja a verdade para a qual estejam olhando no momento, ela pode parecer ser a mais importante. São muito divertidos e têm disposição para fazer todo tipo de atividades com os amigos, incluindo ir aos cantos mais distantes do mundo, quando necessário. Inteligentes e diferentes, os geminianos são sempre interessantes, se você for capaz de mantê-los interessados. Também podem ser vagos, então pode ser necessário pressioná-los para que se comprometam com algum plano. Mas não se preocupe; isso não significa que não gostem de você.

SOL EM CÂNCER

Regidos pela Lua, os cancerianos tendem a ser bastante emocionais. Têm coração afável; quando nos tornamos parte do círculo de amizade deles, é como se fôssemos de sua família. Cancerianos nem sempre são bons em expressar seus sentimentos e tendem a manifestar o que estão sentindo de modo exagerado ou demasiadamente contido (afinal, o caranguejo chega às situações com abordagem lateral). São leais e solidários, e podem agir de maneira defensiva quando têm os sentimentos feridos ou se sentem deixados de lado. Quando um canceriano nos convida a ir à casa dele, isso significa que você faz parte de sua vida. A capacidade dos cancerianos de fazer com que os outros se sintam amados é algo que deve ser valorizado, e sua sensibilidade com os demais faz deles amigos adoráveis.

SOL EM LEÃO

Os leoninos adoram ser o centro das atenções. São divertidos, afetuosos e acolhedores, e sabem como fazer os outros brilharem, mas esses bons sentimentos podem desaparecer se não se sentirem devidamente reconhecidos e adorados. Esse posicionamento astrológico impulsiona as pessoas à liderança, e é possível que elas sejam bastante assertivas. Leão é um signo exagerado, com certa tendência ao drama, para o melhor ou para o pior. Leoninos reagem positivamente à adulação, são criativos e costumam estar dispostos a participar de aventuras divertidas. Adoram expressar quanto se importam com os outros por meio de gestos grandiosos e arrebatadores, e não têm a menor paciência para tolices. Se ofender um amigo leonino, é provável que vá ouvi-lo falar sobre isso.

SOL EM VIRGEM

Pensativo e com pendor à introversão, os virginianos são o tipo de amigo com quem podemos falar sobre assuntos reais. Estão sempre dispostos a nos ajudar a dar sentido ao mundo e a esclarecer as coisas. Virginianos costumam ser bastante articulados e podem ser muito bons ouvintes. No entanto, boa sorte se a questão for tirá-los da rotina ou convencê-los a jantar em algum lugar novo se não quiserem. Uma vez que cheguemos a seu círculo íntimo, sua lealdade ou amor serão manifestados por atos de serviço atenciosos.

SOL EM LIBRA

Os librianos são tranquilos, solidários e conciliadores. O Sol em Libra naturalmente constitui bons amigos, exceto quando se distraem com outros relacionamentos ou obrigações, caso em que poderão decepcioná-lo. Pode ser difícil para eles expressar seus pensamentos críticos ou sua discordância de maneira clara, o que significa que nem sempre podemos saber o que acham a nosso respeito. Podem, ainda, reprimir a frustração conosco, sem compartilhá-la. São capazes de manter amizades longas, pois se importam de verdade com os outros, além de estarem dispostos a deixar as coisas para trás, quando necessário.

SOL EM ESCORPIÃO

Os escorpianos são profundos, intensos, contemplativos e apaixonados. Uma vez conquistado o respeito deles ou capturado seu interesse, são amigos leais e resistentes. Mas, se os desrespeitar ou insultá-los, tome cuidado; eles não esquecem com facilidade. Também são persistentes e podem ser bastante possessivos. Possuem profundidade diante da qual muitos outros signos solares sentem desconforto quando estão por perto. Contudo, essa profundidade lhes permite estar presentes quando as coisas ficam sérias e ser amigos em situações difíceis. Não se comprometem com facilidade, mas, quando o fazem, sua palavra é valiosíssima.

SOL EM SAGITÁRIO

Os sagitarianos podem ser gregários e ter a mente aberta. O Sol em Sagitário no mapa faz desses nativos amigos entusiasmados, solidários e generosos. No entanto, esse entusiasmo pode fazê-los encorajar as pessoas a fazerem coisas que não desejam fazer. Os sagitarianos precisam praticar a escuta enquanto falam. Tendem a ser extrovertidos e são capazes de amadurecer e mudar. A flecha do arqueiro está sempre apontada para o que está fora de alcance apenas por um fio – e isso pode ser algo inspirador ou dar a esses nativos senso de futilidade.

SOL EM CAPRICÓRNIO

Os capricornianos são sérios, ambiciosos e muito exigentes consigo mesmos. Como amigos, na juventude, podem ser bastante rebeldes ou muito conservadores, e costumam passar por uma reviravolta na casa dos 30 anos. Também podem ser amigos extremamente paternais, se não forem cuidadosos. Não são do tipo mais flexível; gostam de saber qual é o lugar deles nos relacionamentos e, uma vez que isso se estabeleça, são amigos dedicadíssimos. Podem ser bastante reservados até se sentirem confortáveis; assim que um capricorniano se torna próximo de nós, logo começamos a ver seu lado brincalhão.

SOL EM AQUÁRIO

Os aquarianos são esquisitos, porém superdivertidos, embora não tão motivados pela intimidade quanto os nativos de outros signos. Se provocarmos sua inteligência e formos interessantes para eles, obteremos seus favores. Esse posicionamento solar confere-lhes opiniões bem fortes sobre as pessoas e o mundo ao redor; aquarianos são flexíveis com todas as coisas com as quais não sejam totalmente rígidos. A reputação deles de serem distantes é uma verdade apenas parcial – pode ser apenas que fiquem muito envolvidos com os próprios pensamentos.

SOL EM PEIXES

Os piscianos são compassivos, empáticos, criativos e receptivos a se unirem a você em suas aventuras. Isso pode fazer deles ótimos amigos – embora o cuidado com eles mesmos nem sempre esteja em dia. E, quando não cuidam bem de si, têm dificuldade para estar presentes para os outros. Mas o ajudarão quando lhes pedir. Muitas vezes, podem parecer inofensivos, precisando apenas de uma quantidade razoável de paz e espaço para se recuperar das pressões do mundo.

O SOL NAS CASAS

SOL NA PRIMEIRA CASA
Quem tem Sol na primeira casa tem tendência a brilhar. São pessoas que atraem muita atenção, e os outros não podem deixar de percebê-las. Apresentam-se confiantes, com autodomínio e extroversão. Também podem ser bastante assertivas. Sentir-se visto pelos outros e agir com seu eu autêntico é algo essencial para quem tem o Sol na primeira casa. Podem se sentir no centro das situações, o que pode torná-los um tanto benevolentes com os amigos ou exigentes de atenção, dependendo do restante do mapa.

SOL NA SEGUNDA CASA
O que as pessoas com Sol na segunda casa valorizam é fundamental para sua noção de identidade, e anseiam por amizades em que haja alinhamento no que diz respeito a isso. O posicionamento do Sol na segunda casa pode estar relacionado à presença de amigos influentes ou generosos – ou com ser influente e generoso com outras pessoas. É bem possível que a pessoa tenha bastante consciência de classe e financeira, e como isso se manifesta nas amizades depende do restante do mapa. Essas pessoas gostam de aproveitar o que há de mais fino na vida: fazer compras, comer fora e apreciar arte com outros. É possível que sejam materialistas vivendo uma realidade bem material.

SOL NA TERCEIRA CASA
Os que têm o Sol na terceira casa são grandes amigos, pois valorizam, de fato, a amizade e priorizam ter diferentes pessoas na vida, por diferentes motivos. Tendem a ser bastante inquisitivos, interessados no mundo ao redor e capazes de funcionar no modo multitarefa. No que diz respeito à amizade, relacionam-se com pessoas por meio de diferentes partes de si mesmos. Esse posicionamento no mapa pode indicar distração ou, com aspectos difíceis, pode torná-los propensos a esquecer o que disseram depois de um fato.

SOL NA QUARTA CASA
Estas pessoas têm certa propensão à timidez ou ao recolhimento. Têm necessidade de descanso, e os amigos mais próximos podem ser como um santuário. Esse posicionamento pode levá-las a serem amigos leais, mas também lhes dar certa tendência à carência. Assim que alguém entra no círculo íntimo de quem tem o Sol na quarta casa, muitas expectativas e necessidades relacionadas à segurança emocional vão surgir.

SOL NA QUINTA CASA
Indica pessoas criativas e com forte autopercepção. A autoexpressão é incrivelmente importante para elas; podem ser charmosas, carismáticas e superdivertidas – ou, ao contrário, sabem como ninguém dar um gelo nas pessoas. Esse posicionamento lhes confere a necessidade de se divertir, e a brincadeira é parte significativa de como se relacionam; também tem influência sobre o tipo de pessoa com as quais se relacionam.

SOL NA SEXTA CASA
Os que têm o Sol na sexta casa são amigos zelosos e fiéis. Têm a capacidade de ser muito consistentes. Mas, com aspectos difíceis, podem se perder olhando o próprio umbigo. Às vezes, esquecem de valorizar a amizade, porém são bastante confiáveis quando se trata de estarem presentes para as pessoas. A sexta casa é voltada ao serviço, embora a reciprocidade nem sempre venha com naturalidade.

Portanto, para quem tem o Sol na sexta casa, é necessário fazer um esforço para permitir que os outros também estejam presentes para eles.

SOL NA SÉTIMA CASA

A parceria é essencial para estas pessoas. Elas precisam ter melhores amigos e colegas próximos no trabalho. Há verdadeira fixação em ter relacionamentos íntimos, e, muitas vezes, priorizarão isso em detrimento de outras áreas da vida (como obrigações profissionais, autocuidado etc.). São ótimas quando o assunto é comprometimento, e é fácil se dar bem com elas. Com aspectos difíceis, podem ser superficiais e péssimas ouvintes.

SOL NA OITAVA CASA

Os que têm o Sol na oitava casa são intensos e reservados, tendendo a evitar ou enfrentar, também com intensidade, assuntos importantes. Como amigos, podem sumir ou cortar o contato de vez em quando. Com aspectos difíceis, é preciso que tenham cuidado com o vício e a tendência a se esconder dos outros. Ter amigos na vida com os quais possa manifestar seu eu caótico e intenso é essencial para a autoaceitação e a felicidade.

SOL NA NONA CASA

Pessoas com este posicionamento tendem a ter natureza idealista. Possuem interesse autêntico nos amigos e no mundo ao redor. Explorar novidades é boa parte de como se relacionam com os outros, e ter amizades diversificadas é realmente bom para elas. Se não tiverem cuidado, são propensas a interromper a fala dos outros.

SOL NA DÉCIMA CASA

Estas pessoas sentem, com frequência, necessidade de autoprovação ou de obter validação sobre quem e o que são. Este posicionamento as torna ambiciosas e responsáveis; todavia, quando as coisas ficam difíceis, podem se tornar um pouco controladoras. Costumam esquecer de priorizar a vida pessoal, e, assim, as amizades podem cair no esquecimento. São leais aos amigos e dispostas a estarem presentes na vida deles em termos práticos, bem como a se dedicar ao trabalho que o relacionamento exigir no longo prazo.

SOL NA DÉCIMA PRIMEIRA CASA

Pessoas com este posicionamento se dão bem em círculos sociais e costumam se envolver com organizações ou empreitadas em grupo. Também podem ser um pouco rígidas com suas crenças, ao mesmo tempo que são curiosas e dispostas a ver as coisas de ângulos diferentes. Precisam de variedade e estímulo mental nas amizades. Este posicionamento pode fazer que as pessoas se importem com o mundo ao redor (por exemplo, com questões sociais) ou levá-las a ter várias amizades virtuais em vez de reais.

SOL NA DÉCIMA SEGUNDA CASA

Os que têm o Sol na décima segunda casa têm profunda necessidade de passar um tempo sozinhos se recuperando do contato com outras pessoas, pois são sensíveis às energias externas. Podem ser amigos generosos e solidários, mas não são tão bons quando o assunto é definir limites. Facilmente influenciados por aqueles ao redor, é importante que escolham como amigos quem os inspire e apoie. Lembrar de manter a honestidade no relacionamento é algo essencial para que haja verdadeira intimidade nos amores platônicos.

LUA ☾

Tempo que leva para percorrer o zodíaco: aproximadamente 29,5 dias

Signo que rege: Câncer

Casa que rege: quarta

AMIZADE: A LUA

A Lua rege seus sentimentos, seu passado, seus sentimentos *sobre* o passado e as impressões sensoriais dos acontecimentos. O posicionamento da sua Lua define quanto você se sente seguro e desejado.

As amizades que têm mais a ver com socialização e participação de atividades não envolvem necessariamente a Lua. Mas a verdadeira amizade e a família escolhida são profundamente lunares, pois sempre que confiamos e nos apoiamos em alguém estamos lidando com nossa Lua.

As pessoas que atraímos para nossa vida nos proporcionam oportunidades de nos fazer presentes e estar disponíveis para elas, bem como uma chance de nos permitir confiar, ter alguém que cuide de nós e de, intencionalmente, construir o tipo de família, comunidade e parentesco que buscamos. No entanto, para obter o apoio verdadeiro de outras pessoas, devemos permitir que elas nos conheçam. E as formas como nos revelamos aos outros e reagimos à nudez e à vulnerabilidade de outras pessoas estão todas sob a jurisdição da Lua.

TUDO ESTÁ CONECTADO

A Lua também rege nossa infância e nossas lembranças. É importante observar que nossos sentimentos, a qualquer momento, não se relacionam apenas às nossas memórias. Também envolvem nossas lembranças – em particular, as da infância.

A Lua rege nosso estilo de conexão emocional e o desejo por essa conexão. Afinal, é um planeta muito reservado; vemos sua luz à noite e, por essa razão, a Lua tende a estar relacionada à vida privada e ao subconsciente. Processamos e digerimos informações por meio de nossos sentimentos. Um erro bastante comum que cometemos no mundo moderno é tentar processar os sentimentos de maneira analítica, como forma de controlá-los. O problema disso é que, se sua natureza emocional é ser desconfiado, você interpretará todos os dados recebidos – até mesmo a bondade e a generosidade – por meio dessa desconfiança. Quanto mais autoconsciência emocional e autoaceitação possuímos, maior é a capacidade de nos relacionarmos com os outros com todo nosso coração. Isso nos permite fazer escolhas saudáveis a respeito de em quem e de quando confiar, bem como de quão profundamente decidimos confiar em determinada pessoa ao longo do tempo.

ESTAR PRESENTE

Uma boa maneira de utilizar a Lua nas amizades é cultivando a própria presença. Às vezes, a melhor forma de ser amigo é apenas estar presente, com compaixão, mas nem sempre somos capazes de estar disponíveis aos nossos amigos. Podemos estar animados ou entusiasmados com um novo amante, ou passando por um grande crescimento na carreira ou por desafios. Tudo bem, mas não espere que as pessoas desistam de suas necessidades e depois se façam presentes quando você precisar delas. Lembre-se de priorizar os amigos e de manter com eles uma relação de participação mútua. Também é perfeitamente justo você esperar isso dos outros.

Com relacionamentos amorosos, há a expectativa de separação, brigas e conflitos – isso faz parte. Mas tendemos a ter a expectativa de que nossas amizades sejam perfeitas, duradouras e sem conflitos. Na vida real, as pessoas mudam, amadurecem e evoluem – e a Lua desempenha papel importante nisso tudo. Você batalha, trabalha a amizade, e espera-se que você e seu amigo cresçam juntos, mas, às vezes, os amigos crescem de maneira diferente da nossa.

COMO LIDAR COM ESTE PLANETA

Você já perguntou a um amigo como ele estava se sentindo e praticou a escuta ativa com seriedade? Já compartilhou com as pessoas que lhe são próximas o que realmente está acontecendo na sua vida? Não pratique oferecer conselhos, soluções ou sugerir mudanças – apenas escute e esteja presente para o que for verdadeiro.

A LUA REGE NOSSAS EMOÇÕES

A Lua rege nossas emoções, nossasmemórias de infância e nossas suposições com base em experiências passadas.

Podemos pensar em todo tipo de complicação, mas a gama de opções sobre como nos sentimos é mais simples do que percebemos.

Você se sente triste, bravo, feliz, com medo?

Quando somos capazes de olhar nossas emoções, podemos identificar o alicerce emocional implícito no que está acontecendo em nossa vida.

A LUA NOS SIGNOS

LUA EM ÁRIES

Aventureiros, ousados, fáceis de irritar e rápidos para superar a irritação, os que têm a Lua em Áries são tão independentes que podem precisar de esforço extra para fazer as pessoas de seu círculo se sentirem queridas e valorizadas. Pedir ajuda nem sempre é fácil para eles, e podem correr riscos necessários ou não (e se comprometer com muita coisa sozinhos). Sentem-se mais à vontade liderando que sendo liderados. Com aspectos difíceis, também podem se tornar irritáveis e excessivamente preocupados com o próprio espaço.

LUA EM TOURO

Os que têm a Lua em Touro são sensuais e prezam muito as amizades. Sentem as coisas visceralmente e precisam da validação dos amigos (a comida é um grande presente). Suas impressões sensoriais são fortes, e, uma vez formada uma opinião sobre outra pessoa, nem sempre é fácil mudá-la. Embora possam ser atraídos por grupos de amigos, é provável que se saiam melhor em relações envolvendo apenas eles e outra pessoa. Dessa forma, podem dar e receber o tipo de atenção que preferem.

LUA EM GÊMEOS

Os que têm a Lua em Gêmeos têm versatilidade emocional e são flexíveis na forma de se relacionarem, no modo como se fazem presentes e com quem. Têm interesse genuíno nas outras pessoas, mesmo que, às vezes, este seja um pouco exagerado. Facilmente distraídos, precisam de muitos amigos para as diferentes partes de si mesmos. Amizades ativas são as mais satisfatórias, quer isso signifique andar juntos de bicicleta, participar de um curso em conjunto ou apenas se encontrar para fofocar.

LUA EM CÂNCER

Os que têm a Lua em Câncer são emocionais (com uma faceta extraemocional). Suas reações emocionais podem ser desgastantes, podendo sobrecarregá-los com tudo que passam e sentem. Têm intensa necessidade de serem indispensáveis e querem sentir que podem contribuir com a vida dos amigos. É importante que as pessoas com esse posicionamento se certifiquem de que estão expressando suas necessidades com clareza antes de decidirem confrontar os amigos sobre um problema na relação. O que pode parecer óbvio para elas pode não ser óbvio para os amigos.

LUA EM LEÃO

Quem tem a Lua em Leão possui muito magnetismo, é autossuficiente e caloroso. Essas pessoas podem ser muito generosas com o próprio tempo e com o que lhes pertence. Gostam muito quando as pessoas apreciam aquilo que lhes foi apresentado; quando não se sentem apreciadas, podem levar isso muito a sério. Têm um coração enorme, mas nem sempre são muito pacientes com as perspectivas alheias. Precisam de amigos com os quais possam se divertir e que compartilhem de suas sensibilidades e preferências criativas e artísticas.

LUA EM VIRGEM

Contemplativos, introspectivos e dotados de discernimento, os que têm a Lua em Virgem podem ser um pouco controladores com as amizades, pois têm fortes preferências a respeito de como gastam seu tempo e do que funciona para a vida deles. Também têm mente forte e boa memória, o que significa ter dificuldade em deixar as coisas para trás – mesmo aquelas que, na realidade, não sejam tão importantes no panorama geral. Precisam de tempo para apoiar as necessidades do coração e costumam achar que amizades a dois são mais enriquecedoras e satisfatórias.

LUA EM LIBRA

Os que têm este posicionamento se preocupam muito com os amigos e podem ser bastante graciosos, charmosos e descontraídos. Também são diplomáticos e não tão decididos. A Lua em Libra favorece amizades ao estilo parceria, podendo ainda se prestar à codependência. Pessoas com Lua em Libra têm dificuldade com conversas difíceis, mas se beneficiarão ao aprender a iniciar diálogos desafiadores e com o cultivo de honestidade radical em relação aos amigos.

LUA EM ESCORPIÃO

Quem tem a Lua em Escorpião é leal, perseverante, e não se assusta facilmente com a intensidade das outras pessoas. É o tipo de gente que queremos por perto durante uma crise. Essas pessoas possuem emoções profundas e poderosas, podendo ser difícil para elas deixar de lado experiências negativas. Precisam de um bom espaço e de um bom tempo distantes de humanos. São intuitivas – podem até ter tendências mediúnicas –, mas precisam combinar a intuição com evidências (felizmente, quem possui Lua em Escorpião tem disposição suficiente para ir atrás de evidências). Odeiam que falem delas, porém tendem a fofocar. E, com aspectos difíceis, podem ser reclusas ou paranoicas.

LUA EM SAGITÁRIO

Pessoas com este posicionamento são tão otimistas que podem ser imprudentes e se entregar a situações com as quais, tecnicamente, não deveriam estar envolvidas – embora, de modo geral, as coisas acabem sempre dando certo. Podem acreditar que tudo é possível e, portanto, ver e se identificar com ampla gama de perspectivas. Embora sejam muito independentes, podem ser do tipo que se interessa por uma só coisa, e o que mais amam são parceiros de aventura e gente com quem possam ter ótimas experiências. Mas, às vezes, também precisam seguir o próprio caminho, e pode haver certa tendência depressiva. A honestidade é fundamental para elas, apesar de serem propensas ao exagero.

LUA EM CAPRICÓRNIO

Este é o signo em que a Lua se sente menos confortável. Pessoas com Lua em Capricórnio são emocionalmente reservadas, sensíveis a críticas e não se sentem bem diante de vulnerabilidades. Este posicionamento no mapa tende a torná-las críticas e taciturnas, mas essa energia também pode ajudá-las a desenvolver a humildade e a se apropriar de seus sentimentos e necessidades. Com frequência, desenvolvem abordagem pragmática acerca dos relacionamentos. A amizade raramente é fácil para elas, mas são decididas e dispostas a se esforçar para que os verdadeiros relacionamentos resistam ao tempo.

LUA EM AQUÁRIO

Os que têm a Lua em Aquário são amigos interessantes que sempre podem surpreender. Seus relacionamentos e as comunidades das quais fazem parte precisam refletir suas crenças e valores não convencionais e independentes; são amigáveis e bons para conversar com diferentes tipos de pessoas. Também podem parecer um pouco frios, pois são propensos a processar as emoções de forma racional. Quando não gostam de alguém, podem ser bastante desdenhosos. Preocupam-se mais com o que está por vir que com o que já passou. É importante que essas pessoas sejam sensatas nas amizades para não se sobrecarregarem nem exacerbarem o sistema nervoso.

LUA EM PEIXES

Pessoas com este posicionamento são compassivas, solidárias, empáticas e simpáticas. São profundamente influenciadas e emocionalmente impactadas pelas pessoas ao redor. Seu estilo emocional de apoio aos demais é devocional, portanto devem ter cuidado para não se envolverem em dinâmicas em nas quais martirizam ou naquelas em que, repetidamente, se fazem presentes para amigos que não estão dispostos a fazerem o mesmo por eles ou não são capazes de ser recíprocos. Têm necessidade de estabelecer limites e de reservar um tempo para se recuperar do mundo; assim, os amigos mais próximos, muitas vezes, são aqueles com os quais podem compartilhar seu tempo em refúgio. Podem ser bastante otimistas, mas esse otimismo também pode ter raízes em uma desassociação, caso não tenham o devido cuidado.

A LUA NAS CASAS

LUA NA PRIMEIRA CASA

As pessoas com este posicionamento são transparentes com as próprias emoções; estas se estampam em seu rosto, e essas pessoas costumam chorar com facilidade. Também têm tendência a serem muito calorosas e próximas dos outros, ou tentam se distanciar em uma tentativa de se protegerem. É importante que tenham sempre um ou dois amigos de confiança que, de fato, as entendam e lhes permitam se manifestar de forma autêntica.

LUA NA SEGUNDA CASA

Os que têm a Lua na segunda casa possuem grande necessidade de estabilidade e preferem que os amigos sejam forças de validação e afirmação em vez de fonte de drama. Expressam a amizade por meio de ações e, geralmente, são eles próprios amigos leais e ativos, mesmo que não sejam as pessoas mais flexíveis do mundo. Gostam de coisas e pessoas adoráveis e apreciam ser igualmente adoráveis com essas pessoas.

LUA NA TERCEIRA CASA

Pessoas com a Lua na terceira casa são capazes de ter muitos amigos, mas o número mágico para elas é três. Embora possam ficar em harmonia com as próprias emoções, também são bastante distraídas, pois são um pouco inquietas. Podem parecer inconstantes, mudando de ideia e de opinião com frequência. Os amigos são parte importante da vida delas, e é grande a capacidade que têm para novas amizades, a menos que tenham outros aspectos no mapa que digam o contrário.

LUA NA QUARTA CASA

Para pessoas com este posicionamento, a segurança é muito importante. Seus sentimentos e necessidades são fundamentais para o bem-estar, e elas têm muito menos energia para amizades casuais que para relacionamentos verdadeiros e de significado.

A intensa emotividade pode fazê-las, às vezes, agir de maneira egocêntrica; portanto, é essencial que se lembrem de verificar como os demais estão se sentindo.

LUA NA QUINTA CASA

Criativas, brincalhonas e imaginativas, essas pessoas se distraem facilmente com flertes e envolvimentos românticos. Por isso, saem-se bem quando se lembram de marcar encontros com amigos e pessoas em cujos relacionamentos desejam investir e com quem querem manter fortes relações platônicas. O prazer é muito importante para elas, e têm tendência a tomar decisões com base no que lhes trará mais alegria.

LUA NA SEXTA CASA

A Lua na sexta casa dá às pessoas propensão a serem metódicas a respeito do que funciona para elas e de como querem viver. Costumam apegar-se a essa forma de programar a vida e, portanto, podem variar entre ser muito flexíveis ou bastante rígidas no que se refere a fazer planos. Gostam de projetos baseados em servir aos demais ou de quaisquer atividades que contribuam para a construção do mundo em que desejam viver. O corpo, muitas vezes, diz a elas quando é hora de ir embora da festa, mesmo que sua mente preferisse ficar.

LUA NA SÉTIMA CASA

Os outros se sentem atraídos pelos que têm a Lua na sétima casa, mas pessoas com esse posicionamento podem ser movidas pela aprovação alheia, chegando a se sobrecarregar ou a priorizar demais os relacionamentos. Quem tem a Lua na sétima casa valoriza bastante ter um grande amigo. É importante que a relação delas consigo mesmas não seja prejudicada por toda energia dedicada aos demais. Correm o risco de idealizar os outros e podem ter dificuldade em ver falhas nos amigos.

LUA NA OITAVA CASA

Supersensíveis e intensas, essas pessoas tendem a passar por períodos de introspecção e precisam se esconder das necessidades e dos olhares curiosos de terceiros. Sua intensidade se presta a uma feroz lealdade e proteção às pessoas que amam; por outro lado, podem se tornar evasivas e difíceis de conhecer. Com aspectos mais complexos, são capazes de agir de maneira paranoica ou vingativa.

LUA NA NONA CASA

Pessoas com mente muito aberta que apreciam ter vários tipos de amigos – de preferência, pelo mundo todo. O coração delas é capaz de manter várias formas de intimidade, e elas podem vivenciar vários níveis de amizade. Idealistas e um pouco inquietas, há períodos em que mantêm contato frequente com os amigos e depois ficam em silêncio por um tempo. Mas seu coração permanece fiel, mesmo quando têm menos contato com aqueles de quem gostam.

LUA NA DÉCIMA CASA

A reputação é importante para essas pessoas, que precisam sentir que os amigos estão, de algum modo, ligados aos seus objetivos maiores de vida. São capazes de ser benevolentes ao se relacionar com os colegas. Com aspectos difíceis no mapa, podem ser um pouco dominadoras ou paternalistas. O senso de pertencimento no mundo lhes é extremamente importante, mas também podem ser inconsistentes na maneira como valorizam isso.

LUA NA DÉCIMA PRIMEIRA CASA

Pessoas com este posicionamento têm atitude expansiva em relação aos outros e valorizam a singularidade ou a individualidade dos amigos. Ficam bem quando se sentem parte de uma comunidade. Atividades em grupo e participar de uma equipe são algo bastante satisfatório para elas. Esse senso de conexão contribui muito com sua satisfação pessoal, e elas podem, assim, alimentar as relações de amizade.

LUA NA DÉCIMA SEGUNDA CASA

Essas pessoas precisam de certo ócio para recarregar as baterias, e suas amizades mais saudáveis levam isso em consideração. Este posicionamento pode tornar a pessoa um pouco tímida ou reservada, mas, quando ela permite que os outros se aproximem, pode deixar tudo de lado e se fazer presente, pois é emocionalmente generosa com os mais chegados. Aprender a verificar os próprios sentimentos de maneira eficaz permite a quem tem a Lua na décima segunda casa estabelecer limites saudáveis com as amizades, para que não acabem se sobrecarregando e, como resultado, tendo problemas.

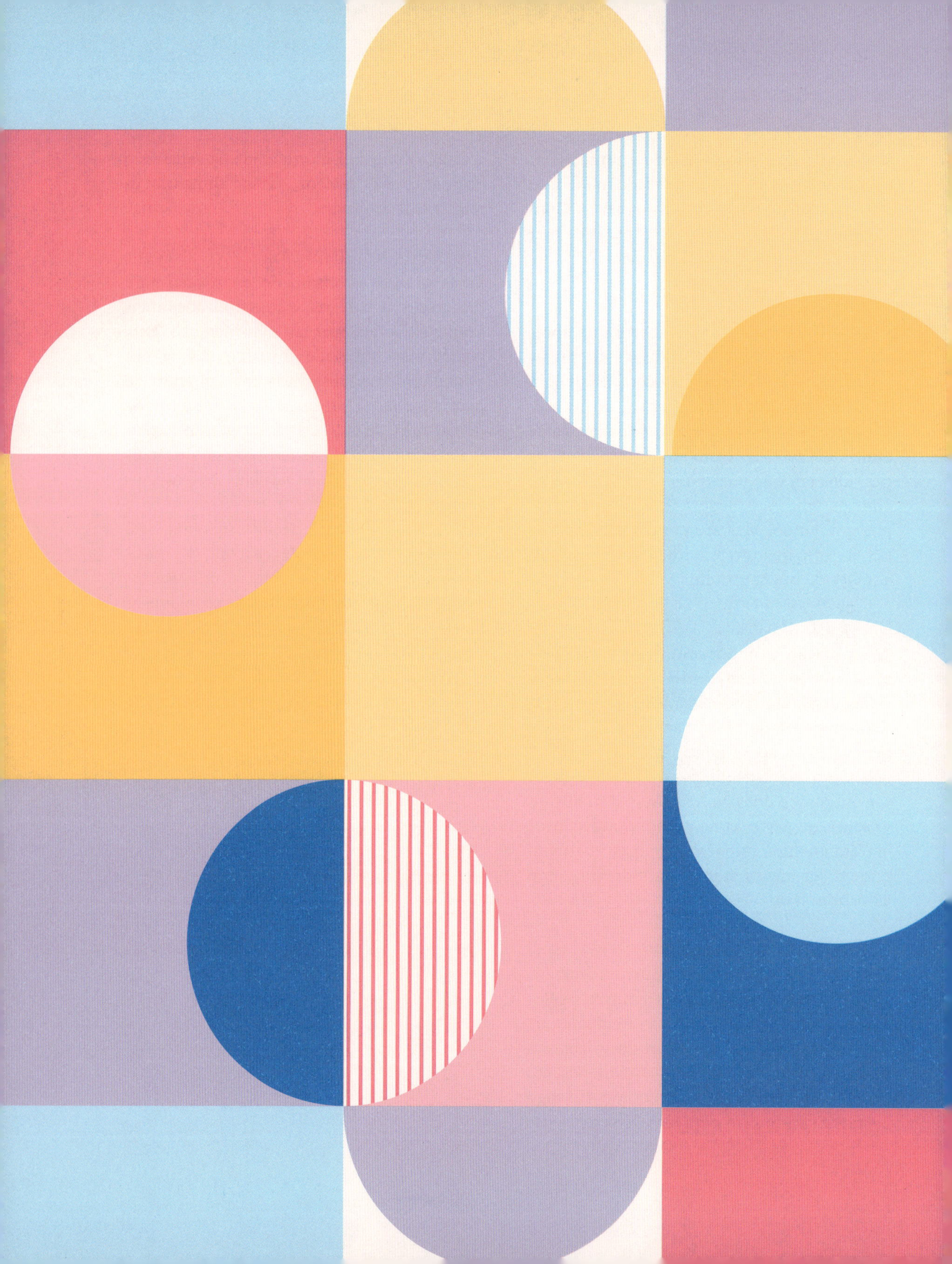

MERCÚRIO ☿

Tempo que leva para percorrer o zodíaco: aproximadamente 1 ano

Signos que rege: Gêmeos, Virgem

Casas que rege: terceira, sexta

AMIZADE: MERCÚRIO

Mercúrio rege a amizade e outros laços platônicos, como os que temos com vizinhos, irmãos, primos e tios. É o planeta que governa nossos pensamentos e atitudes, assim como a forma como processamos as informações. Mercúrio é importante porque rege o modo como entendemos as informações e nos comunicamos, incluindo como usamos as mídias sociais e enviamos mensagens de texto e e-mails aos amigos.

SAÚDE MENTAL E MERCÚRIO

Mercúrio tem muita influência em nossa cultura. No mundo ocidental, não é raro considerarmos que a saúde mental e a saúde emocional sejam uma única coisa. Mas, embora estejam definitivamente interligadas, não são o mesmo. As informações são processadas pela mente e digeridas pelo coração. Nossa cultura prioriza os pensamentos em detrimento dos sentimentos. Valorizamos o intelecto e as formas verbais externas de comunicação em vez de deixarmos espaço para processarmos as coisas de forma emocional.

Gosto de pensar em Mercúrio como a grande cabeça sem corpo do filme *O Mágico de Oz...* – que, na realidade, não passa de um homenzinho assustado que se esconde atrás de uma cortina. Quando há muito de Mercúrio em nossa vida, podemos nos esconder atrás de pensamentos e ideias como forma de nos desligarmos dos sentimentos.

Mercúrio é, ainda, um dos dois planetas (ao lado da Lua) que regem a subjetividade. É a força implícita na tendência (muito humana) de gerar narrativas e experiências que combinem com o que esperamos ver. Portanto, é essencial observar onde Mercúrio está em seu mapa para entender como você se comunica e como escuta. O posicionamento desse planeta também tem tudo a ver com o modo como nos relacionamos com as pessoas e com a profundidade que costumamos desejar para nossas amizades. Se quiser ter verdadeira intimidade com os amigos, é importante prestar atenção ao que realmente está dizendo e se concentrar em como suas palavras afetam os outros – bem como no que os amigos estão tentando lhe contar sobre a experiência deles.

SOBRE TER RAZÃO

Não podemos alcançar ou manter uma verdadeira intimidade se sempre fazemos questão de ter razão. Podemos ter ideias (boas e más) a respeito de nosso valor ou do valor daquilo que oferecemos aos amigos, ideias que acabam se fortalecendo – por exemplo, você pode pensar que foi generoso com outra pessoa, que, por sua vez, sente que não recebeu o suficiente de você. Mas o que importa é que esteja disposto a ouvir o que os amigos têm a dizer sem planejar uma resposta nem se defender. Não é preciso concordar com os outros para ser capaz de ouvi-los de verdade.

Mercúrio é um planeta que se move rápido e que pode nos fazer querer passar de uma ideia para outra com rapidez. Ser capaz de parar e analisar informações desafiadoras sobre nós mesmos ou sobre alguém de quem gostamos – e construir uma compreensão mútua – é uma habilidade que vale a pena cultivar. E isso nos aproxima de nossos amigos. Mercúrio também rege o bem-estar mental (não em relação a doenças) e a capacidade de reconhecer quando precisamos cuidar de nós mesmos. Costumamos cortar o contato com os amigos quando não sabemos, ao certo, como lidar com situações desconfortáveis ou ficamos tão sobrecarregados que nos eximimos da responsabilidade de comunicar o que está acontecendo. Quando desaparecemos completamente por um período, é inevitável que isso leve as pessoas a inventarem histórias sobre o porquê. Como resultado, podem-se criar falhas nos relacionamentos.

COMO LIDAR COM ESTE PLANETA

Lembre-se de ouvir os outros e o que eles lhe dizem sobre si mesmos enquanto você também fala da própria experiência. A amizade deve ser uma via de mão dupla. Reserve alguns minutos para refletir sobre conversas tidas com os amigos; você expressou interesse pela vida deles? Eles expressaram preocupação genuína por você?

MERCÚRIO NOS SIGNOS

MERCÚRIO EM ÁRIES

Pessoas com Mercúrio em Áries são brincalhonas e inovadoras. Quase sempre estão focadas no futuro e em como chegar a ele. Iniciar coisas é muito divertido para elas, que adoram situações nas quais podem brilhar. Também podem ser obstinadas e ter dificuldade de seguir em frente quando se apegam a uma ideia. É necessário que tenham cuidado para não sobrecarregar os amigos. São boas para julgar caráter, podendo ser bem calorosas ou bem frias quando querem.

MERCÚRIO EM TOURO

Os que têm Mercúrio em Touro são leais, atenciosos e protetores em relação aos amigos. Este posicionamento também confere certa propensão à teimosia. Costumam ser cautelosos porque gostam de se sentir em segurança. Com sentidos refinados, não se sentem confortáveis quando há muita mudança, bem como na presença de odores ou ruídos desagradáveis. Sabem do que gostam, mas nem sempre são francos a respeito de suas preferências, por causa do desejo de serem diplomáticos – às vezes a ponto de serem desonestos, quando há aspectos difíceis em jogo.

MERCÚRIO EM GÊMEOS

Os que têm este posicionamento são perspicazes e muito habilidosos na comunicação. Gostam de se envolver com novas ideias, conhecer novas pessoas e passar por novas experiências. Tendem a ser inteligentes, comunicativos e charmosos, e costumam falar com as mãos. Às vezes, podem permanecer na superficialidade como forma de manter as coisas em movimento. Quando se envolvem em alguma narrativa, tendem a enfeitá-la e a acrescentar detalhes para deixá-la mais intrigante.

MERCÚRIO EM CÂNCER
Trata-se de amigos fantásticos. São gregários, com tendência a transformar os amigos em família. Preocupam-se demais com a opinião alheia e são muito dedicados àqueles de quem gostam. Sabem manter sigilo, são reservados e tendem a levantar assuntos indiretamente em vez de dizê-los de maneira direta. Demoram a processar as emoções e podem ser bastante contidos. São, ainda, sensíveis e suscetíveis a fortes impressões sensoriais, o que os levam a ter opiniões firmes sobre as pessoas.

MERCÚRIO EM LEÃO
Quando Mercúrio está no signo de Leão, vamos encontrar pessoas dinâmicas, ardentes e espaçosas. Elas também são brincalhonas e dispostas a manter a situação amena. Em geral, não são tímidas e têm facilidade para fazer amigos e animar as pessoas. São leais, mas se irritam facilmente com os amigos quando têm a impressão de que a estão deixando para baixo ou ofuscando seu brilho de alguma maneira. Gostam de ser respeitadas como potência no círculo de amizades. Dependendo do mapa, pessoas com esse posicionamento podem ter voz rica e calorosa.

MERCÚRIO EM VIRGEM
Críticos, perspicazes e pragmáticos, os que têm este posicionamento são amigos verdadeiramente atenciosos, que podem ajudar os outros a resolver seus problemas, sendo bons companheiros quando decidem se fazer presentes. São críticos, mas também muito profundos. Esse posicionamento lhes dá propensão à introversão, e, muitas, vezes, eles precisam de tempo, longe dos outros, para processar seus pensamentos e sentimentos. Tendem a absorver tantas informações e a reparar em tanta coisa que podem ficar sobrecarregados. Com aspectos difíceis, essas pessoas podem se tornar reclusas e ter dificuldade em se abrir com os outros.

MERCÚRIO EM LIBRA
Quem tem Mercúrio em Libra é um amigo dedicado, e seus grandes amigos (podem ter vários) são especialmente importantes. Essas pessoas valorizam muito a justiça e observam as situações de todos os ângulos, o que pode torná-las indecisas; o lado positivo é que isso pode inspirá-las a ser bastante transigentes. Preferem evitar conflitos e tratam bem os outros sempre que podem. Com aspectos difíceis, podem ser superficiais – ou acabar se cercando de rivais. Assim como no caso de Mercúrio em Touro, esse posicionamento confere sensibilidade a odores e sons.

MERCÚRIO EM ESCORPIÃO
Os que têm Mercúrio em Escorpião são capazes de escalar qualquer montanha e de atravessar qualquer mar por aqueles que amam. São amigos inabaláveis, embora também precisem de espaço e privacidade. Possuem mente profunda e penetrante, podendo ser reservados e misteriosos, com propensão à paranoia. São muito sensíveis à dinâmica do poder e, com aspectos difíceis, podem ser consumidos por lutas por poder.

É importante que tenham limites saudáveis e cuidem de si mesmos nos relacionamentos. Esse é um posicionamento bastante psíquico ou intuitivo.

MERCÚRIO EM SAGITÁRIO

Os que têm este posicionamento no mapa são divertidos, inspiradores e ótimos para apoiar aqueles de que gostam. Apreciam se envolver em projetos com amigos, trocar ideias e elaborar planos complexos. Também costumam se entusiasmar tanto com o que pensam que falam antes de levar as consequências em consideração (esse é o posicionamento da pessoa que fala sem pensar). São excelentes quando se trata de enxergar o panorama geral de uma situação, muitas vezes chegando a ignorar detalhes. Com aspectos difíceis, podem ser do tipo que dão sermão o tempo todo, não sendo os melhores ouvintes.

MERCÚRIO EM CAPRICÓRNIO

Os que têm Mercúrio em Capricórnio possuem bom senso acurado e estão dispostos a se entregar ao verdadeiro trabalho que as amizades exigem. São cautelosos, preocupam-se muito com o certo e o errado, e são metódicos. Costumam fazer amizades na vida profissional e tendem a ser atraídos por pessoas que compartilhem suas preocupações práticas e tenham as mesmas escolhas de estilo de vida. Com aspectos difíceis, podem chegar à conclusão de que a maioria das pessoas não vale a pena – por causa do pouco sentido dos outros para eles. Seu tom pode ser um pouco severo, e eles precisam ter cuidado para não soar paternalistas ou muito críticos.

MERCÚRIO EM AQUÁRIO

Pessoas com este posicionamento são espirituosas, rápidas no processamento de informações e gostam de conversar; podem falar rápido e precisam ter cuidado para não interromper ou concluir as frases alheias. Esse posicionamento dota as pessoas de excentricidade, ou, pelo menos, as faz serem vistas como excêntricas pelo círculo de amigos. São ótimas para ver simbolismo nas coisas e boas em interpretar os outros. São muito tolerantes e têm a mente aberta a tudo aquilo ao qual não sejam totalmente obstinadas.

MERCÚRIO EM PEIXES

Os que têm Mercúrio em Peixes são amigos ternos e atenciosos, mas podem se meter em confusão quando dizem *sim* a pessoas ou a situações que não lhes sejam adequadas. Desenvolver limites é importante para quem tem esse posicionamento. São sensíveis, empáticos e criativos e podem passar por momentos difíceis em ambientes de oposição. Às vezes, são um pouco ansiosos, e é essencial que tenham pessoas emocionalmente generosas ao redor. Podem ser hesitantes nas decisões ou mudar de ideia com facilidade e frequência; isso pode lhes dificultar fazer planos com amigos.

MERCÚRIO NAS CASAS

MERCÚRIO NA PRIMEIRA CASA

Os que têm Mercúrio na primeira casa são prolixos, inquietos e distraídos. Quando os pensamentos lhes vêm à mente, pode-se vê-lo em seu semblante. A menos que haja aspectos difíceis, esse é um excelente posicionamento para fazer amigos e cultivar e manter contatos. São naturalmente bons na expressão verbal e podem tender a conduzir o foco da conversa para si mesmos ou filtrar as informações de acordo com as próprias experiências, por isso pode ser necessário que se esforcem para ser melhores ouvintes e que se lembrem de que é valioso levar os pontos de vista dos outros em consideração.

MERCÚRIO NA SEGUNDA CASA

Este posicionamento pode resultar em um estilo de processamento metódico, porém diplomático. Os que têm Mercúrio na segunda casa podem ter a segurança como palavra norteadora; querem estabilidade e têm dificuldade de se expressar se acharem que isso vai abalar as coisas. Os amigos são, de fato, importantes para eles, que adoram ter alguém para manter contato constante. Podem ser muito persuasivos e, com aspectos difíceis, teimosos ou encrenqueiros.

MERCÚRIO NA TERCEIRA CASA

Pessoas com Mercúrio na terceira casa tendem a ser rápidas e dotadas de pensamento versátil. São flexíveis, divertidas e esquisitas o suficiente para serem interessantes em vários ambientes. Os que têm Mercúrio nesta casa são grandes escritores, embora nem sempre tenham paciência ou vontade de escrever. Também buscam ser ótimos vizinhos – querem se relacionar com quem os cerca, conversar e fazer o necessário para construir conexões pessoais. Os irmãos podem ser importantes para eles. São curiosos e inquietos, tendo tendência a voar muito perto do Sol. Esse posicionamento pode acarretar propensão à fofoca.

MERCÚRIO NA QUARTA CASA

As memórias e o passado são importantes pontos de referência para avaliar o presente àqueles que têm esse posicionamento. Isso pode levá-los a ter lembranças terríveis ou memórias fantásticas e profundas. Tendem a se sentir mais felizes quando os amigos são como sua família. Mas podem ser reservados e, embora sejam um tanto rápidos para desenvolver confiança superficial, leva tempo para alcançarem a confiança autêntica. São capazes de ser verdadeiros amigos até o fim – nem sempre da melhor maneira. Podem ser fiéis ao grupo e hesitar em mudar de amizades ou em acabar relacionamentos que claramente não funcionam mais.

MERCÚRIO NA QUINTA CASA

Os que têm Mercúrio na quinta casa são brincalhões e adoram bater um papo. Rir é importantíssimo para eles, e os amigos que compartilham de seu senso de humor são os seus favoritos. Podem ter certa tendência a tirar conclusões precipitadas e talento para o drama. São criativos, buscam o prazer e são ótimos em entreter. Embora possam ser ferozes ou dramáticos, também querem muito que as pessoas gostem deles e podem se sentir bastante magoados se tiverem a impressão contrária. Precisam permanecer vigilantes no que diz respeito à fofoca, sobretudo se o conteúdo for malicioso.

MERCÚRIO NA SEXTA CASA

Este posicionamento pode dotar a pessoa de disposição reflexiva e prática. Quem tem Mercúrio na sexta casa possui o próprio modo de fazer as coisas e de pensar sobre elas, além de se fazer presente. A menos que aspectos no mapa digam o contrário, essas pessoas não aceitam que seus hábitos sejam contestados. Hábitos saudáveis são importantes, em particular no que se refere à alimentação e à forma física – amigos que gostem de comer as mesmas coisas e valorizem, como elas, se exercitar as ajudam a se sentir confortáveis com os próprios gostos.

MERCÚRIO NA SÉTIMA CASA

A parceria e a amizade são superimportantes aos que têm Mercúrio na sétima casa. Eles precisam de grandes amigos e podem até tratar os menos íntimos como se o fossem. Dependendo de outros aspectos no mapa natal, são propensos ao debate como forma de se relacionar ou, na outra extremidade, a manter a paz a todo custo. Pode ser necessário certo esforço para equilibrar a quantidade de energia e atenção que dão e recebem, pois suas amizades podem levá-los a oferecer muito ou pouquíssimo.

MERCÚRIO NA OITAVA CASA

Os que têm Mercúrio na oitava casa costumam ter percepções profundas e penetrantes, além da capacidade de ver o que está implícito nas situações. Esse posicionamento os torna intuitivos, leais e dispostos a se esforçarem para ser verdadeiros. Podem ser sarcásticos, paranoicos ou possessivos. Preferem amizades cara a cara e tendem a compartilhar verdades diferentes com diferentes amigos (podem ser como esquilos emocionais, escondendo nozes no quintal de várias pessoas). Com certeza necessitam de um tempo para si, a fim de se descarregarem das energias de terceiros.

MERCÚRIO NA NONA CASA

O aprendizado, a cultura e as viagens são assuntos interessantes para quem tem Mercúrio na nona casa, sendo também fatores importantes no modo como se relacionam. Os que têm este posicionamento tendem a buscar a verdade, mas podem ficar tão envolvidos com a busca que nem sempre se detêm para integrar as informações. A educação é muito importante para eles, e muitas de suas amizades podem ter origem na escola ou em viagens. Podem ter momentos de inspiração e *insights*, sendo estes valiosos recursos nas amizades. Se não forem bons ouvintes, esse posicionamento pode fazê-los interromper a fala dos outros ou se sobrepor a ela, quando entusiasmados.

MERCÚRIO NA DÉCIMA CASA
As ideias e a comunicação são muito importantes para os que têm Mercúrio na décima casa, e suas amizades podem ser grande parte de sua identidade. Costumam impressionar os outros – de um modo ou de outro – com o que têm a dizer. A carreira é muito importante para eles e pode ocupar uma quantidade de tempo excessiva. Ter colegas próximos e com os quais é possível ter relações de igualdade é muito gratificante e envolvente para essas pessoas. Elas devem ter cuidado redobrado para não se envolver em dogmas ou formas dualistas de pensamento.

MERCÚRIO NA DÉCIMA PRIMEIRA CASA
Este posicionamento dá à pessoa estilo de processamento rápido e inventivo, e ela pode ser idealista, volúvel ou apenas multifacetada. Os que têm Mercúrio na décima primeira casa possuem interesses variados e, provavelmente, terão várias amizades, com diversos tipos de pessoas. Ser parte de grupos ou organizações é uma excelente maneira para se encontrarem e se relacionarem. Esse posicionamento os faz serem sociáveis, tolerantes e um pouco excêntricos. Mesmo sendo distraídos, a colaboração e o compartilhamento de habilidades são o que os deixam mais felizes.

MERCÚRIO NA DÉCIMA SEGUNDA CASA
Este posicionamento pode fazer a pessoa ser bastante influenciável, e os que têm Mercúrio na décima segunda casa preferem não ser muito assertivos nem agressivos com os outros, embora desejem atenção. É importante terem espaço e um tempo sozinhos para descobrirem o que pensam por si mesmos. Do contrário, podem enfrentar desafios com a autoestima. São simpáticos, generosos com seu tempo e energia, e ou são genuinamente curiosos em relação às outras pessoas ou não têm nenhum interesse por elas. São intuitivos, criativos e bons em ver a inter-relação das coisas.

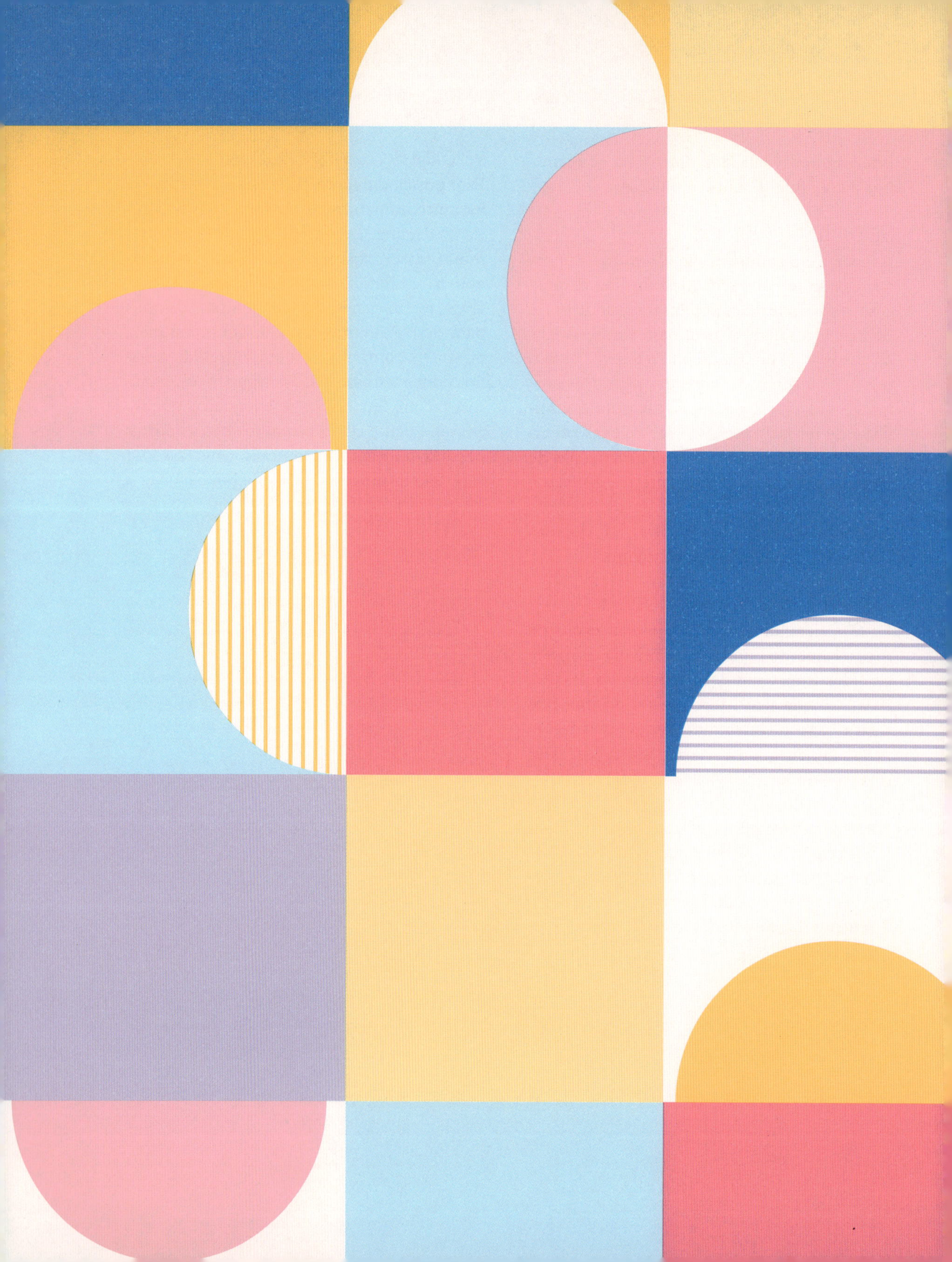

VÊNUS ♀

Tempo que leva para percorrer o zodíaco: aproximadamente 1 ano

Signos que rege: Touro, Libra

Casas que rege: segunda, sétima

AMIZADE: VÊNUS

Vênus é um planeta importante para a amizade; rege nossos impulsos sociais – de quem, do que e como gostamos, e até as "curtidas" das mídias sociais. Vênus nos faz sentir amados, desejados, escolhidos e em segurança nessas conexões. Onde temos Vênus no mapa, não queremos ser apenas tolerados; desejamos ser abraçados. Ele rege a vontade de passarmos tempo com outras pessoas e o que gostamos de fazer com elas, além da maneira como fazemos os outros sentirem que estamos cuidando deles, e, ainda, como metabolizamos a amizade e o amor de outras pessoas. Embora Vênus possa ter má reputação por manter as coisas em nível superficial, esse planeta também permite às pessoas serem verdadeiras amantes, anfitriãs atenciosas e força nutridora.

VÊNUS E OS SENTIDOS

Vênus é o planeta das artes, de forma semelhante a Netuno, porém com certa diferença (Netuno diz respeito à arte mais refinada; Vênus está mais relacionado a vestuário, estética e *design*). Compras e outros comportamentos voltados à autoindulgência ou guiados pelo prazer também são regidos por esse planeta, assim como as finanças e os bens pessoais. Quando fazemos amizade com pessoas que gostam das mesmas músicas, usam as mesmas roupas e seguem as mesmas pessoas nas mídias sociais, é nossa Vênus respondendo à Vênus delas. Esse planeta rege a sensualidade e aproxima as pessoas, mas não é o que as mantém próximas – nesse quesito, é mais provável considerar a Lua (ver pp. 33 a 39). Vênus rege o estilo de conexão que apreciamos. A forma como nos apresentamos está relacionada ao que valorizamos e ao que queremos que os outros pensem que valorizamos, assim como os sinais que enviamos e o modo como moldamos nosso exterior para os outros. O posicionamento de Vênus no mapa dita, por exemplo, o volume de som que somos capazes de tolerar em um bar, os tipos de alimento que gostamos de compartilhar e se, de fato, nos importamos ou não com a intensidade de nosso café. Também é a razão pela qual pessoas com histórias semelhantes costumam se reunir em grupo. Para alguns, isso não significa muito; para outros, significa tudo, quer adotem o capitalismo e sejam regidos por valores estéticos, quer não se importem com essas coisas e precisem que as pessoas ao redor também não se importem.

A energia de Vênus diz respeito à diplomacia e à complacência, muitas vezes a ponto de passar dos limites. Não é saudável nem gentil fingir gostar de algo de que não gostamos ou consentir com algo que não queremos fazer. Nas amizades, é muito importante sermos vistos como quem realmente somos. Os outros gostarem de nós por causa de algo que não é autêntico – por motivos artificiais, e não por algo que parte do coração – pode ser muito ruim.

COMO LIDAR COM ESTE PLANETA

A chave para lidar com Vênus é descobrir como ser verdadeiro *e* diplomático ao mesmo tempo, priorizando a autenticidade, não a acomodação. Representar a si mesmo de maneira falsa na tentativa de ser diplomático pode ter efeito bastante negativo em nossa autoestima. A saída para quando nos sentimos apreciados por razões não autênticas é sempre agirmos mais como nós mesmos e estarmos dispostos a não ser estimados de vez em quando. Quando somos nós mesmos e os outros não nos apreciam por causa disso, não significa que não sejamos agradáveis – significa apenas que não somos compatíveis com eles.

VÊNUS NOS SIGNOS

VÊNUS EM ÁRIES

Quem tem Vênus em Áries adora iniciar relacionamentos. Os que possuem este posicionamento são extrovertidos, entusiasmados, solícitos e ótimos líderes. Tendem a agir antes de levar as consequências em consideração. Podem se ofender com facilidade, mas também esquecem com rapidez. São muito bons em inspirar energia e entusiasmo e em fazer os outros se sentirem bem-vindos (ou não), se assim o desejarem.

VÊNUS EM TOURO

Os que têm Vênus em Touro são sensuais; apreciam a beleza, comer bem, vestuário e música – tudo que evoque seus sentidos. Querem muito ser adorados e podem ficar presos a determinado modo de agir; valorizam a consistência e têm ideias um tanto rígidas sobre como as pessoas devem agir umas com as outras. É um posicionamento sociável, mas a amizade verdadeira, profunda e duradoura é algo reservado a alguns poucos sortudos. As aparências podem ganhar importância em demasia; é bom que se lembrem de que as pessoas ao redor não são mercadorias. São amorosos e sensíveis às necessidades e aos desejos dos outros e amigos leais daqueles que consideram dignos.

VÊNUS EM GÊMEOS

Os que possuem este posicionamento costumam ter muitos amigos, pois são flexíveis e têm natureza versátil. Adoram a perspicácia. São curiosos, inquietos e amam se divertir; também se interessam por várias coisas, mas poucos deles mantêm o interesse por muito tempo. Precisam de diferentes tipos de amigos para as diferentes partes de si mesmos; é importante manterem tanto conexões casuais quanto amizades profundas.

VÊNUS EM CÂNCER

Este é o posicionamento do "amor sufocante". Tem essa reputação porque os que o possuem podem se concentrar em validar e receber validação dos laços que compartilham com outros. Esperam que família e amigos sejam mais ou menos a mesma coisa. Por serem tão sensíveis emocionalmente, magoam-se com facilidade. É difícil para eles revelar a alguém quando se sentem chateados, o que pode lhes causar problemas, por deixar as coisas se deteriorarem. O desejo de se sentir em casa com os outros lhes concede o dom de serem ótimos anfitriões e amigos conscientes, além de terem disposição para se dedicar, a fim de manterem os relacionamentos.

VÊNUS EM LEÃO

Pessoas com Vênus em Leão gostam de brincar, festejar e passar tempo com os amigos. Adoram ser o centro das atenções, pois isso as faz se sentir notadas e valorizadas, embora haja o perigo de se tornarem muito dependentes de atenção. É possível que sejam muito criativas, e saber o que está em voga é algo importante para quem tem esse posicionamento. Seu capital social, muitas vezes, vem com a capacidade de se relacionar bem com os outros ou de serem reconhecidas como poderosas, valiosas ou importantes. Embora possam ser muito calorosas, leais e efusivas com quem gostam, podem também ser cortantes e desdenhosas com aqueles que não apreciam.

VÊNUS EM VIRGEM

Os que têm Vênus em Virgem são de natureza analítica, o que é útil para analisar o interesse amoroso de um amigo, mas pode ser um pouco irritante quando for hora de mudar de plano espontaneamente ou de apoiar alguém que esteja fazendo escolhas ruins. Como aqueles com este posicionamento tendem a ser introvertidos, podem parecer um tanto tímidos ou reservados; em geral, Vênus em Virgem está associado a quem odeia se socializar no trabalho ou com quem têm muitos colegas próximos. No fim, eles se preocupam bastante com a humanidade, mesmo que os seres humanos os incomodem. E precisam de amigos que se limitem à contemplação e sejam confiáveis, quando necessário.

VÊNUS EM LIBRA

Os que têm Vênus em Libra só querem se entrosar e não veem necessidade de drama, apesar de adorarem uma fofoca. Preferem ser simpáticos falando algo falso a chatear alguém com uma verdade incômoda. Gostam de manter o ambiente tranquilo e precisam ter amigos que sejam companhias adoráveis, o que é ótimo... até o momento em que precisarem de gente que continue presente durante os tempos difíceis. Seus amigos mais próximos podem ser pessoas com quem não saem com frequência, mas que são importantes para eles; sua necessidade por relacionamentos significativos é profunda. São criativos, perspicazes e não muito bons em se defender, portanto devem ter cuidado para não se associarem a valentões opressores.

VÊNUS EM ESCORPIÃO

Os que têm este posicionamento são intensos e apaixonados pelas pessoas com as quais se importam, por mais que também possam ser paranoicos e defensivos. Sensíveis ao medo da rejeição, são um pouco reservados às vezes, mesmo que adorem receber atenção para características de si mesmos que apreciam. Devem cuidar para não desaparecer ou se isolar dos amigos sem lhes dizer o motivo. Faz parte de sua natureza amizades próximas e íntimas, mas é importante que também tenham amigos casuais, pois, eventualmente, é preciso ser um pouco mais superficial.

VÊNUS EM SAGITÁRIO

Uma vida de festa. Os que têm Vênus em Sagitário são amigáveis, calorosos e extrovertidos. Costumam ser transparentes com seus sentimentos, honestos, tendo um grupo diversificado de amigos. Por se distraírem facilmente, nem sempre são bons ouvintes. Sagitário é o posicionamento do eterno estudante, portanto as amizades que fazem em cursos, *workshops* ou viagens têm brilho a mais. É preciso que estejam atentos à tendência de sobrecarregar as pessoas quando tentam ajudá-las, pois seu auxílio nem sempre é desejado; dito isso, adoram colaborar e inspirar os outros.

VÊNUS EM CAPRICÓRNIO

Estes são confiáveis, sérios com as amizades e dispostos a se esforçar acima do normal por aqueles cuja aproximação, de fato, permitem. Podem ou ser péssimos com obrigações sociais ou fazer excelente *networking*. Uma vez criada uma conexão, são ótimos em mantê-la – seja com um amigo ou um colega. Podem parecer arrogantes e frios, mas, na verdade, são tímidos. Para eles, a amizade se baseia na reciprocidade; se um amigo coçar as costas deles, vão querer coçar as costas do amigo. Apreciam observar como os outros amadurecem e se desenvolvem, e costumam ser ótimos em manter amizades com pessoas de idades variadas.

VÊNUS EM AQUÁRIO

Os que têm Vênus em Aquário costumam ser as borboletas sociais do zodíaco. Este não é o posicionamento mais caloroso de Vênus, mas torna as pessoas bastante prolixas. Elas não querem a obrigação de se manifestar apenas socialmente; então, fazendo parte de diferentes grupos, podem manifestar o espectro de si mesmas. Devem ter cuidado para não ressaltar demais as amizades virtuais como forma de evitar lidar com os problemas que acontecem em amizades reais. Esse posicionamento também pode tornar a pessoa progressista, excêntrica e com verdadeiro interesse no humanitarismo, de diversas maneiras.

VÊNUS EM PEIXES

Este é um posicionamento bastante sensível. Os que têm Vênus em Peixes são compassivos, facilmente influenciáveis, têm coração terno, são românticos e possuem natureza devocional. Tendem a se sacrificar, o que pode deixá-los em apuros se optarem por ser amigos de aproveitadores. O amor pelos mais fracos também pode levá-los a situações muito difíceis, sendo importante que se lembrem de que a amizade é uma via de mão dupla. São intuitivos, idealistas e amáveis – a menos que sintam que foram indevidamente feridos ou maltratados por alguém, caso em que se tornam amargos. É essencial serem sensatos quando forem escolher com quem se associar.

VÊNUS NAS CASAS

VÊNUS NA PRIMEIRA CASA

Aqueles com Vênus na primeira casa se apresentam de forma amigável e calorosa e têm ótimas habilidades sociais, fazendo que os outros se sintam à vontade em sua companhia. Costumam ser considerados atraentes, com aptidão natural para fazer novos amigos. A desvantagem é que isso também pode passar a impressão de que não são sinceros. E tal situação pode fazê-los desejar que tudo fique bem, mesmo quando sabem que não está. Podem dizer sim a coisas que de fato não querem fazer porque querem que as pessoas gostem deles – dito isso, são bons em tirar o melhor das coisas. São graciosos, simpáticos e capazes de negociar e agir de maneira diplomática, quando necessário.

VÊNUS NA SEGUNDA CASA

Dinheiro, bens e *status* são coisas muito importantes para quem tem Vênus na segunda casa. Essas pessoas ficam mais felizes quando estão rodeadas de beleza. Tal posicionamento pode ser bastante sociável; precisam de um círculo de amigos muito íntimos, aos quais são bastante leais, e gostam de ter outras amizades significativas. Embora a socialização nem sempre seja sua maior prioridade, ela lhes proporciona grande consolo. São leais, compassivos, complacentes e generosos com o tempo – se não com o dinheiro.

VÊNUS NA TERCEIRA CASA

Os que têm Vênus na terceira casa são inteligentes, charmosos e prolixos. Quando lhes parece razoável, dispõem-se totalmente a se comprometer. Estão dispostos a ver as perspectivas de outras pessoas e a mudar as deles quando parecer certo. Esse posicionamento pode fazê-los volúveis ou inconstantes, e eles não têm o menor constrangimento em mudar de plano no último minuto. São excelentes em passar uma boa primeira impressão. Como é bem possível que fiquem entediados com as pessoas, preferem ter vários amigos a quem recorrer, sendo provável que troquem mensagens de texto com três pessoas ao mesmo tempo.

VÊNUS NA QUARTA CASA

Os que têm esse posicionamento costumam ser caseiros e adoram ser anfitriões interessantes. Querem que os amigos sejam sua família, e aquela parte da amizade que nos dá sustentação e segurança no mundo é muito importante para eles. Sensíveis ao ambiente social em que se encontram, preferem não ficar em casas noturnas ou restaurantes que não tenham a ambientação correta. Podem ser muito defensivos, o que os leva a ser frios sem dizer por quê; dar uma segunda chance não é o forte deles. Seu senso de certo e errado fica muito próximo do coração; adoram encontrar pessoas que compartilham de seus valores.

VÊNUS NA QUINTA CASA

Os que têm esse posicionamento tendem a priorizar relações românticas e sexuais em detrimento das de amizade, sendo divertidos e protetores ferozes dos amigos. Entretanto, é preciso que se lembrem de perguntar como os outros estão, mesmo quando a resposta não parecer empolgante. Trata-se de um posicionamento particularmente bom para empreitadas criativas – seja na dança, na pintura ou na poesia. Os outros podem se sentir bastante atraídos por eles, tornando-os, em alguns casos, um pouco autoindulgentes ou preguiçosos com as amizades. No geral, esse é um posicionamento divertido e despojado do planeta Vênus.

VÊNUS NA SEXTA CASA
Os que têm esse posicionamento tendem a ser metódicos na abordagem das amizades. Precisam passar um bom tempo sozinhos, sendo importante esse período para descansarem dos amigos. Têm certo pendor para a autoindulgência, sobretudo se sentirem que estão dando duro em outras áreas da vida; portanto, cercar-se de pessoas com hábitos saudáveis é fundamental. Podem se voltar para o serviço ao próximo, pois têm disposição para tal. Fazer parte de sua rotina é uma ótima maneira de se aproximar deles.

VÊNUS NA SÉTIMA CASA
Os que têm Vênus na sétima casa são altamente motivados a ter amizades íntimas. O problema é que este posicionamento pode deixá-los um pouco passivos, acabando por esperar que as amizades certas simplesmente cheguem até eles ou que o outro faça todo o trabalho pesado. Como amigos, são divertidos e conciliadores, e adoram ter parceiros para suas atividades (e de modo geral). Podem ter vários grandes amigos, e, se não tiverem, a sensação de solidão pode ser difícil de suportar. Lembrar que a vida e o amor são cocriações é algo que pode ajudá-los a tirar o máximo proveito desse adorável posicionamento.

VÊNUS NA OITAVA CASA
Os que têm Vênus na oitava casa preocupam-se profundamente com os amigos, sendo muito bons em sempre se fazerem presentes. São intensos e gostam de ir fundo na relação, o que não significa que sempre queiram estar perto das pessoas. O tempo que passam sozinhos é muito importante, e a clareza na comunicação é algo que realmente têm de cultivar. Saber qual é seu papel é fundamental para eles, e isso pode ser mais complicado quando se trata de amizades que de outras relações íntimas. Quanto mais cedo definirem seus termos e limites com os amigos, mais bem-sucedidos serão esses relacionamentos.

VÊNUS NA NONA CASA
Essas pessoas têm abordagem aventureira quando o assunto é amizade; é uma das maneiras de se envolver com o mundo ao redor que mais apreciam. Estão sempre aprendendo, procurando algo mais. Seus valores e filosofias, e os projetos em que estão engajadas, são, de fato, motivadores, e procuram outros com quem possam compartilhar seus interesses. A honestidade lhes é fundamental, embora, paradoxalmente, possam ignorar partes desagradáveis da verdade. Adoram aprender por meio da experiência, e a socialização e a amizade são partes importantes desse processo.

VÊNUS NA DÉCIMA CASA
Esta é a posição do político nato, beijando bebês e apertando mãos. Essas pessoas querem ser apreciadas, e têm a sorte de comumente o serem. Podem vir a descobrir que suas habilidades sociais os colocarão em posição de poder, e são bons em diplomacia. Há aqui o risco de ambição desmedida, mas, se puderem se lembrar de que, quando a maré sobe, todos os barcos se beneficiam, é

bem menos provável que isso aconteça. São firmes, consistentes e engraçados. Muito pouco lhes passa despercebido.

VÊNUS NA DÉCIMA PRIMEIRA CASA
Os que têm este posicionamento provavelmente têm amigos variados em diferentes grupos, podendo se divertir com os melhores entre eles. Têm a tendência de fazer amizades com rapidez, formando instantaneamente ideais sobre os outros. Podem ter mais conhecidos que amigos íntimos e preferem fazer o que consideram criativo ou vanguardista na companhia de amigos. Prosperam em clubes, comitês e grupos, pois gostam de fazer parte de algo maior que eles mesmos.

VÊNUS NA DÉCIMA SEGUNDA CASA
Os amigos podem ajudá-los a se lembrar de quem são, sobretudo quando são casados ou estão envolvidos em outros relacionamentos de longo prazo. Precisam passar um tempo sozinhos para descansar da influência do mundo e se separar de opiniões alheias. Ter amizade com quem possam ser francos a respeito de sua espiritualidade, de seus sentimentos sobre o mundo e sobre quanto se sentem em segurança na relação é muito importante. Por serem tão sensíveis, magoam-se com facilidade e temem que os outros não gostem deles (mesmo quando, sem dúvida, gostam). Por outro lado, podem se convencer de que alguém está apaixonado por eles quando, na realidade, estão sendo ignorados.

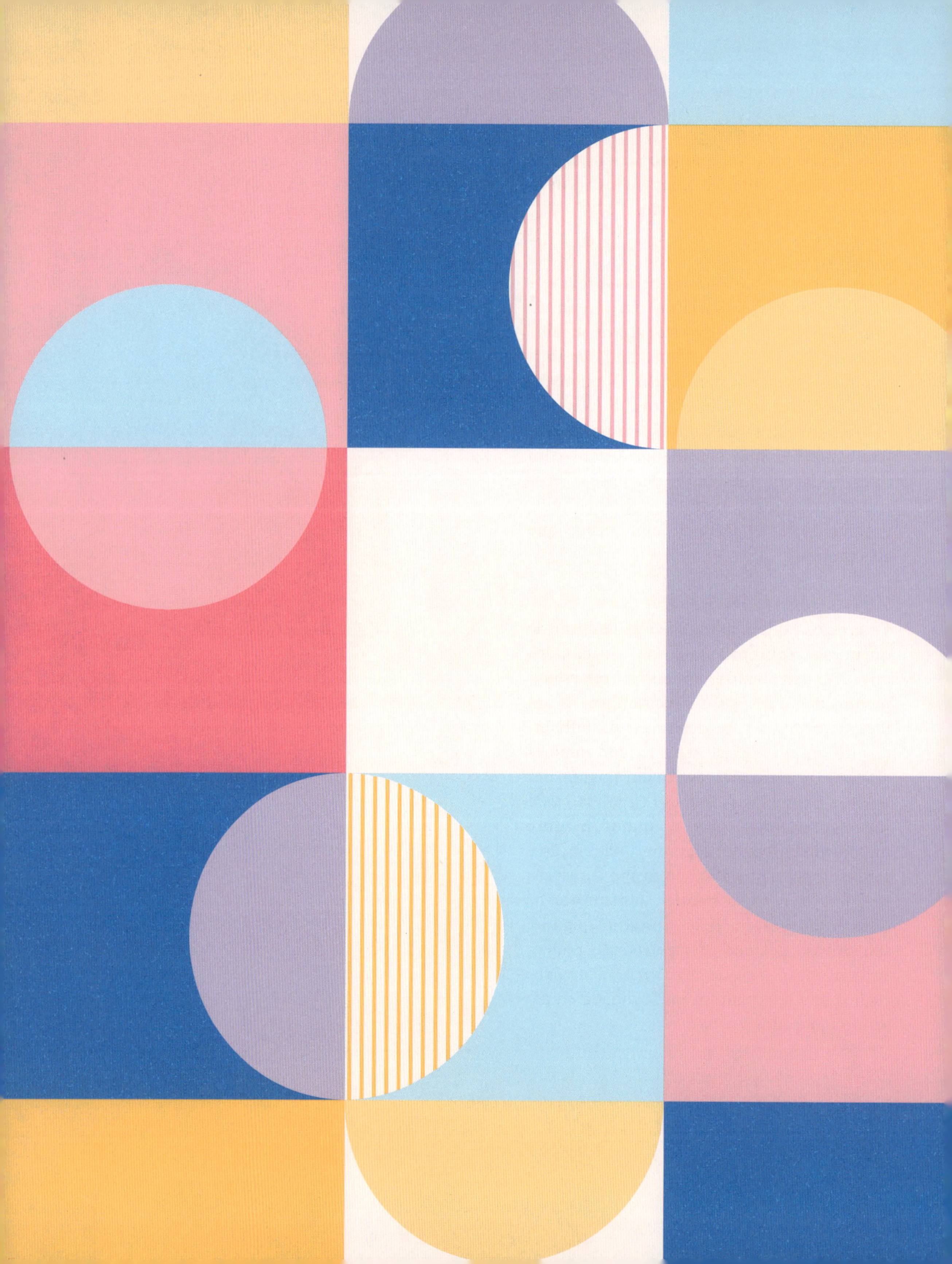

MARTE ♂

Tempo que leva para percorrer o zodíaco: aproximadamente 2 anos

Signo que rege: Áries

Casa que rege: primeira

AMIZADE: MARTE

Marte é o planeta do conflito, da raiva e da guerra. No contexto da amizade, sua influência não se dá apenas sobre como brigamos com os amigos, mas também sobre a disposição e a capacidade de nos levantar e lutar por aquilo em que acreditamos, quão francos somos a respeito de nossas necessidades e preferências e como nos manifestamos ou desmoronamos quando a situação se torna conflituosa. Marte também é a fonte de nossas paixões. O ponto onde esse planeta se encontra no mapa descreve onde e como gastamos nossa energia: vertendo todo nosso eu em um projeto, saindo para dançar, praticando lutas esportivas ou outros esportes competitivos, gritando, berrando e dirigindo rápido – todas essas atividades são regidas por Marte.

MARTE, SEU EGO E VOCÊ

O posicionamento de Marte no mapa natal descreve como e por que queremos chegar aonde queremos. As energias desse planeta, dotadas do ego, são insistentes e motivadoras. Tem quem costuma ficar muito confortável com a energia de Marte ou muito desconfortável com ela. Mas, mesmo quando temos dificuldade em nos apropriarmos dessas partes de nós mesmos, ainda assim aprenderemos suas lições, de uma forma ou de outra. Quando não queremos ou não somos capazes de possuir ou expressar as energias de Marte, não raro nos sentiremos atraídos por pessoas e situações que nos obrigarão a expressá-las. Podemos nos sentir encurralados, como se precisássemos sair na mão com alguém, ou podemos apenas nos sentir atraídos por pessoas que expressam Marte por nós, o que nos mantém em estado reativo... ou de provocação.

ASSUMINDO O CONTROLE

Se você se sente atraído, com frequência, por pessoas agressivas e violentas, dê uma olhada de perto em seu Marte e veja se não é possível estar atraindo gente que expresse algo que você não se sente à vontade para dizer ou fazer. Se for esse o caso, pode ser que seja o momento de praticar a personificação da própria intensidade marciana de uma nova maneira. Tente fazer qualquer coisa que o faça suar devido ao esforço (e produzir endorfinas). Lembre-se: a raiva, a irritação, o aborrecimento e a frustração são sentimentos desagradáveis, mas não *ruins*. Todos nós temos Marte no mapa natal, e todos nos incomodamos com outros seres humanos, às vezes. Temos direito sobre todas as nossas reações emocionais e físicas, e só quando reprimimos ou expressamos demais esses sentimentos é que eles podem nos trazer problemas.

As energias de Marte precisam ser expressas de modo visceral. Por isso, esse costuma ser um planeta mais ativo em relações familiares e românticas que nas amizades. Contudo, quando nossos amigos agem com amargura, ressentidos e irritados com tudo, procurando por uma briga, estamos vendo o Marte deles em ação. Esse planeta também rege os relacionamentos de rivalidade e as amizades casuais, em particular as que envolvem alguma atividade em conjunto. Ter um Marte plenamente integrado nos permite aproveitar ao máximo uma saída noturna para ir à balada, entrar em um time ou gritar até explodir assistindo ao jogo em um bar. Em amizades mais íntimas, ele se revela nos conflitos (inevitáveis). Não podemos ter amigos íntimos sem, às vezes, querer cortar relações com eles, brigar ou deixá-los na beira da estrada – isso faz parte da amizade.

COMO LIDAR COM ESSE PLANETA

O que *fazemos* com a raiva e como *nos sentimos* em relação a ela são duas coisas diferentes. Marte permite que venham à tona sentimentos que podem ser exigentes e insistentes; responder a essas exigências demanda, para início de conversa, capacidade para tolerar esses sentimentos. Comece por encarar o que de fato está sentindo. Exercícios físicos, competições saudáveis e longas viagens (longe do trânsito) são estratégias para lidar com o excesso de energia natal marciana.

MARTE NOS SIGNOS

MARTE EM ÁRIES

Esses indivíduos são assertivos e independentes. Às vezes, a assertividade é um esforço para apoiar as pessoas, mas eles podem se esquecer de perguntar aos amigos o que estes realmente querem. Trata-se de grandes líderes, porque são entusiasmados e não precisam ser muito paparicados. Mas, no contexto da amizade, isso pode ganhar outros contornos, pois nem sempre conseguem perceber o efeito que causam nos demais – mesmo com *feedback* direto. Podem se beneficiar se aprenderem a suavizar sua abordagem ao expressar frustração e/ou apoio.

MARTE EM TOURO

Os que têm Marte em Touro tendem a ser intransigentes, obstinados e dogmáticos, ao mesmo tempo que amigos leais e meigos. A frase "não se meta com o touro se não quiser ser chifrado" resume bem esse posicionamento. Podem dar as caras e se fazer presentes, e depois simplesmente desaparecer; às vezes, a necessidade de autocuidado os domina, eles precisam seguir em frente com suas demandas. São amorosos, sensuais e dispostos a dar mais de si. Também expressam a amizade por meio de prazeres compartilhados. Dica de um profissional da área: se seus amigos de Marte em Touro estiverem rabugentos, alimente-os!

MARTE EM GÊMEOS

Os que têm esse posicionamento são distraídos, curiosos, versáteis e dispostos a vivenciar novidades. Por outro lado, podem se entediar com facilidade. Os amigos são mesmo muito importantes para eles, embora nem sempre priorizados. As distrações são parte bastante divertida de suas amizades, mas também o que acaba impedindo-os de se aproximar de outras pessoas. Precisam manter amizades superficiais, além das mais íntimas. São observadores e perceptivos, mas podem logo se irritar ou ficar sobrecarregados com tudo aquilo que percebem, e costumam expressar essa irritação antes de elaborá-la.

MARTE EM CÂNCER

Essas pessoas podem ser temperamentais, emotivas e irritáveis, o que não seria tão ruim, se não ficassem também na defensiva, por desejarem que os outros gostem delas. Esse é um bom posicionamento para aproximar pessoas, mas não tanto para o comprometimento. Os que têm Marte em Câncer possuem forte senso prático, o que pode ser muito revigorante para os amigos – ou acabar afastando-os, por não se sentirem ouvidos. Devem ter cuidado para não agir como mártires quando as coisas não acontecem do jeito deles. Cultivar a confiança no próprio valor os ajudará a receber verdadeiramente o afeto e o amor dos demais.

MARTE EM LEÃO

Dinâmicas, generosas e corajosas, essas pessoas são companhias divertidas, mas a forte autopercepção também pode torná-las incômodas, apesar de amorosas. Querem que as coisas corram bem e sabem exatamente como fazê-lo; portanto, ai daqueles que discordarem. Esse não é um dos posicionamentos mais humildes, e, quando o ego dessas pessoas fica ferido, elas não lidam bem com isso. Podem brigar com os amigos, e o fazem *pela* amizade com a mesma frequência que o fazem *contra* ela. São francas e muito boas em facilitar situações sociais e em fazer os outros se sentirem bem-vindos.

MARTE EM VIRGEM

Os que possuem esse posicionamento são metódicos e têm natureza perspicaz e voltada aos procedimentos. Podem não ser espontâneos, mas têm disposição para se fazerem presentes e realizar o esforço necessário quando um amigo está precisando. Os que têm esse posicionamento possuem interesses específicos e necessitam que os amigos contenham os próprios interesses distintos. Podem ser críticos e julgar os outros, ou rígidos com seus limites; mas, se forem capazes de cultivar a disposição para tolerar diferenças, farão os amigos se sentirem apoiados em vez de julgados. Quem tem Marte em Virgem precisa tanto de uma dose saudável de solidão como um tempo a sós com os amigos, para se sentir conectado.

MARTE EM LIBRA

Os que têm Marte em Libra são diplomáticos, de companhia fácil, mas nem sempre muito decididos ou francos. Há o perigo de manterem a amizade no âmbito superficial, optando pela diplomacia no caso de possibilidade de conflito. Embora sejam sensíveis à injustiça, nem sempre se sentem confortáveis defendendo o que acreditam que é certo. É importante deixarem que os amigos lhes deem apoio, mas não a ponto de passarem a depender destes, já que o cultivo da autossuficiência é parte enorme de seu processo de crescimento. Quem tem Marte em Libra tem dificuldade de ficar sozinho, mas deve ter cuidado para não usar os amigos como substitutos para a solidão. Libra é o signo da parceria, e essas pessoas tratam amigos íntimos como parceiros.

MARTE EM ESCORPIÃO

Trata-se de pessoas intensas, com forte energia sexual, taciturnas, que também podem se tornar ressentidas e temperamentais ao extremo. Os que têm Marte em Escorpião não primam por serem diretos nem diplomáticos quando se sentem magoados. Sentimentos intensos podem produzir confrontos em situações que poderiam ser resolvidas de maneira tranquila. Amigos que os ajudam a descobrir como relaxar e se tornar adaptáveis são muito importantes. Podem ser leais nos altos e baixos da vida e são capazes de levar um segredo para o túmulo. Tendem a ser do tipo tudo ou nada; portanto, no caso de antigas amizades, embora possam passar bom tempo sem fazer contato, isso não significa que os amigos foram esquecidos.

MARTE EM SAGITÁRIO

Aqueles que têm Marte em Sagitário se definem pela iniciativa e por explosões entusiásticas de energia – embora possam ter dificuldade em sustentar essa energia ao longo do tempo. Costumam se movimentar bastante; gostam de viajar e ter novas experiências. São solidários, inspiradores e sempre dispostos a colaborar em projetos e a participar de aventuras. Podem se distrair com facilidade e, antes que se perceba, já estão no próximo projeto ou empreitada. Tendem a se aborrecer facilmente, mas superam o aborrecimento com rapidez. Há certa extravagância nesse posicionamento que lhes torna fácil fazer novos amigos e facilita as interações sociais, mas nem sempre se sentem confortáveis indo mais fundo na relação ou expressando o afeto fisicamente.

MARTE EM CAPRICÓRNIO

Uma vez que alguém com Marte em Capricórnio tenha decidido que é seu amigo, ele o será para toda a vida. Os com esse posicionamento são diligentes, consistentes e motivados. Costumam estar sempre trabalhando em algo – seja um objetivo interno, seja externo – e querem que os amigos os acompanhem na empreitada. Podem ser muito conscientes da rejeição e negociam afeto aparecendo e oferecendo presentes ou fazendo coisas pelos amigos; têm bastante consciência do que os amigos podem fazer por eles também. São pessoas ótimas em *networking* e costumam precisar de amizades íntimas e verdadeiras, com as quais possam contar até o fim.

MARTE EM AQUÁRIO

Os que têm Marte em Aquário costumam ser mais motivados pela ideia da amizade que pela realidade dela propriamente dita. Precisam de razões maiores para se colocar em situações sociais, seja essa razão uma causa social ou um projeto em grupo. Esse posicionamento pode tornar as pessoas obstinadas e teimosas, ao mesmo tempo que também estão convencidas de que têm mente aberta e tolerante, o que é verdade – exceto enquanto estão sendo obstinadas e teimosas. Podem ter muitos amigos, com estilos de vida diferentes, e não é necessário que todos estejam conectados para se sentir em casa. Prosperam com as diferenças e gostam de ser estimulados, em particular mentalmente.

MARTE EM PEIXES

Os que têm esse posicionamento são muito sensíveis e podem se sobrecarregar com facilidade. Não gostam de conflitos e têm propensão a querer se dissociar e se fazer de durões, ou podem almejar um tempo com os amigos que lhes seja revigorante e fortificante. Usam a amizade como uma caixa de ressonância e têm energia inesgotável para ouvir os pormenores do seu drama ou suas histórias tristes. Aqui há a necessidade de desenvolver confiança no relacionamento, para que limites saudáveis possam ser colocados e mantidos. Ficam inquietos com frequência e precisam de amizades de qualidade que os ajudem a cultivar seus processos criativos e os inspirem a atingir novos patamares.

MARTE NAS CASAS

MARTE NA PRIMEIRA CASA
Essas pessoas costumam agir primeiro e pensar depois, e, quando estão aborrecidas, isso se manifesta em seu semblante. Tendem a passar com rapidez por interações e podem parecer ser mais agressivas e dominadoras do que pensam que são. São ótimas para dar início a festas ou planos. Como não gostam de conversa fiada, costumam ter energia suficiente para fazer as coisas acontecerem e as interações sociais evoluírem.

MARTE NA SEGUNDA CASA
Os que têm esse posicionamento são leais, firmes e estão dispostos a lutar por aquilo e aqueles que amam. Gostam de projetos em grupo que tenham interesses e valores compartilhados e são capazes de manter as amizades superficiais, preferindo, às vezes, manter-se distantes. Pequenos compromissos podem parecer grandes. Esse posicionamento é muito voltado a aquisições; portanto, essas pessoas ou passam seu tempo reunindo certo tipo de pessoa, roupa, etc., ou ficam no outro extremo, fazendo coisas para os outros que reflitam seus objetivos e valores.

MARTE NA TERCEIRA CASA
Essas pessoas podem ser impulsivas, divertidas e ótimas para fazer contato e novos amigos. Ao mesmo tempo, podem ficar irritadas com os outros e se ofenderem com facilidade quando os demais não se comunicam da maneira que consideram mais conveniente. Esse posicionamento se manifesta em interesses variados e na vontade de realizar atividades dinâmicas com amigos. Porém, se não estiverem atentas, a amizade pode sair de sua lista de prioridades.

MARTE NA QUARTA CASA
Os que têm Marte na quarta casa podem ser verdadeiramente caseiros, o que pode se traduzir neles pelo desejo de entreter e reunir gente em casa – ou usar a casa como santuário. Eles podem ser um pouco impacientes e críticos, mas isso tem raiz na honestidade. A aspiração por segurança e estabilidade pode torná-los insaciáveis. Esse posicionamento também pode ser associado a pessoas que ficam na defensiva quando o assunto é se outras pessoas gostam delas ou não. A família escolhida é muito importante, mas, com aspectos difíceis, podem, sem querer, afastar os outros.

MARTE NA QUINTA CASA
Divertir-se é muito importante para quem tem Marte na quinta casa; portanto, ter amigos para fazer coisas que envolvam expressão física – como esportes ou sessões de teatro improvisado – é algo fundamental. Pessoas com esse posicionamento gostam de flertar, podem se esquecer de priorizar amizades platônicas em favor de relações românticas ou sexuais e, muitas vezes, se apaixonam por amigos. Estão sempre dispostas a assumir tarefas difíceis e a nunca deixar passar uma boa diversão; são amigos de lealdade feroz, mas que podem, às vezes, chamuscar relacionamentos, por serem muito egocêntricas ou autoindulgentes.

MARTE NA SEXTA CASA

Estes estão sempre em movimento. É comum que tenham amigos de trabalho e "aminimigos", e grande parte de como se relacionam tem a ver com seu senso de objetivos ou ambições compartilhadas. Suas emoções são sentidas de modo visceral, em especial o incômodo e a paixão, e, quando as pessoas os incomodam, ficam bastante inquietos. A saúde é parte importante da vida deles, e é fundamental terem amigos com quem possam compartilhar hábitos saudáveis. São muito trabalhadores e precisam ser advertidos para que não se esgotem de tanto trabalhar.

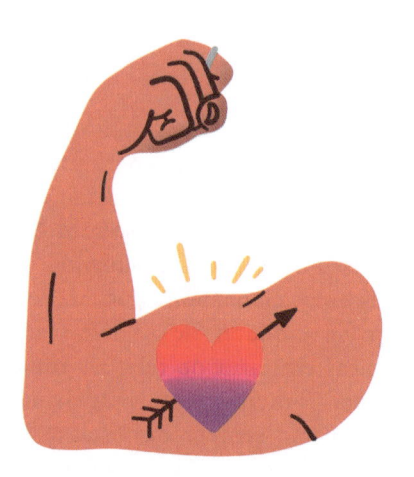

MARTE NA SÉTIMA CASA

Os que têm Marte na sétima casa costumam ficar em conflito ou se relacionar com pessoas conflituosas. Se se sentirem atraídos por alguém que lhes traga conflitos, vão se beneficiar se agirem de modo direto e franco. Muitas vezes, podem sentir que estão sendo pressionados a se defender ou a agir. Pessoas com esse posicionamento podem ter muitas amizades superficiais ou apenas alguns amigos com os quais só se relacionam quando há razão real para isso.

MARTE NA OITAVA CASA

Aqueles com este posicionamento são intensos e reservados, e nem sempre é óbvio o que se passa com eles; precisam ser advertidos para não se tornarem paranoicos ou defensivos. Beneficiam-se quando têm alguém na vida com quem possam falar com sinceridade sobre assuntos sérios. Para eles, é fácil compartilhar apenas partes e versões da verdade, o que é irônico, pois valorizam intensamente a honestidade nos demais. Estão dispostos a fazer grandes esforços por quem amam e esperam um tipo semelhante de lealdade. Costumam abstrair poder por meio das amizades, mas podem ser bastante malsucedidos se fizerem mau uso desse poder.

MARTE NA NONA CASA

Pessoas com este posicionamento estão dispostas a qualquer coisa. São aventureiras, exploradoras e não costumam se contentar com a menor fatia do bolo. Têm fortes opiniões sobre o que é justo e não têm dificuldade para falar o que pensam, mas há o risco de que os amigos sintam que estão recebendo um sermão. Viajar – sejam viagens reais e físicas ou movimentações por ideias, filosofia e educação – é a maneira favorita de abordar os outros. Por outro lado, se se sentirem presas ou frustradas na vida, podem acabar agindo de forma esquisita, dogmática e crítica. Ficam mais felizes quando têm amigos para visitar pelo mundo afora.

MARTE NA DÉCIMA CASA

Marte na décima casa pode gerar uma preocupação tão grande com objetivos e responsabilidades que as pessoas com esse posicionamento talvez não priorizem as amizades. Pode ser, ainda, que exijam que os amigos se envolvam com esforços ou projetos nos quais estejam se concentrando. Os que têm esse posicionamento são motivados, ambiciosos e persistentes, mas também podem ficar excessivamente preocupados com sua reputação. Como resultado, acabarão dando a impressão de serem verdadeiros tiranos, se não forem cuidadosos. São ótimos parceiros de atividades e podem se disponibilizar a fazer todo tipo de trabalho pesado nas amizades.

MARTE NA DÉCIMA PRIMEIRA CASA

Os que têm esse posicionamento são motivados a conviver em grupo, seja de amigos, uma organização ou uma equipe. Sentem-se mais satisfeitos quando podem se afirmar ao lado de outras pessoas. São enérgicos, sociáveis e capazes de lutar por objetivos compartilhados, sejam estes humanitários ou voltados à competitividade; querem realizar coisas e têm disposição para trabalhar. Dito isso, podem ficar irritados se seus planos forem interrompidos ou se o ego de terceiros entrar em conflito com o deles.

MARTE NA DÉCIMA SEGUNDA CASA

Muito sensíveis, os que têm esse posicionamento preferem passar tempo em profunda conexão com os amigos a sair em grupo. Precisam ter cuidado com o uso de drogas, pois escapar da ansiedade social lhes é muito atraente. Podem ser reservados, precisando ser incentivados a se abrir, e tendem a mostrar que se importam com os outros por meio de atos, não de palavras. Pessoas com esse posicionamento costumam ser adversas ao conflito, embora sejam capazes de sair da zona de conforto para proteger aqueles que amam.

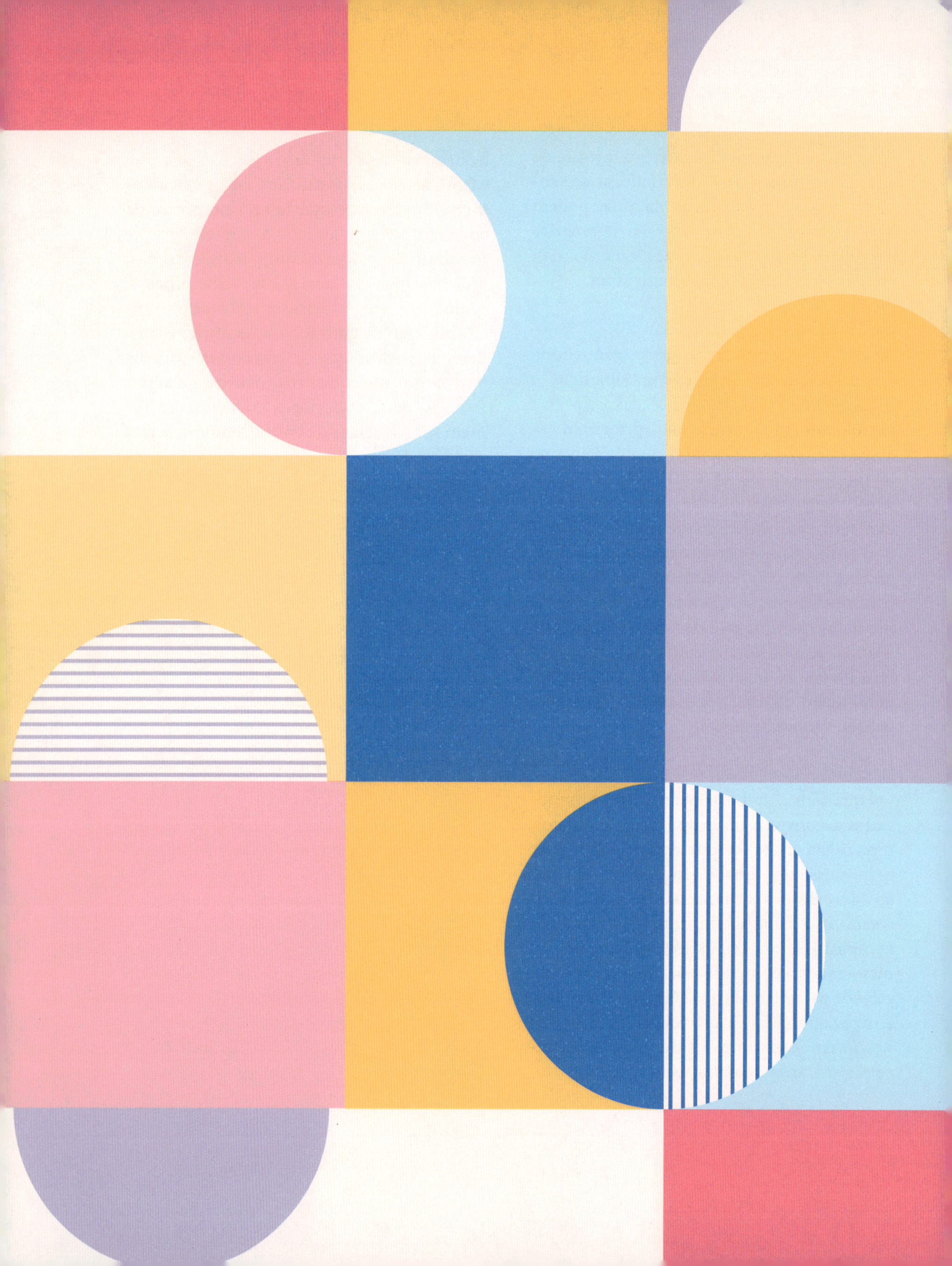

JÚPITER ♃

Tempo que leva para percorrer o zodíaco: aproximadamente 12 anos

Signo que rege: Sagitário

Casa que rege: nona

AMIZADE: JÚPITER

Com Júpiter, ou tudo é grandioso ou não vale a pena. Ele rege as narrativas e o desejo que temos de subir em um palanque e fazer proselitismo – seja sobre o motivo pelo qual devemos todos ir ao parque aquático na próxima semana, seja sobre ideias mais abrangentes. Contar histórias é parte maravilhosa e importante do amor platônico. Compartilhar histórias e a perspectiva de mundo; falar sobre seu dia, seu passado, seu futuro – tudo isso está relacionado a Júpiter. Mas os problemas surgem quando nos apoiamos demais nele; quando nossas histórias se tornam mais coloridas que as experiências que tentamos descrever. Quem está sob a influência de Júpiter pode contar histórias visando mais ao efeito que a exatidão. E, na vida em comunidade, quando as histórias se tornam mais importantes que as experiências vivenciadas, os relacionamentos podem carecer de sinceridade ou permanecer superficiais.

CRENÇAS PESSOAIS

Júpiter pode nos dotar de mente aberta, inquietude e distração. Rege nossas crenças e convicções, assim como o ensino superior e a religião institucionalizada. Esse planeta está associado às amizades que fazemos em instituições, às filosofias compartilhadas e aos momentos da vida em que formamos laços com base no crescimento, na expansão e na busca pela verdade. Rege, ainda, assuntos como se reunir em um salão de igreja para falar sobre Deus, fazer campanha em grupo para um candidato político e criar laços enquanto trabalhamos em um cruzeiro marítimo ou no elenco de um musical.

O PODER DA VERDADE

Dizem que Júpiter traz sorte, isso porque é um planeta que envolve otimismo, receptividade e resiliência. E, por mais que, às vezes, possa de fato trazer sorte, o que ele sempre traz é mais de alguma coisa. Porém, quantidade não é, necessariamente, qualidade. Mais é apenas mais, e melhor é melhor. Na verdade, às vezes, podemos ser atormentados pelo desejo de algo mais ou diferente, em vez de inspiração. Nesse caso, Júpiter pode levar à insatisfação e à depressão. Felizmente, também nos dá as ferramentas necessárias – se estivermos interessados e motivados a usá-las – para descobrirmos a verdade e termos as melhores experiências de crescimento possíveis.

A BEBIDA

Esse planeta também rege o álcool, os excessos e os desafios que surgem quando nos deparamos com limitações. Muitas amizades entre adultos se dão por conta da bebida; essa é uma parte abrangente da maneira como nos socializamos. Se uma atividade é divertida quando temos 25 anos, Júpiter diz que também será divertida quando tivermos 55, mas nem sempre é o caso. Se só soubermos nos socializar com a presença da bebida podemos ter dificuldade para relaxar e nos divertir com os outros por conta própria. Leia sobre Júpiter nos signos para ter uma noção melhor de quem você é sem a bebida, de modo que possa expandir as melhores partes de sua natureza.

COMO LIDAR COM ESTE PLANETA

Dê uma olhada em que que você faz com os amigos para se divertir. Pergunte-se: Estou me divertindo de verdade? Busque ativamente experiências de crescimento, seja ver música ao vivo, ter conversas profundas ou caminhar em novos bairros com os amigos. Faça desse tipo de atividade uma prática regular e verifique dentro de si se sua vida social o está ajudando a crescer.

JÚPITER NOS SIGNOS

JÚPITER EM ÁRIES

Pessoas com este posicionamento tendem a se priorizar e a colocar as próprias necessidades em primeiro lugar. Pelo lado positivo, são resistentes, dispostas a tomar a iniciativa e a assumir uma posição. O lado negativo é que podem ser egoístas, arrogantes e ouvintes ruins. Trata-se de um posicionamento de impulsividade e obstinação – o que só se torna negativo se ambas estiverem em desequilíbrio. Ser corajoso é maravilhoso, mas correr às cegas em direção ao futuro é algo arriscado. Essas pessoas são protetoras ferozes dos amigos e estão dispostas a defender os demais.

JÚPITER EM TOURO

Os que possuem esse posicionamento têm propensão à sensualidade e à indulgência; adoram o que houver de mais fino em que se tratar de comida e posses. Também são bons em se lembrar de reservar tempo para desfrutar dos amigos. Importam-se de verdade em ser simpáticos e diplomáticos com os outros, mas também podem ser autocomplacentes e se esquecer de que suas ações implicam – especialmente se essas ações lhes forem agradáveis. Têm capacidade de persistência em relação a coisas e pessoas de que gostam.

JÚPITER EM GÊMEOS

Os que têm esse posicionamento tendem a ter a mente aberta e interesse em várias coisas, pessoas e atividades, bem como no mundo ao redor. Podem adorar fofocas e ficar presos a certas opiniões ou ideias sobre terceiros, o que os fará parecer um pouco presunçosos. São os pastores da juventude do zodíaco. Têm propensão a manter muitas amizades divertidas, mas não necessariamente profundas. São engraçados, espirituosos e rápidos – mas se distraem com facilidade. Diversas coisas roubam seu interesse, mas poucas delas são capazes de mantê-los interessados. Não raro, precisam ser lembrados de tirar o olho do celular.

JÚPITER EM CÂNCER

Pessoas com Júpiter em Câncer são simpáticas, preocupadas com o bem-estar daqueles de quem estão mais próximas e por quem se dispõem a trabalhar emocionalmente. É importante ter cuidado com a dependência excessiva ou se intrometer demais na vida daqueles de quem gostam. Pode lhes ser fácil ver o que há de melhor nas pessoas. Podem achar difícil se separar da família de origem ou talvez tenham sido separados da família muito jovens; ainda assim, são excelentes em criar comunidades onde quer que estejam.

JÚPITER EM LEÃO

Os que têm esse posicionamento tendem a ser calorosos, gregários e brincalhões. São ambiciosos e querem ser os melhores em tudo o que fazem, o que pode lhes dar um toque de dramaticidade ou fazê-los parecer arrogantes. São ótimos para entreter as pessoas e encontrar maneiras de desfrutar da companhia dos demais, mas, quando não estão dispostos a serem sociáveis, não estão *mesmo* com disposição, podendo achar os outros irritantes. Quem tem Júpiter em Leão é entusiasmado e franco, um amigo divertido para ter por perto.

JÚPITER EM VIRGEM

Os que têm Júpiter em Virgem tendem a ser organizados e analíticos, sendo dotados de grande capacidade de discernimento – quando se lembram de usá-la como prioridade. Por estarem tão sintonizados com os detalhes, podem se concentrar em coisas completamente diferentes daquilo que os amigos veem e acabam se sentindo fora do compasso. São atenciosos e dispostos a se fazer presentes e a realizar o que for necessário, nem que seja ter uma conversa difícil. Preocupam-se com a genuinidade das ideias nas amizades e são determinados a encontrar a melhor maneira possível de realizar as tarefas, mesmo que seja apenas arrumar o quarto para criar o ambiente mais tranquilo possível para assistir a um filme.

JÚPITER EM LIBRA

Os que têm Júpiter em Libra são bons em fazer concessões e valorizam bastante a simpatia e o bom convívio. Isso pode destituí-los de sinceridade, no esforço de serem tolerantes e agradáveis – ou amáveis, diplomáticos e equilibrados. É importante não terem dois pesos e duas medidas, pois tendem a ser generosos com os grandes amigos e a lidar com os demais sob critérios bem mais estritos. Devem ter cuidado para não fofocar muito.

JÚPITER EM ESCORPIÃO

Os que têm este posicionamento têm propensão à autocomplacência, pois a capacidade de sentir tanto o prazer quanto a dor é muito profunda. Podem ser bastante apegados e leais àqueles que conseguem chegar ao seu círculo íntimo, ao mesmo tempo que não se importam muito com os demais. É possível que sejam bastante críticos ou extremamente tolerantes. Podem, ainda, ser dotados de muito magnetismo e astúcia. Esse é um posicionamento muito espiritual e sexual; portanto, amizades que tenham espaço suficiente para envolver esses temas são as que mais lhes agradam.

JÚPITER EM SAGITÁRIO

Amantes da liberdade, sortudos, otimistas e resilientes, são ótimos em revelar o melhor dos outros e inspirá-los a fazer mais. Podem ser bastante impulsivos e especulativos, e não há nada que odeiem mais que se sentir limitados ou presos; podem se frustrar com facilidade quando os outros não veem o mesmo potencial que eles em uma situação. Gostam de projetos colaborativos e adoram ter parceiros de atividades. Possuem interesse especial por viagens, sejam elas pelo mundo ou pelo reino das ideias e da filosofia; compartilhar ideias e conceitos é uma maneira significativa de conexão para eles.

JÚPITER EM CAPRICÓRNIO

São construtores fantásticos; têm a capacidade de visualizar algo grande e depois criá-lo, passo a passo. São impacientes até que possam se alinhar com o que estão tentando alcançar. Podem ser rígidos ou até presunçosos quando alguém age de maneira que não acham correta ou considerem moralmente errada. Também podem se agarrar às próprias ideias sobre certo e errado, de modo que os torne dogmáticos. Têm amigos que se mobilizam em torno de seus objetivos, e são ótimos em mobilizar os demais.

JÚPITER EM AQUÁRIO

Esse posicionamento pode tornar as pessoas idealistas – os que o têm são capazes de ver potencial em indivíduos e situações de forma que os motiva a se movimentarem rumo ao futuro. No entanto, também podem se aborrecer com o presente. Tendem a ser bastante inteligentes e costumam demonstrar interesse por política, justiça social e assuntos relacionados à comunidade. São originais e inovadores, mas podem exagerar quando falam sobre aquilo por que estão apaixonados. O tédio e a sensação de estarem presos ou enjaulados são sua criptonita.

JÚPITER EM PEIXES

Generosos, espiritualizados e não materialistas, os que têm Júpiter em Peixes se fazem presentes ao servir os outros com empatia e compaixão. É bom tê-los por perto em momentos difíceis. Há o risco de se envolverem em situações cuja dinâmica é a do mártir, apenas ofertando sem nada receber. São propensos a defender os mais desfavorecidos e a se conectar por meio das artes ou da espiritualidade. Precisam de bom tempo sozinhos para se recuperar do convívio com as pessoas, mesmo que se sintam bastante realizados na companhia delas. Com aspectos negativos, podem acabar tendo amizades baseadas em glamour e ilusões em vez de em intimidade verdadeira.

JÚPITER NAS CASAS

JÚPITER NA PRIMEIRA CASA

Essas pessoas são prolixas, amigáveis e de mente receptiva. Os que têm esse posicionamento gostam de ser o centro das atenções e costumam ter grande senso de humor e capacidade de se conectar com diversos tipos de pessoas. Também tendem a interromper a fala dos outros. Podem se sentir inspirados e otimistas ou inquietos e impacientes, dependendo do que mais estiver no mapa natal. Dizem que este é um posicionamento de sorte, mas essa sorte vem de um caráter resiliente.

JÚPITER NA SEGUNDA CASA

Este posicionamento torna as pessoas idealistas no tocante a valores e, a menos que haja aspectos difíceis no mapa, indica fluxo saudável de dinheiro ao longo da vida. Mas, onde quer que haja Júpiter, o que vem fácil, vai fácil: seu amor por gastar é tão forte quanto por acumular. Podem ser bastante indulgentes com os amigos, pois são capazes de enxergar e validar os esforços alheios. Por mais que gostem de fazer compras e das mídias sociais, precisam ter certeza de que suas amizades se baseiam em algo mais.

JÚPITER NA TERCEIRA CASA

Os que têm Júpiter na terceira casa são agradáveis, têm facilidade de fazer e manter amigos e podem gastar o tempo com tipos diferentes de pessoas. O tédio é o beijo da morte para eles, pois anseiam por um ritmo ágil e dinâmico. Sua mente pode reter muitos detalhes, portanto ficam entediados quando não estão ocorrendo coisas suficientes para mantê-los interessados. Devem ter cuidado para não expressar opiniões inconsistentes ou falar antes de pensar. Têm certa propensão ao exagero, e as fofocas podem ser uma das maneiras favoritas de conexão com os outros – o que pode ser uma faca de dois gumes se não forem cuidadosos.

JÚPITER NA QUARTA CASA

Os que possuem este posicionamento têm senso inato de pertencimento, o que não se traduz, necessariamente, em laços fortes de amizade. Se houver aspectos desafiadores no mapa, tendem a sentir o oposto – é como se não tivessem nenhum tipo de raiz. São generosos e calorosos e, uma vez que fazem um amigo, são capazes de ir até o fim do mundo por eles. Também costumam converter amigos em família. Há o risco de serem um pouco carentes ou egoístas no que se refere à atenção, em particular quando não dormem o suficiente.

JÚPITER NA QUINTA CASA

Os que têm este posicionamento podem ser muito criativos. Júpiter na quinta casa dá às pessoas o amor pela brincadeira, pelo flerte e pelos riscos. Se tiverem filhos, as amizades que fizerem por intermédio deles podem ser especialmente gratificantes. Correm o risco de que todas as amizades sejam substitutas de relações amorosas ou um tanto sexualizadas. Pode ser que precisem ser lembrados de que amizade não diz respeito apenas a diversão e brincadeiras, mas também a se fazer presente nas coisas mais corriqueiras e nos esforços para manter os laços com quem amam.

JÚPITER NA SEXTA CASA

Os que têm este posicionamento tendem ao exagero. Ficam acordados até muito tarde, comem tudo o que os encanta e bebem demais – podendo ficar bastante entediados com coisas que não queiram fazer. Os maiores espaços em seu coração são ocupados por aqueles com quem passam mais tempo. Se se encontrarem em relações nocivas com colegas de trabalho, no entanto, é melhor que se afastem. São bons em se dar bem com os outros, assim como em mandar neles. É necessário que prestem atenção ao fato de se as pessoas conseguem acompanhá-los ou não e diminuir a velocidade, se for o caso.

JÚPITER NA SÉTIMA CASA

Amizades íntimas são importantes para quem tem Júpiter na sétima casa, mas é preciso ter cuidado para que essas pessoas não se comprometam demais. São generosas com os amigos e tendem a mimar as pessoas de quem gostam. Esse posicionamento pode lhes dar propensão a serem gregários e agradáveis de ter como companhia, mas podem se esquecer de passar tempo suficiente sozinhas, o que pode levá-las à irritabilidade e à exaustão. Também correm o risco de manter as coisas na superficialidade por medo de que os outros só gostem delas por serem divertidas.

JÚPITER NA OITAVA CASA

Os que têm Júpiter na oitava casa têm propensão a ser rígidos em relação ao dinheiro ou a gastá-lo impulsivamente em experiências agradáveis. Também têm natureza profunda e espiritualizada. Sua vida privada se dá em ambiente rico, que, dependendo de outros aspectos no mapa, ou é compartilhado com os verdadeiros amigos ou é preservado. Têm relação saudável com términos e o inevitável fluxo em amizades de longo prazo. A capacidade de se manterem presentes durante os tempos difíceis na vida de outras pessoas é formidável.

JÚPITER NA NONA CASA

Esse é um dos posicionamentos mais auspiciosos do zodíaco. Essas pessoas têm talento para idiomas e capacidade de serem amigas de grande variedade de gente. São inteligentes e capazes de captar, com rapidez, ideias novas e complexas. Também são divertidas, gregárias e excelentes em ser o espírito da festa. Podem ser bastante religiosas; portanto, amizades feitas por intermédio de escolas ou instituições espirituais lhes são importantes. O risco aqui é de subirem no púlpito e nunca mais descerem. Sua natureza lhes dá a tendência a ter opiniões amplas e tolerantes, mas também podem agir como se estivessem usando antolhos.

JÚPITER NA DÉCIMA CASA

Estes são líderes naturais e podem ser muito sociáveis, em particular quando se trata de *networking* e de manter as aparências. São autossuficientes, e, a menos que haja aspectos desafiadores no mapa, este posicionamento lhes dá a tendência a viver de acordo com sua palavra e a valorizar muito a honestidade. Podem ser orgulhosos ou hipócritas, especialmente se esquecerem que a validação dos outros não é o único indício de uma existência plena. Também podem ser generosos quando sentem que a vida os está tratando bem.

JÚPITER NA DÉCIMA PRIMEIRA CASA

A justiça é especialmente importante para essas pessoas, e elas podem vir a descobrir que suas amizades giram em torno de organizações humanitárias, religiosas ou progressistas. Este posicionamento lhes dá a tendência de serem justas, mas também de tirar conclusões precipitadas. Muitas vezes, passam com rapidez pelos detalhes e se concentram apenas no panorama geral. Aspectos positivos lhes dão propensão a amizades duradouras. Com aspectos complicados, é mais provável que vejam as amizades como aventuras temporárias.

JÚPITER NA DÉCIMA SEGUNDA CASA

Os que têm este posicionamento são empáticos, compassivos e de espírito generoso. A arte, a música e a espiritualidade são meios de profunda conexão com os outros e consigo mesmos. Pode lhes parecer essencial que pelo menos parte da vida seja dedicada a ajudar os outros, mas também devem se certificar de que não assumirão o papel de mártires nas amizades. Precisam tomar cuidado com a codependência e encontrar outras áreas da vida que os auxiliem a preencher a necessidade de serem úteis.

SATURNO ♄

Tempo que leva para percorrer o zodíaco: aproximadamente 29,5 anos

Signo que rege: Capricórnio

Casa que rege: décima

AMIZADE: SATURNO

Saturno é o papai do zodíaco, o que significa que rege o patriarcado, a hierarquia, as restrições e as obrigações. Governa a estrutura interna do ser humano, o impulso pelo sucesso e por ser considerado bem-sucedido pelos outros, a necessidade de segurança e o relacionamento com o eu existencial. Por isso, Saturno não desempenha papel significativo nas amizades casuais. Em vez disso, rege amizades duradouras e que demandem comprometimento, como nos sentimos como amigos e os tipos de amigos que atraímos. É ele quem estimula nossos temores secretos de não sermos bons o suficiente ou as dificuldades que temos para tolerar mudanças e a espontaneidade. Também rege os sentimentos de escassez – aquela sensação de que não há o bastante daquilo de que precisamos – e o impulso para reunir mais provas do nosso valor ou de nossa segurança.

LIÇÕES DE VIDA

As lições que Saturno tem a nos ensinar são grandes – do tipo que aprendemos ao longo de uma vida, não em meses ou anos. Por isso, as questões relacionadas a esse planeta aparecem em muitos dos nossos relacionamentos. E, quanto mais pudermos compreendê-las e saná-las, maior será a possibilidade de atrairmos dinâmicas e relacionamentos saudáveis.

A menos que sejam incrivelmente próximos de nós, os outros podem não compartilhar de nossa natureza saturnina. Mas isso não significa que ela não afete as amizades. Por exemplo, se você tem Saturno em Capricórnio, a influência dele no mapa pode fazê-lo sentir que deveria saber tudo e ter todas as coisas esclarecidas. Nos casos em que sente que seus amigos entendem algo sobre o mundo que você não compreende, Saturno o obrigará a fingir que entende, e você acabará perdendo a verdadeira intimidade e proximidade que podem surgir quando admitimos que não sabemos o que não sabemos. A lição é que não precisamos ficar sozinhos – trabalhar com os outros nos ajuda a crescer.

ESTAMOS TODOS JUNTOS

Saturno tem o potencial de nos mostrar que somos todos parte de uma comunidade maior de seres humanos, mas também que estamos todos sozinhos, em um aspecto existencial. Amizades estáveis e duradouras podem conter ambas as coisas. Trata-se de conexões com as quais podemos contar ao longo do tempo – quer seja com amigos de infância, que estão mais para família, ou com amigos que tivemos na vida por muitos anos; em outras palavras, amizades que resistiram ao teste do tempo. Se sua intenção é que seus amigos sejam sua família escolhida, é importante redefinir o significado de família. Isso pode exigir de nós dar tanta atenção e cuidado aos amores platônicos quanto daríamos a um parceiro romântico.

ACOMPANHANDO SATURNO

Saturno rege a rigidez; nossos ossos e dentes. Trata-se também de nossa estrutura interior e de nosso senso de realidade. Quando nossos amigos estão presentes para validar nossa realidade, isso pode ser algo belíssimo. Mas o que é tão belo quanto ter amigos íntimos que desafiem essa realidade de maneira construtiva?

Saturno rege nossas ideias sobre como os outros devem ou não se comportar, e nosso senso de certo e errado, muitas vezes, se manifesta em amizades íntimas. Para que qualquer conexão íntima floresça, precisamos querer e ser capazes de confrontar o que não está funcionando; de nos adaptar à medida que os amigos se transformam; e estar disponíveis para que eles nos conheçam melhor.

COMO LIDAR COM ESTE PLANETA

Saturno rege a responsabilidade que assumimos por nossas ações, o trabalho que estamos dispostos a fazer para nos mantermos presentes para os outros e como pedimos ajuda quando, de fato, precisamos dela. É necessário assumir a responsabilidade pelas pessoas que você decide deixar entrar em sua vida. Necessitamos de gente que esteja disposta a aplaudir quando vencemos e a chamar nossa atenção quando vacilamos. A maneira como contribuímos para o sucesso duradouro das amizades é uma questão que trata tanto de nossa integridade quanto de nossa humanidade.

SATURNO NOS SIGNOS

SATURNO EM ÁRIES

Os que têm Saturno em Áries tendem a se levar muito a sério; podem ser um pouco insistentes ou dominadores, mas os verdadeiros amigos sabem que eles têm problemas de identidade e nem sempre têm noção clara de quem são. Quando cultivam a capacidade de ouvir e de fazer perguntas – sem cair no que pensam que as respostas podem significar sobre quem são –, podem se tornar os mais intensos dos amigos. A capacidade de distinguir entre reconhecimento e atenção é uma habilidade importante para aprenderem.

SATURNO EM TOURO

São muito voltados à segurança. Quando aprendem a estruturar a vida em torno das coisas que valorizam, sua capacidade de amar e de serem amados se expande. Gostam verdadeiramente de partilhar o pão com os amigos e precisam de parceiros de atividades – não apenas de confidentes no mundo digital. Uma vez que decidem como as coisas devem ser, é difícil mudarem de ideia. Devem ter cuidado para não enfatizar demais as aparências – quer seja a de intimidade, quer seja a de serem legais ou poderosos. No fim, são companheiros leais e firmes, que sabem como se fazer presentes, desejando que as pessoas façam o mesmo por eles.

SATURNO EM GÊMEOS

Os que têm esse posicionamento tendem a dar muito de si mesmos ou a se absolver das responsabilidades. Precisam de pessoas com quem possam discutir ocasionalmente, mas devem ter cuidado para não passar o tempo todo cumprindo o papel de advogados do diabo. Conhecem a solidão, por isso sua necessidade dos laços de amizade é forte. Mudar de ideia não é algo que lhes aconteça com naturalidade, e podem dar muita importância às coisas, ficando presos a detalhes aparentemente sem sentido. As amizades são mais bem-sucedidas quando são capazes de envolver os aspectos mais desafiadores e pesados da vida.

SATURNO EM CÂNCER

Os que têm Saturno em Câncer podem se sentir desconfortáveis ao demonstrar amor, sendo bastante sensíveis à rejeição. Tendem a se sentir ligados ao passado e gostam de olhar casas antigas, comprar antiguidades e de ouvir músicas de tempos idos. São amigos leais e trabalhadores, mas podem ser tão motivados pela segurança que optam por ela em detrimento da autenticidade e da vulnerabilidade. Podem se afeiçoar muito aos outros e, inconscientemente, recriar a dinâmica familiar original mas famílias escolhidas.

SATURNO EM LEÃO

As viagens criativas e expressões de alegria são partes importantes da amizade para os que têm Saturno em Leão. Podem querer se cercar de fãs, mas estes não os conhecerão de verdade. Possuem necessidade profunda de se sentir apreciados, valorizados e vistos; quando esta não é atendida, tendem a se sentir rejeitados, feridos ou ignorados. Nem sempre têm facilidade em manter a leveza, mas, quando são capazes de acessar seu lado mais leve, é fantástico tê-los por perto. Não precisam sempre iniciar os laços de amizade e se beneficiarão ao aprender a deixar os outros virem até eles.

SATURNO EM VIRGEM

São contemplativos, profundos e perspicazes – às vezes, a ponto de serem cuidadosos demais. São confiáveis, exigentes e podem ter dificuldade de reconhecer o próprio valor. Fazer parte de sua rotina é uma forma garantida de se tornar parte de seu círculo íntimo, e ter longas conversas durante as refeições fazem parte de suas amizades mais profundas. Tendem a mostrar seu interesse e cuidado por meio de ações e estão dispostos a fazer o esforço que as amizades exigem. Precisam ter cuidado para evitar o investimento excessivo em pessoas que não estão preparadas para a reciprocidade.

SATURNO EM LIBRA

Os que têm Saturno em Libra anseiam por amizade e senso de pertencimento, mas seu desejo de serem apreciados pode, às vezes, se sobrepor à disposição de se mostrarem como são por completo. Podem se beneficiar de ter amigos em diferentes níveis de intimidade. São tolerantes, diplomáticos e leais, o que lhes torna difícil expressar verdades desagradáveis. Também podem se prender com facilidade na questão de se as coisas são ou não justas e se pegar em amizades em que outros tomam decisões por eles, mesmo que nem sempre estejam à vontade com essa dinâmica.

SATURNO EM ESCORPIÃO

Os que têm Saturno em Escorpião podem ser confidentes perspicazes e precisam de amizades platônicas realmente profundas, mesmo que nem sempre as priorizem. São ambiciosos e, para que uma amizade de longo prazo seja bem-sucedida, precisam que os amigos lhes deem espaço de tempos em tempos, sem a necessidade de explicações. Embora tenham intuição muito forte, nem sempre confiam nela. Necessitam de pessoas com quem possam contar para fazer o que dizem e dizer o que querem; suas amizades podem ser profundas e intensas por longo período e depois terminar abruptamente.

SATURNO EM SAGITÁRIO

Os amigos junto dos quais possam viajar são especialmente importantes para os que têm este posicionamento. Buscar a verdade e a justiça, explorar aspectos culturais e aprender coisas novas em conjunto também são fundamentais para conexões duradouras. Podem ser mais dogmáticos, ter opiniões mais fortes e ser mais insistentes do que imaginam. Explorar o mundo é sua atividade favorita, seja por meio da filosofia, da religião ou da cultura. Quando uma amizade pode conter todas essas coisas, têm sensação de segurança e confiança.

SATURNO EM CAPRICÓRNIO

Os que têm este posicionamento são persistentes, cuidadosos e ambiciosos, possuindo profunda relação com a responsabilidade. Desejam ter senso de familiaridade e pertencimento, mas sem toda a confusão das necessidades emocionais. Têm relação muito transacional com a amizade, o que pode fazer deles excelentes amigos, embora alheios por completo às nuances da amizade. Tendem a ser leais – e precisam ter certeza de que o estão sendo às pessoas e situações corretas. Beneficiam-se ao aprender que não precisam negociar amor e atenção.

SATURNO EM AQUÁRIO

Estas pessoas têm forte necessidade de laços de amizade, assim como necessitam de espaço e autonomia. Os que têm esse posicionamento tendem a ser obtusos ou inertes a respeito do que funciona nos relacionamentos, e isso pode gerar uma dinâmica rígida nas relações platônicas mais próximas. Podem se sentir mais confortáveis reiterando sua necessidade por respeito que a por amor e tendem a se desenvolver em relacionamentos nos quais as pessoas são mantidas um pouco distantes, seja devido à distância física ou a diferenças de idade ou de estilo de vida. Cultivar o conforto com a solidão é algo que os ajuda a serem grandes amigos de si mesmos e dos outros.

SATURNO EM PEIXES

Os que têm este posicionamento têm lições a aprender sobre limites. Sentir-se visto e ouvido pode ser complicado para eles, em parte por causa da importância dessas necessidades. São sensíveis, mas não raro possuem fortes defesas em torno dessa sensibilidade. Sua necessidade de lealdade, amizade e amor é crucial. É importante que aprendam a expressar verbalmente coisas difíceis e também a recuar diante de dinâmicas e situações com as quais não possam se envolver de maneira saudável. É preciso que a amizade seja um santuário para eles. Têm fortes necessidades de segurança e privacidade e, embora a solidão lhes seja saudável, esconder-se não é.

SATURNO NAS CASAS

SATURNO NA PRIMEIRA CASA
Os que têm Saturno na primeira casa não são fáceis de conhecer, em parte porque são excelentes em controlar as expressões de emoção; é provável que a expressão habitual de seu semblante seja de aborrecimento. São sérios, leais e tendem a cumprir seus compromissos. Impõem respeito e, no geral, também se dispõem a respeitar os outros.

SATURNO NA SEGUNDA CASA
Essas pessoas *realmente* se preocupam com pessoas e coisas com que se importam – mas podem ter dificuldade de priorizá-las de forma consistente. Os que têm esse posicionamento tornam-se um pouco rígidos com o dinheiro, podendo vir a restringir as atividades sociais ou participar de atividades sociais e depois se sentir solitários ou oprimidos por terem gastado demais. Precisam aprender a receber presentes, sejam objetos materiais ou atenção e cuidado.

SATURNO NA TERCEIRA CASA
Os que têm esse posicionamento possuem forte conceito sobre si mesmos e os outros, mas podem ser sensíveis a críticas e ter dificuldade de se expressar sem ficarem na defensiva. Amizades individuais são preferíveis a grupos, pois não gostam de competir para serem ouvidos. Por outro lado, com aspectos difíceis, podem ser determinados a serem ouvidos, sem fazer grande esforço para escutar os outros. São ótimos de ter por perto durante crises, e sua capacidade de trabalho para manter os laços de amizade é forte.

SATURNO NA QUARTA CASA
Estas pessoas podem ser caseiras e muito apegadas à família e ao passado. Este posicionamento pode lhes dar características de seriedade e propensão a buscar, com consistência, o reconhecimento de seu lugar nos relacionamentos. Há o risco de ficarem na defensiva quando não se sentem apreciadas. É importante que tenham pessoas na vida com quem possam passar momentos tranquilos e partilhar o pão. Embora a confiança seja lenta de construir neste caso, uma vez *construída*, serão amigos leais e comprometidos.

SATURNO NA QUINTA CASA
Este posicionamento está relacionado à timidez ou à repressão em momentos em que os demais se reúnem para se divertir. Os que o têm tendem a ser profundamente leais com quem amam, mas também podem ser lentos em se tornar calorosos e propensos a representar um papel com as pessoas antes de se tornarem verdadeiros amigos. Desenvolver talento artístico ou o gosto pela arte não só é bom para essas pessoas, mas pode também ser um modo de se conectar profundamente com os demais.

SATURNO NA SEXTA CASA
Este posicionamento se configura em lições a serem aprendidas por intermédio da saúde e dos hábitos cotidianos. A disponibilidade dessas pessoas para conviver com os demais pode ser muito consistente em alguns momentos e bastante inconsistente em outros, pois elas têm uma maneira bem particular de administrar o dia a dia. Os que têm Saturno na sexta casa não são muito assertivos. Podem ser preocupados demais e precisam

evitar se deixar envolver pelos temores. Podem se beneficiar ao aprender o valor da comunicação direta. A confiança mútua é importante para eles no tocante à amizade.

SATURNO NA SÉTIMA CASA

Por mais importantes que sejam as amizades para os que têm este posicionamento, eles costumam ter dificuldades de relacionamentos. Podem querer tornar as coisas permanentes e estáveis antes de saberem se há ou não compatibilidade sustentável. Também correm o risco de priorizar parcerias românticas em detrimento de amizades ou de usar a amizade como substituta do romance. No fim das contas, no entanto, são amigos responsáveis e comprometidos, que fazem qualquer coisa pelos melhores amigos.

SATURNO NA OITAVA CASA

Essas pessoas podem ser introvertidas ou reservadas. Têm abordagem séria em assuntos emocionais e colaborativos. Tendem a priorizar o amor ou as relações sexuais em detrimento das amizades, mesmo que isso não seja de seu melhor interesse. Aprender a ser íntimo sem compromissos é uma lição valiosa.

SATURNO NA NONA CASA

Os que têm Saturno na nona casa podem ter dificuldade de enxergar perspectivas diferentes das suas; precisam se manter abertos ao fazer perguntas para ouvir atentamente as respostas. Conhecer outras culturas e territórios pode ser uma forma valiosa de expandir o que acham ser possível, além da disposição a se relacionar com os outros. A capacidade aqui é de sabedoria e aprendizado profundos, e o risco é que podem parecer um pouco arrogantes se não forem cuidadosos.

SATURNO NA DÉCIMA CASA

A responsabilidade é muito importante para essas pessoas. Elas têm tanta vontade de ser autossuficientes que sentem dificuldade em se lembrar de pedir ajuda. Têm tendência a querer provar a si mesmos, ainda que não seja necessário ou apropriado. Muitas vezes, envolvem-se em dinâmicas de trabalho de compromisso excessivo, que podem interromper a vida social.

SATURNO NA DÉCIMA PRIMEIRA CASA

Essas pessoas se sentem convocadas a fomentar o senso de pertencimento em suas comunidades. Podem querer evitar grupos ou, ao contrário, trabalhar para eles de modo incansável. E, embora seja provável que de vez em quando tenham problemas reais nos círculos de amigos, se estiverem dispostas a se fazer presentes, sua capacidade de lealdade e de formar laços de amizade de longo prazo será inigualável.

SATURNO NA DÉCIMA SEGUNDA CASA

Os que têm este posicionamento estão propensos a buscar reconhecimento, segurança ou validação nos demais, pois não têm muita segurança de quem ou do que são. Tendem a se apresentar como fortes em público, mas são atormentados por inseguranças sobre seu lugar no mundo. Ter amigos com quem possam ser eles mesmos intimamente é fundamental. Também costumam transformar os verdadeiros amigos em família.

URANO ⛢

Tempo que leva para percorrer o zodíaco: aproximadamente 84 anos

Signo que rege: Aquário

Casa que rege: décima primeira

AMIZADE: URANO

Urano é o planeta da excentricidade; rege a singularidade e a estranheza. É uma força astrológica inconstante – sua energia aparece para nos ensinar algo e depois vai embora. Tendemos a querer fazer as coisas do nosso jeito no ponto onde temos Urano no mapa natal. Ele não tem muito a ver com intimidade – fala mais de aprendizado, crescimento e futuro.

Urano rege a parte do mapa em que somos vanguardistas, de mente aberta, ou apenas excêntricos, embora não seja a área em que somos mais flexíveis ou colaborativos. Não é o ponto em que queremos mergulhar em sentimentos, mas onde nos motivamos pela ideia de conexão, visando chegar a algum lugar ou alcançar algo. Quando observamos a amizade no contexto de Urano, o que estamos vendo, de fato, são interesses compartilhados. A área em que encontramos esse planeta é onde estão as amizades funcionais, os parceiros de atividades e os relacionamentos a distância – não necessariamente os melhores amigos, aqueles com os quais nos encontramos todos os dias.

O IMPREVISÍVEL URANO

Quando as pessoas têm no mapa Urano fortemente posicionado ou vários planetas em conjunção com ele, podem ser boas amigas – a menos que mudem de ideia. Dependendo de onde tivermos esse planeta no mapa, temos forte ou nenhum interesse pelos outros. Urano também pode estar associado a separações entre amigos – pois não estamos dispostos a fazer concessões na área em que ele se encontra. Preferimos partir a ficar e sofrer.

As amizades regidas por Urano desenvolvem-se em meio à inovação e à contemplação de planos, levando em conta o que está por vir. Esse planeta exterior rege nossa superfície interativa em vez de a maneira como interagimos – em outras palavras, há uma qualidade menos pessoal na dinâmica. Com Urano, a prova está na experiência. Pessoas sob sua influência não sentem necessidade de causar grande impressão nos demais; acreditam que suas ações se afirmarão por si sós e não costumam ouvir a mesma história duas vezes.

Esse planeta rege a internet, que nos permite estar mais conectados que nunca a um maior número de pessoas e a um corpo de conhecimentos muito mais vasto. Urano tem certa tendência ao isolamento, assim como Saturno, mas onde Saturno diz "estou sozinho, e estar sozinho é trabalho", a abordagem de Urano é: "estou tão interessado no que estou pensando que não são os outros que me motivam". Esse planeta traz energia mais concentrada e vibrante.

Quem tem dinâmica uraniana forte no mapa pode dar a impressão de estar sempre com pressa. E, em geral, está fazendo algo que acha interessante – o que às vezes – mas nem sempre – torna essas pessoas interessantes para outras. Se você conseguir acompanhar o ritmo de alguém com forte influência uraniana, é mais possível que consiga ser seu amigo. A energia dos uranianos pode ser abrupta; eles permanecem enquanto as coisas estiverem funcionando e somem quando param de funcionar.

SEU "CARA" INTERIOR

Um excelente arquétipo uraniano é O Cara, de *O Grande Lebowski* – ele não se encaixa facilmente em nenhuma categoria e é sempre ele mesmo, no fim. É afável e atencioso com os amigos, mas não deve nada a ninguém. Urano rege esse tipo de autonomia autêntica. Se estiver em uma sala com amigos e de repente decidir que quer ir embora simplesmente porque não quer mais ficar lá, está seguindo seu Cara interior. Ou, quando está caminhando com um grupo e decide que quer caminhar em ritmo diferente dos demais, isso também tem a ver com Urano.

COMO LIDAR COM ESTE PLANETA

A chave para lidar com Urano é esforço para se manter no presente. Pessoas regidas por esse planeta querem se apressar rumo ao futuro e descobrir o que virá em seguida. Pode ser difícil permanecer no momento presente, mas é importante fazê-lo, pois ele é a base para o próximo instante. Pergunte a si mesmo: como posso criar melhor impacto para meu futuro neste momento?

URANO NOS SIGNOS

Urano tem órbita de 84 anos e passa aproximadamente seis anos em cada signo, o que significa que toda uma geração terá o posicionamento em comum. Para ser abrangente, incluí a última vez em que Urano esteve em cada signo, assim como a próxima em que estará.

Você vai notar que alguns anos se sobrepõem. Isso ocorre porque todos os planetas se tornam retrógrados, o que quer dizer que, para todos os efeitos, eles caminham para trás. A astrologia, tal como a vida, não é sempre linear.

URANO EM ÁRIES (1927-1934 E 2010-2019)

Quando Urano esteve em Áries no início do século XX, os Estados Unidos sofreram queda maciça da bolsa de valores, e a Grande Depressão começou. A época exigia que as pessoas tivessem mais vontade própria, originalidade e assertividade para sobreviver.

A combinação de Urano e Áries pode criar bastante singularidade, voluntariedade e ousadia, mas essa energia é bem bruta e imprevisível. Esse planeta se junta a esse signo para criar períodos de atividade e individuação, o que pode produzir pensamentos e comportamentos obstinados e egoístas, ou, por outro lado, o tipo de manifestação do eu que torna possível o encontro entre os indivíduos por meio de uma consciência maior de sua capacidade de ação. Não se trata de um posicionamento afeito à transigência; assim, o lado negativo é que as pessoas nascidas durante essa era podem buscar a perfeição e não se dispor a aceitar menos.

O que isso significa para a amizade: essa geração redefinirá os conceitos de masculinidade. Há forte ênfase no individualismo, e grande parte de sua identidade vem da tecnologia.

URANO EM TOURO (1934-1942 E 2018-2026)

O posicionamento no século passado coincidiu com os anos em que a Grande Depressão realmente se instalou. O racismo e a xenofobia ganharam novo recrudescimento global com o advento da Segunda Guerra Mundial. Esse período obrigou os indivíduos a tomar posição sobre quem eram e o que priorizavam. O impulso coletivo foi uma mudança no debate global sobre valores. Esses mesmos temas vêm surgindo de novo e provavelmente vão se desenvolver ao longo desse ciclo.

O que isso significa para a amizade: as relações pessoais são cada vez mais importantes para essa geração. Pessoas com este posicionamento estão redefinindo seus valores e o relacionamento com as mulheres e com o que significa ser mulher.

URANO EM GÊMEOS (1941-1949 E 2020-2025)

Urano esteve antes em Gêmeos durante um período em que assistimos a avanços tanto na psicologia quanto na metafísica. Essa geração produziu estudantes que foram a juventude radical dos anos 1960, pessoas capazes de fazer uso inventivo das informações que receberam sobre liberdade, autonomia e independência.

O que isso significa para a amizade: a troca de ideias e a formação de comunidades locais são importantes para essa geração. A conexão com os outros é boa parte de como essa geração se relaciona consigo mesma.

URANO EM CÂNCER (1949-1956; ACONTECERÁ NOVAMENTE EM 2033-2039)

A última vez que vimos este posicionamento foi durante a era do macartismo. Toda uma geração de artistas e livres-pensadores foi banida em nome da proteção e do patriotismo (elementos fundamentais para o signo de Câncer). Houve a expansão dos meios de comunicação e a chegada da televisão (e dos jantares em que a família assistia à TV, que foram o início também dos alimentos processados, proporcionando às pessoas mais liberdade, embora com menos qualidade, o que tem bastante a ver com Urano). Esse planeta quer a liberdade rapidamente, às vezes sem levar em conta os efeitos de longo prazo de tal atitude.

O que isso significa para a amizade: a tensão entre o desejo de estar próximo e ainda assim manter a autonomia é o principal embate dessas pessoas. Aprender a fazer concessões é necessário para que as amizades sejam satisfatórias. A chave aqui é encontrar um meio de equilibrar autoproteção e liberdade, sem dar preferência a uma em detrimento da outra.

URANO EM LEÃO (1956-1962; ACONTECERÁ NOVAMENTE EM 2039-2046)

Esta foi uma época em que o entretenimento se tornou parte muito maior da sociedade ocidental. A Guerra do Vietnã ainda começava; Urano em Leão fala de uma época de vigoroso engajamento. Esta é uma geração de pessoas autoconfiantes e muito criativas, que também tinham forte necessidade de reconhecimento por parte de forças externas.

Na ocasião desse último posicionamento, vimos muitas pessoas dando significado à própria vida ao ter filhos. Quando acontecer de novo, pode ser que vejamos uma mudança cultural em que as pessoas priorizarão a autonomia sobre a reprodução.

O que isso significa para a amizade: pessoas dessa geração precisam de amigos como meio de se conectar com sua criatividade, sendo bem possível que priorizem isso em vez de outras coisas mais práticas.

URANO EM VIRGEM (1962-1969; ACONTECERÁ NOVAMENTE EM 2046-2053)

Neste período, começou a convocação obrigatória nos Estados Unidos para a guerra do Vietnã, e as pessoas protestaram em resistência. Muitos também procuraram construir uma sociedade alternativa. Houve ênfase no aperfeiçoamento pessoal como caminho para a transformação social. Foi aí, ainda, que os cuidados de saúde alternativos começaram a desempenhar maior papel na cultura ocidental. Virgem representa os processos práticos, a realidade prática e a vida cotidiana. Assim, quando combinado a Urano, também estimulou uma segunda onda de feminismo, que girou em torno da escrita, da expressão verbal e de análises públicas. Urano em Virgem criou uma geração que deu nova ênfase à atividade pessoal e teve novo acesso a técnicas de aprimoramento no estilo de vida.

O que isso significa para a amizade: essa é uma geração de pessoas bastante perspicazes, que se reúnem para trocar ideias e redefinir os valores de seu tempo.

URANO EM LIBRA (1968-1975; ACONTECERÁ NOVAMENTE EM 2053-2059)

Esta geração se centrou nas mudanças em prol da justiça social, na diplomacia e nas artes. Foi um tempo em que as parcerias e os papéis alternativos em sociedade se tornaram mais ecléticos e diversificados, e as mulheres ganharam mais autonomia nas relações. Foi também quando o divórcio se tornou mais disseminado, e as parcerias românticas de longo prazo deixaram de ser vistas como a única forma de avanço nos relacionamentos.

O que isso significa para a amizade: essa geração tende a abordar a amizade e a comunidade de maneira nova e vanguardista. Abre espaço para a família escolhida, fora dos modelos tradicionais.

URANO EM ESCORPIÃO (1975-1981; ACONTECERÁ NOVAMENTE EM 2059-2066)

Esta combinação produziu uma geração corajosa, embora reservada. Teve mais influência de grandes empresas, da publicidade e da mídia que qualquer geração anterior. O ocultismo e a cultura da Nova Era expandiram-se durante esse período. A androginia também veio à tona, com a ascensão das artes e da música *new wave*. Houve avanço jurídico de ações afirmativas nessa época, à medida que mais vozes alternativas foram ocupando os espaços públicos. Escorpião é um signo relacionado ao poder, à privacidade e a experiências intensas, enquanto Urano representa os impulsos excêntricos, estranhos e individualistas.

O que isso significa para a amizade: essas pessoas criam conexões profundas, mas levam tempo para confiar nos outros. Anseiam por experiências transformadoras que as aproximem de si mesmas e dos demais.

URANO EM SAGITÁRIO (1981-1988; ACONTECERÁ NOVAMENTE EM 2066-2072)

Os anos 1980 foram os da corrida armamentista. Essa época assistiu ao aumento do interesse humanitário, bem como do fundamentalismo. Crianças foram encorajadas a se corresponder com outras de outros países, e as ligações entre indivíduos em prol da criação de uma sociedade global representaram elemento importante dessa fase. Sagitário é um signo transcultural que promove a abertura do espírito e a expansão.

O que isso significa para a amizade: essa geração tem fortes impulsos intuitivos e anseia por aventura. A amizade representa papel muito importante na vida dessas pessoas, que têm a expectativa de viver em um mundo globalizado.

URANO EM CAPRICÓRNIO (1987-1996; O ÚLTIMO OCORREU EM 1904-1912)

Nesses tempos, o governo e as grandes empresas assumiram posição de maior força na sociedade. Foi também uma época em que pudemos partir do caos individual e dos problemas pessoais para chegar a soluções sistêmicas. Por outro lado, houve grandes transtornos em relação às normas acordadas e à "forma correta" de fazer as coisas. A crise causada pela aids acarretou grandes mudanças quando as empresas farmacêuticas entraram em cena para "nos proteger" da epidemia. A criminalidade adolescente teve crescimento significativo.

O que isso significa para a amizade: essa geração tem forte senso de solidão, mas também de interconexão; para quem tem Urano em Capricórnio, a amizade tem papel central em sua identidade.

URANO EM AQUÁRIO (1996-2003; O ÚLTIMO OCORREU EM 1912-1920)

Este foi um tempo de grande avanço científico e tecnológico. O Google surgiu em 1998, e este e outros avanços no compartilhamento de dados e informações foram a marca de uma mudança maciça e global. Os computadores entraram nas salas de aula, por isso essa geração cresceu tendo acesso regular a outras pessoas do mundo todo. Aquário é regido por Urano – este é seu signo natural –; assim, existe tanto a intensidade do humanitarismo quanto a sensação de interconexão e confiança nos demais.

O que isso significa para a amizade: essa geração está profundamente conectada à conveniência da internet, mesmo que seu individualismo tenha sido reforçado. Esse também foi o caso quando a eletricidade passou a se tornar acessível na última geração de Urano em Aquário, nos anos 1920.

URANO EM PEIXES (2003-2011; O ÚLTIMO OCORREU EM 1920-1928)

Quando este posicionamento se deu na estrondosa década de 1920, houve mudança nas questões de moralidade e mais ênfase no prazer e na dissociação. Mais recentemente, os medicamentos passaram a desempenhar papel importante, ocorrendo crescente dependência deles para gerir nosso estado de espírito. Urano é um planeta que causa perturbação com facilidade, sinalizando aumento tanto na sensibilidade quanto no desejo de se sentir bem. Essa geração é mais consciente que as anteriores, mas também tem tendências escapistas mais vigorosas.

O que isso significa para a amizade: quando se trata de amizade, essa geração pode ser um pouco dicotômica – em outras palavras, os que fazem parte dela entram e saem da vida social. São muito sensíveis e precisam aprender a comunicar efetivamente os próprios limites.

URANO NAS CASAS

URANO NA PRIMEIRA CASA

Os que têm Urano na primeira casa podem ser um tanto inacessíveis, sendo péssimos em esconder os sentimentos ou em demonstrá-los nos momentos apropriados. Isso pode torná-los individualistas e excêntricos; os outros percebem essa tendência. É bem possível que sejam francos, abruptos e inquietos. Desejam amigos fascinantes e inspiradores e podem se envolver em relacionamentos desafiadores – porque adoram um bom desafio!

URANO NA SEGUNDA CASA

Os que têm Urano na segunda casa possuem o próprio e muito específico conjunto de valores, e, se compartilharmos desses valores, isso solidificará a amizade. Tendem a ser teimosos quanto àquilo que consideram certo, o que pode levá-los a tirar conclusões precipitadas e a presumir que sabem como os outros se sentem. Muitas vezes, aplicam essa estratégia, pois pensam que ela vai promover a paz nas amizades – pode ser que isso aconteça ocasionalmente, mas não é tão eficaz quanto a escuta. A necessidade de fazer amigos pode pegar eles próprios de surpresa, pois não é consistente.

URANO NA TERCEIRA CASA

Pessoas com este posicionamento têm amigos diferentes por motivos diferentes, e em diferentes fases. Nada as faz mais felizes que ter um estilo de vida ativo e amigos com quem compartilhá-lo, mas podem ser inconsistentes na maneira como se aproximam destes – pode ser porque têm muitos ou apenas porque seus interesses são um pouco inconstantes. Tendem a ser inteligentes, mas nem sempre concentradas. Podem se sentir irritadas ou inquietas às vezes, e há aqui a necessidade de cultivar maior capacidade de ouvir e de questionar.

URANO NA QUARTA CASA

Os que têm esse posicionamento são movidos por uma inquietude que os torna interessantes, porém inconsistentes. Não gostam de ficar sozinhos, mas também *precisam* da solidão boa parte do tempo. Ter amizades que envolvam cair no mundo juntos e realizar coisas é importante, mas é igualmente crucial ter amigos com os quais possam ficar em casa, em momentos de tranquilidade. Esse posicionamento pode dar a esses indivíduos a tendência de pular as fases iniciais da amizade e de converter as pessoas em família com rapidez – seja isso bom ou ruim.

URANO NA QUINTA CASA

Ter amizades criativas – seja para sair para dançar, criar algo artístico ou apenas se divertir – é o melhor uso desse posicionamento. Essas pessoas precisam tomar cuidado para não usar as amizades como substitutas do amor romântico. O flerte pode ser parte importante da amizade, pois adoram dar e receber atenção. O potencial, nesse caso, é encontrar o eu por intermédio da diversão e conectar-se com os outros por meio da celebração.

URANO NA SEXTA CASA

Os que possuem Urano na sexta casa têm um modo preferido de fazer as coisas no dia a dia, portanto as amizades que darão certo precisam funcionar em torno dessa rotina. Não são muito flexíveis com algumas coisas, mas extremamente flexíveis com outras – o que pode dificultar a interpretação de suas necessidades. Urano não prima pela diplomacia, então, dependendo do restante do mapa, pode ser que essas pessoas precisem trabalhar para expressar suas preferências de modo que outras possam ouvir. É importante permitirem aos amigos ajudá-las a expandir a noção de mundo e as acompanharem em pequenas aventuras – mesmo que no mundo virtual.

URANO NA SÉTIMA CASA

Este é um posicionamento de começos e finais abruptos. Os que têm Urano na sétima casa podem conhecer pessoas e sentir conexão súbita e intensa com elas, mas, de modo igualmente repentino, perder essa ressonância. Os relacionamentos íntimos podem se dar com pessoas inconsistentes ou eles próprios ser inconsistentes e indisponíveis. Seu estilo de amizade é dar tudo por um tempo e depois permanecer alheio por completo. É importante se certificarem de que as amizades, de fato, estão dando certo. E, se não estiverem, é fundamental que estejam dispostos a transformá-las.

URANO NA OITAVA CASA

Os que têm Urano na oitava casa costumam ter mente profunda e penetrante, além de aguçado senso de observação. Podem ser reservados e aparentar ser misteriosos ou incomuns – e isso porque, provavelmente, o são. Esse posicionamento pode fazê-los se pegar em amizades tensas, cujo tema seja a espiritualidade, a sexualidade ou algum mistério emocional. Por outro lado, podem ser apenas solitários que não precisam de mais que dois amigos. Tendem a querer o que não podem ter – tanto na vida amorosa quanto nas amizades.

URANO NA NONA CASA

Pessoas com esse posicionamento têm ideias bastante excêntricas sobre o mundo, o que significa ser pouco provável seguirem uma religião convencional ou mesmo ir muito longe no ensino superior, por isso é bem possível que não tenham as mesmas conexões sociais que muitas outras pessoas. Não apreciam hierarquias. Dito isso, podem ser confiantes a respeito de que acreditam, o que agrada algumas pessoas e pode ser desinteressante para outras. Este posicionamento pode intensificar o impulso de troca de ideias, de fazer parte de reformas sociais e de inovar no campo da arte e da cultura. Para essas pessoas, o tédio é o beijo da morte nas amizades.

URANO NA DÉCIMA CASA

Quando aprendem a aceitar os pontos em que são diferentes, esses indivíduos se tornam capazes de moldar a vida com base no verdadeiro eu, e isso lhes dá domínio sobre si mesmos. Mas há o perigo de que decidam ser líderes e esperem que outros simplesmente os sigam. É provável que tenham amizades com pessoas que compartilham ideias semelhantes sobre como viver e que lidam com o mundo em ritmo parecido. Sua natureza é original e humanitária, mas podem se perder nos meandros da tecnologia e esquecer de sair deles se não tiverem cuidado.

URANO NA DÉCIMA PRIMEIRA CASA

Ter um círculo de amigos amplo e diversificado é realmente importante para quem tem este posicionamento, e isso costuma acontecer de forma bastante natural. Na verdade, podem se dar bem com vários tipos de pessoas. Pode ocorrer de conhecerem muita gente, mas terem somente algumas poucas relações plenas e íntimas. É essencial terem na vida pessoas excêntricas – criativas ou ativistas –, bem como amigos ponderados, com os quais possam compartilhar sua faceta mais séria. Podem aparentar frieza ou resistência em uma aproximação – e, às vezes, são mesmo assim. Porém, é mais provável que estejam tão envolvidos com os próprios pensamentos que não levam em consideração como isso faz os outros se sentirem.

URANO NA DÉCIMA SEGUNDA CASA

As relações dessas pessoas com a autenticidade e a autodescoberta são profundamente pessoais. Suas amizades ou lhes proporcionam alívio desse processo ou as ajudam, facilitando-o e apoiando-as. Os que têm este posicionamento não possuem compreensão muito consistente sobre o autocontrole, e isso pode fazer da amizade algo um tanto confuso. Não é que não busquem ser acessíveis, mas não raro se confundem e não sabem em *qual* verdade devem se concentrar. Precisam de um bom tempo sozinhos, e é bem possível que tenham segredos que desejem guardar. Sentem-se mais realizados com amizades nas quais a outra pessoa pode conhecê-los de verdade.

NETUNO ♆

Tempo que leva para percorrer o zodíaco: aproximadamente 165 anos

Signo que rege: Peixes

Casa que rege: décima segunda

AMIZADE: NETUNO

Quando se trata da amizade consigo mesmo, Netuno é crucial. Na área onde encontramos esse planeta nebuloso, encontramos também nossos ideais, que moldam nossa noção de justiça, do que é possível e do que esperamos. Trata-se de um planeta que inspira criatividade e espiritualidade, assim como comportamento altruísta e humanitário, que se articula por meio das belas-artes e do amor à natureza e aos animais. Pode, ainda, reger a ansiedade, a desconfiança, a ambiguidade e o desconforto social, bem como o desejo de dissociação, escapismo e abandono próprio.

Onde encontramos Netuno no mapa astral é a área em que precisamos refletir sobre nosso senso de pertencimento – não relacionado necessariamente a um grupo específico de pessoas, mas ao próprio corpo e ao tempo em que vivemos. Esse planeta pode nos provocar a sensação de paranoia ou insegurança, e essa influência pode inspirar um sentimento de vitimização ou martírio. Por outro lado, as amizades regidas por Netuno podem nos fazer sentir que estamos sendo vistos, ouvidos, profundamente apoiados e verdadeiramente elevados.

VER E SER VISTO

Netuno rege o amor universal em oposição ao amor individual. Faz-se presente em sentimentos como "amo todos os gatos do mundo!" ou "amo a terra!". A área em que encontramos Netuno no mapa astral pode indicar as partes de nossa personalidade que têm dificuldade em aceitar os defeitos dos outros sem levá-los para o lado pessoal ou nos sentir desmoralizados. Parte importante de conhecer os outros – e de deixá-los nos conhecer de verdade – é a aceitação, característica em relação à qual Netuno é tanto ótimo quanto péssimo. Amizades criativas que giram em torno do ativismo, das artes, da espiritualidade ou da natureza (surfe, yoga ou jardinagem) podem ser algumas das melhores maneiras de entrar em contato com esse planeta.

Reunir-se com alguém para ver TV, jogar videogame, tomar algo para colocar o papo em dia ou mesmo desabafar também têm a ver com Netuno, em especial quando essas atividades são acompanhadas da sensação de escapismo. Esse tipo de espaço compartilhado é vital – todos precisamos de um porto seguro. Mas, quando não estamos fisicamente presentes ou estamos interagindo de forma virtual, podemos projetar tudo o que quisermos nos outros, e eles podem fazer o mesmo. Faltam na experiência as impressões sensoriais que têm origem em conexões conscientes da vida real – que se trata mais da Lua e de Marte –, permitindo-nos, assim, a projeção nos outros ou colocá-los em pedestais.

ATRAVÉS DA LENTE

Netuno deseja uma vida sem consequências; que as coisas sejam belas e que ter fé seja o bastante. Às vezes, ela é, mas nem sempre. Só porque alguém é um grande amigo seu não significa que nunca vai machucá-lo, decepcioná-lo ou irritá-lo. E, só porque você está magoado, não quer dizer que tenha sido injustiçado. A vida é complexa e, dependendo de onde Netuno está no mapa natal, pode ser difícil tolerar essa complexidade.

Netuno tende a ser devocional. Expressa-se da seguinte maneira: "Amo você, portanto você é perfeito. Confio em você, por isso nunca vou questioná-lo". O problema é que as pessoas não são perfeitas. Para termos verdadeira intimidade, devemos fazer uso do discernimento aliado à devoção e aceitar as diferenças, que são muito reais.

COMO LIDAR COM ESTE PLANETA

Para os momentos em que estamos depressivos ou ansiosos e sentimos necessidade de desaparecer por um tempo do círculo de amizades, eis aqui uma boa dica netuniana: se não quiser usar a linguagem verbal, use emojis. Envie uma mensagem aos amigos com um fantasma e um beijinho. Assegure-se de não afastar os outros enquanto estiver cuidando de si mesmo.

NETUNO NOS SIGNOS

Netuno leva 165 anos para completar seu ciclo e passa 14 anos em cada signo. Também reflete as convicções e os ideais espirituais de uma geração. Por essa razão, tenho me concentrado nos ciclos de Netuno que, é bem provável, refletirão meus leitores e seus pais.

Não vou discorrer sobre Netuno em Áries, Touro, Gêmeos, Câncer ou Leão, porque esses ciclos não ocorrerão em nossa vida.

NETUNO EM VIRGEM (1928-1942)

Estes foram os bebês da época da Depressão. Nascidos em um período de escassez, tiveram de se contentar com pouco, deixando-se guiar pelos valores espirituais para encontrar um sentido para a vida quando tudo mais parecia terrível. Essa geração teve de deixar de cuidar de si própria para lidar com a sobrevivência do dia a dia. Pessoas nascidas nessa era tiveram de aprender a cuidar do corpo como forma de cuidar da mente, e vice-versa. O mundo tornou-se maior com o advento da Segunda Guerra Mundial, mas havia muito medo daquilo que não era compreendido. Essa geração se viu às voltas com um aterrador monstro cultural.

O que isso significa para a amizade: esse foi um período em que a psicologia e a psiquiatria se tornaram mais populares no mundo ocidental. Essa geração dedicou seu tempo à tentativa de descobrir como encontrar um lugar de pertencimento e camaradagem em uma época de desorientação.

NETUNO EM LIBRA (1942-1956)

Essa fase coincidiu com o fim da Segunda Guerra Mundial, quando surgiram ideais de amor e senso de conexão global (as Nações Unidas foram fundadas nessa época). As nações se juntaram com ideal netuniano de unidade e vontade comum de proteger a humanidade. Crianças nascidas nessa era cresceram para ser a geração do "faça amor, não faça guerra". Libra é um signo relacional – preocupa-se com a justiça e a igualdade e se expressa em um contexto pessoal. Combinado com o jeito idealista, romântico e bastante espiritual de Netuno, ele moldou toda uma geração que quis aprender a estabelecer parcerias genuínas e se esforçou para ter mais empatia interpessoal.

O que isso significa para a amizade: essa geração amante da paz usa a arte como forma de conexão e dá muita ênfase ao amor platônico.

NETUNO EM ESCORPIÃO (1956-1970)

A geração nascida nessa época enfrentou – e absorveu – acontecimentos de grande proporção. São pessoas que expandiram o senso de comunidade, encontrando novas maneiras de compartilhar e se relacionar além da escola, das forças armadas e da igreja. Isso está de acordo com a energia netuniana, que rege a conectividade universal. Escorpião, por outro lado, tem tudo a ver com o ato de total desapego – por isso mesmo vive profundamente preocupado com a morte e o sexo. É o signo que abrange os aspectos ocultos da sociedade. Essa combinação planetária pode favorecer o vício, o escapismo e os excessos ligados ao sexo e à sexualidade – o que explica por que muitas pessoas nascidas nessa época tiveram de lidar com essas questões depois de adultas. O sexo tornou-se mais livre, mas houve consequências. Essas crianças cresceram na crise da aids e foram a primeira geração moderna a sofrer consequências de saúde tão terríveis por causa da sexualidade.

O que isso significa para a amizade: para alcançar a verdadeira conexão universal, pessoas com esse posicionamento sentem forte vontade de deixar de lado qualquer tipo de apego e noções preconcebidas. Isso pode resultar tanto em dogma quanto em uma espiritualidade que transcende a religião, além de em grande sentimento de isolamento *ou* de unidade em comunidade.

NETUNO EM SAGITÁRIO (1970-1984)

Na infância, esta geração vivenciou um senso de conectividade maior do que nunca. O mundo tornou-se muito menor à medida que as viagens internacionais passaram a ser mais comuns para a classe média. Foi um tempo de unidade e conexão global. A cultura ocidental tornou-se menos monoteísta, e tanto a religião alternativa como a espiritualidade foram normalizadas nessa época. Outra barreira cultural foi derrubada durante essa era depois de Loving *vs.* Virginia, disputa judicial sobre direitos civis que se tornou um marco histórico ao declarar a nulidade das leis que proibiam o casamento inter-racial em 1967, tornando a geração X a primeira a nascer de casamentos inter-raciais legalizados nos Estados Unidos. A geração X tem consciência do romance, da justiça social e da equidade; valoriza a liberdade em escala social.

O que isso significa para a amizade: essa geração vai além da família imediata para abranger mais formas de acolhimento.

NETUNO EM CAPRICÓRNIO (1984-1998)

Netuno em Capricórnio é o posicionamento de uma geração propensa a questionar os poderes instituídos. No entanto, devido à onipresença da TV, dos anúncios e de filmes e jogos, essa geração também se distrai com facilidade. Capricórnio está associado ao capitalismo, às hierarquias e ao poder estrutural. A combinação de Capricórnio e Netuno refere-se à noção idealizada de autoridade – e à transição rumo a uma relação não binária com ela. O ideal aqui é a dissolução de velhos governos e fronteiras nacionais e a transformação do capitalismo. Essa geração foi a primeira a crescer em meio ao uso de medicamentos psicotrópicos. São pessoas que sofreram a investida de grandes corporações, as quais empenharam todo seu poder para criar uma cultura voltada ao consumo. Nessa época, o meio ambiente e a estrutura social ganharam lugar de maior destaque na consciência cotidiana.

O que isso significa para a amizade: essa geração questiona a autoridade hierárquica e luta para encontrar sua voz na sociedade. Esse posicionamento está diretamente relacionado à maior consciência de si mesmo, que pode levar à ansiedade e ao questionamento do senso de pertencimento à medida que o mundo se torna mais interconectado.

NETUNO EM AQUÁRIO (1998-2012)

Netuno em Aquário rege a conexão com a consciência coletiva. É nesse posicionamento que a intelectualização dos ideais se concretiza. A tecnologia criou um sentido de interconexão sem precedentes para essa geração. Crianças nascidas nessa época puderam ter acesso a qualquer um pelo mundo afora, o que gerou a sensação de que tudo era possível. A astrologia dessa geração é simbolizada pela Black Lives Matter e pelo ativismo contra a violência armada – de Ferguson, no Missouri, a Parkland, na Flórida. Foi a primeira geração que cresceu com acesso às redes sociais e tem a sensação de que compartilha certos ideais.

O que isso significa para a amizade: essa é a primeira geração que chamou encontros românticos de "ficar", e há um novo foco em grupos sociais e amizades.

NETUNO EM PEIXES (2012-2026)

Este é o posicionamento natural de Netuno, que se torna particularmente poderoso nesse local (suas funções são reforçadas tanto para o bem quanto para o mal). A combinação de Netuno e Peixes é marcada por sentimentos significativos de incerteza e confusão. Peixes é o signo do inconsciente, do que está escondido – o que significa que as crianças estão sendo criadas em um momento em que as coisas estão se ocultando de nossa vista e, ao mesmo tempo, emergindo para a luz. Mais uma vez: o uso maciço de medicamentos e a presença avassaladora dos meios de comunicação facilitam a dissociação. (Peixes pode ser um signo muito dissociativo; as pessoas dessa geração podem se perder no uso de drogas, videogames e mídias em geral.) Essa geração está crescendo em uma época de crise humanitária e ambiental, mas também em uma era artística, de mais democracia nas artes: as pessoas podem publicar os próprios livros e projetar sua voz sem o apoio das artes tradicionais nem da indústria do entretenimento.

O que isso significa para a amizade: essa geração terá mais autoconsciência em torno da saúde mental que qualquer outra anterior, tendo deparado com um mundo digital que requer que encontre um lugar mais analógico em si mesma.

NETUNO NAS CASAS

NETUNO NA PRIMEIRA CASA

Os que têm esse posicionamento são amigos empáticos e generosos; estão propensos à timidez e são sensíveis aos pensamentos e sentimentos dos outros a respeito deles. É fácil interpretá-los equivocadamente como inofensivos, delicados ou fracos. Netuno na primeira casa pode dar às pessoas a tendência de querer se esconder, o que são capazes de fazer com facilidade em plena vista. Há forte necessidade de se refugiar em si mesmo; as artes e a espiritualidade, muitas vezes, oferecem a maneira mais segura de fazer isso.

NETUNO NA SEGUNDA CASA

É difícil para os que têm Netuno na segunda casa descobrir o que valorizam. São propensos a gastar dinheiro com quem gostam. Têm problemas sérios relacionados a classes sociais e preferem não ter de se preocupar com dinheiro. Amizades com pessoas que os inspiram a fazer mais no mundo material são importantes para eles. Tendem a evitar conflitos e, muitas vezes, têm dificuldade de expressar seus limites antes de se esgotarem por completo.

NETUNO NA TERCEIRA CASA

Os que têm Netuno na terceira casa podem ser idealistas, tendendo a confiar mais no potencial que veem nos amigos que em provas concretas, o que pode resultar em amizades confusas. Não são muito bons na comunicação direta e têm forte desejo de proteger os sentimentos alheios, o que lhes dá certa propensão a evitar conflitos. Como amigos, são bons ouvintes e sensíveis a nuances.

NETUNO NA QUARTA CASA

Estas pessoas costumam considerar seus lares verdadeiros santuários. Ter amigos com quem possam relaxar é grande parte do que constitui a intimidade para elas. Podem não gostar de sair por causa de quão exaustivo o mundo pode parecer e acabarem usando drogas como forma de controlar a ansiedade que os outros podem lhes causar. Seus verdadeiros amigos são aqueles com os quais podem se sentir em casa de verdade.

NETUNO NA QUINTA CASA

Os que possuem esse posicionamento costumam ter muitas amizades românticas ou, ao contrário, esquecer-se por completo de priorizar as amizades. São propensos a ser criativos e a gastar grande parte da energia em busca de inspiração. Também podem ser inconsistentes na maneira como expressam seu afeto, devido a certa dose de ansiedade ou ambiguidade emocional. Podem ter dificuldade em dizer não, mas, se conseguirem aprender, essa será uma parte importante do aprendizado de como serem amados por aquilo que são.

NETUNO NA SEXTA CASA

Os que têm Netuno na sexta casa prosperam em amizades cuja definição de autocuidado seja compartilhada. São propensos a querer cuidar dos amigos e também têm lições importantes a aprender a respeito de limites. São empáticos e sensíveis, mas, muitas vezes, têm dificuldade de lidar com os problemas que veem nos amigos antes que as coisas tenham ido longe demais. Não são naturalmente vibrantes e se dão melhor com amizades em dupla, em ambientes controlados.

NETUNO NA SÉTIMA CASA

Os que possuem Netuno na sétima casa têm capacidade impressionante de amar e se dedicar aos outros, mas correm o risco de colocá-los em pedestais e idealizá-los. São suscetíveis a ver o melhor das pessoas e podem acabar fazendo muito por quem gostam. Devem ter cuidado para não absorver o humor alheio. Sua natureza empática pode levá-los a se sentir ansiosos ou sobrecarregados. Talvez não seja fácil encarar a realidade com esse posicionamento no mapa, mas é algo necessário para ter amizades saudáveis de longo prazo.

NETUNO NA OITAVA CASA

Criativos, empáticos e bastante intuitivos, os que têm Netuno na oitava casa podem parecer um pouco emotivos e intensos demais – embora, com certeza, esse posicionamento lhes dê profundidade de caráter. É importante que se mantenham atentos ao tipo de gente que deixam entrar em sua vida social, pois são profundamente impactados por terceiros. Precisam aprender a expressar com clareza limites saudáveis nos relacionamentos e a não esperar que os outros mantenham esses limites para eles. É fundamental terem amigos que façam mais que só beber e festejar.

NETUNO NA NONA CASA

Idealistas, filosóficos e cidadãos do mundo, interessam-se por temas bastante abrangentes, assim como por diferentes culturas, ideias e religiões. Costumam fazer amizade com quem concorda com eles e podem tender a ignorar os pontos onde há divergência de opiniões. Talvez precisem evitar pensamentos dogmáticos. A nona casa tem tudo a ver com crenças, e pessoas com este posicionamento são compelidas a passar muito tempo explorando suas ideias e as perspectivas das pessoas ao redor.

NETUNO NA DÉCIMA CASA

É muito importante para os que possuem este posicionamento se sentir em casa onde quer que estejam. São propensos a procurar o meio-termo como modo de satisfazer às suas necessidades, mesmo que não seja eficaz, e tendem a questionar o rumo da própria vida. Os amigos podem ser uma distração agradável ou um modo de descoberta pessoal. É possível que tenham amigos no trabalho, mesmo que essas amizades nem sempre tenham base em intimidade profunda. Cultivar a autoaceitação é parte importante ao permitir que outros os conheçam e os amem.

NETUNO NA DÉCIMA PRIMEIRA CASA

Os que possuem esse posicionamento têm capacidade fluida de se conectar com pessoas diferentes, não raro a ponto da indiscriminação. Podem ser bastante idealistas em relação às amizades. Esse posicionamento os influencia a serem receptivos e desapegados com as amizades ou carentes de atenção e reconhecimento. Ter relações criativas é muito importante no círculo de amizades, e eles também podem se afiliar a grupos que reflitam seus ideais políticos, espirituais ou humanitários.

NETUNO NA DÉCIMA SEGUNDA CASA

Os que têm esse posicionamento precisam mais de amizades íntimas que de colegas e parceiros de atividade. Tendem a ser muito sensíveis, e quem faz parte de sua vida, muitas vezes, pode definir seu humor e sentimentos. Este posicionamento também pode estar associado à ansiedade e ao nervosismo, por isso há o risco de que essas pessoas procurem soluções fora de si mesmas. Precisam de bastante tempo para recarregar as energias, pois os outros os esgotam. É sensato cuidar para que nem todas as amizades sejam virtuais, pois, embora interagir com pessoas na vida real possa ser mais complexo, esse tipo de interação tende a ser mais valioso no longo prazo.

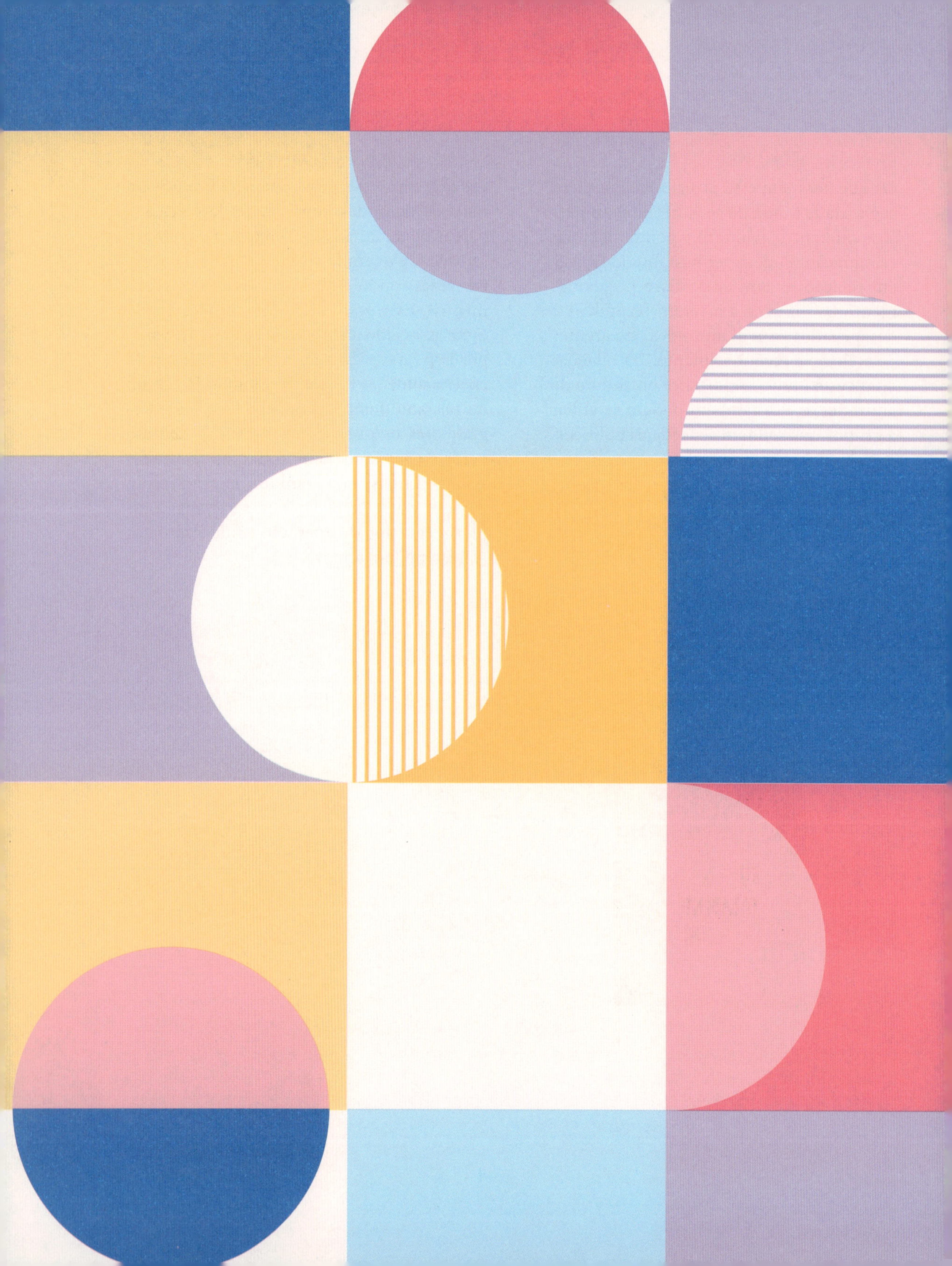

PLUTÃO ♇

Tempo que leva para percorrer o zodíaco: aproximadamente 248 anos

Signo que rege: Escorpião

Casa que rege: oitava

AMIZADE: PLUTÃO

Plutão é o planeta da criação e da destruição – é intenso, oceânico e transformador. O ponto onde esse planeta está no mapa natal é aquele em que desejamos ser vistos, e, ainda assim, nos sentimos forçados a nos esconder. Mostramos nossa verdadeira natureza plutoniana somente para as pessoas com as quais desejamos ter uma relação verdadeiramente profunda ou satisfazer às nossas tendências autodestrutivas. Plutão rege os instintos de sobrevivência. Na área do mapa em que esse planeta se encontra, não temos tranquilidade; é onde se articulam nossos problemas com o poder e sentimos que não temos escolha.

Este não é um planeta brando, porque suas energias são muito intensas. Isso não significa ser impossível ter amizades plutonianas, mas é provável que tanto você quanto os "aminimigos" tenham fortes ligações com Plutão. Plutão é como todas as Heathers do filme *Atração Mortal*.

DESTRUIDOR E RESTAURADOR

Quando olhamos para a amizade no contexto de Plutão, as questões que vêm à tona costumam ser antigas e profundas. A área onde Plutão se encontra no mapa é aquela em que somos impelidos a compartilhar profundamente a respeito de nós mesmos o que há de mais real; é onde podemos nos recuperar por meio do poder da sintonia. Esse planeta pode nos inspirar a agir por compulsão e, muitas vezes, envolve sexualidade direta; trabalhar em temas profundos em relação aos quais haja tabu por meio da arte ou do ativismo; embriagar-nos; ou nos apresentarmos ou agirmos de maneira extrema, de uma forma ou de outra. Amigos plutonianos são aqueles sobre os quais temos sentimentos intensos ou com quem podemos nos tornar intensos, e o poder pode de ser mais importante que a intimidade verdadeira.

O modelo dos doze passos tem estrutura muito plutoniana, porque envolve a aproximação e o compartilhamento das partes mais reais e complexas de nós mesmos. Muitas vezes, quando pessoas com problemas de dependência abandonam seus hábitos autodestrutivos, perdem sua comunidade, e seu estilo de vida tem de mudar. Grupos que seguem o modelo dos doze passos, como os Alcoólicos Anônimos (AA), proporcionam, de pronto, um círculo de amigos. É um exemplo importante de como Plutão pode facilitar a formação de amizades por meio da manifestação nua e crua da realidade. Essa energia diz respeito às coisas difíceis de falar e compartilhar abertamente. Outros exemplos de amizades plutonianas são aquelas cuja conexão se dá em torno da bruxaria, de questões que dizem respeito ao fim da vida, de sistemas de crenças espirituais ou de alguma forma de autodestruição.

Se você é plutoniano (em outras palavras, se tem Plutão fortemente posicionado ou com aspectos fortes), sua natureza será intensa. Você pode ser movido por sentimentos profundos e negativos e, em decorrência, acabar agindo de modo que será percebido como compulsivo e dramático. No contexto da amizade, pode se encontrar, com frequência, em relações nas quais há dinâmica de tudo ou nada. Por um lado, sua intensidade pode fazer que você pareça exigente, e é provável que tenha forte sensação a respeito de quem escolhe para estar presente em sua vida e como deve se expressar com os outros. Por outro, pode se fechar por completo para as outras pessoas e passar a rejeitar os outros antes que eles possam rejeitá-lo. É como ser o terapeuta ou o pai de todos e nunca apresentar, de fato, o verdadeiro eu.

COMO LIDAR COM ESTE PLANETA

Se você sente que está sendo arrastado para as profundezas de um comportamento defensivo, paranoico ou compulsivo, é importante usar as mesmas diretrizes de segurança que se aplicam no caso de estarmos na contracorrente de um oceano. Não lute contra ela, não tente entendê-la. Em vez disso, apenas relaxe. Deixe-se levar e, depois, retorne ao assunto pelo qual está obcecado quando não estiver se sentindo tão agitado, de preferência 72 horas depois.

PLUTÃO NOS SIGNOS

Plutão leva 248 anos para completar seu ciclo e passa de 12 a 31 anos em cada signo. Caracteriza as compulsões intensas de uma geração. Por essa razão, concentrei-me nos ciclos de Plutão que provavelmente serão o reflexo de meus leitores e de seus pais ou filhos. Não vou falar de Plutão em Aquário, Peixes, Áries, Touro ou Gêmeos, porque essas combinações não ocorrerão durante nossa vida. Também será possível notar que alguns dos anos a seguir coincidem. Isso se dá porque todos os planetas exteriores retrocedem para dentro e fora dos signos. Por isso, esses planetas podem passar por dois signos diferentes em um só ano.

PLUTÃO EM CÂNCER (1913-1939)

Plutão está associado à transformação e pode ser bastante destrutivo, ao passo que Câncer está associado à segurança, ao lar e à nação. Durante esta fase, tivemos a Primeira Guerra Mundial, a Grande Depressão e o início da Segunda Guerra Mundial. Esta geração teve uma vida muito árdua, porque nunca se sentiu em segurança; por isso, é propensa a ser bastante protetora ou reativa. Foi também uma geração que valorizava demais o clã ou a nação (as leis de segregação estavam em vigor nos Estados Unidos durante esse período, e a Ku Klux Klan detinha grande poder). Era um mundo "nós contra eles". A ênfase na família era bem forte, pois as pessoas lutavam contra a pobreza e a guerra.

O que isso significa para a amizade: as pessoas estavam mais desconfiadas. O nacionalismo dividiu as pessoas pelo mundo todo. E, da mesma maneira, forçou-as a se aproximar mais do que o fariam em outras circunstâncias. A família imediata tinha muita relevância. Trata-se de gente que teve uma vida difícil, e essa dificuldade provocava tensão real nos relacionamentos.

PLUTÃO EM LEÃO (1939-1957)

Essa geração viveu um período de ditadores opressivos, entre os quais Benito Mussolini, na Itália; Adolf Hitler, na Alemanha; Kim Il Sung, na Coreia do Norte; Ho Chi Minh, no Vietnã; Mao Tsé-tung, na China; Francisco Franco, na Espanha; Nikita Khrushchev, na União Soviética, além de vários outros. Portanto, é natural que pessoas nascidas durante esse período tenham ficado abaladas. A época também assistiu à explosão das primeiras bombas atômicas em Hiroshima e Nagasaki. Essas pessoas tiveram de lidar com uma energia feroz, de modo que temas como controle, sucesso e reconhecimento ganharam todos muita proeminência. Havia grande segregação racial e xenofobia. Os primeiros motins raciais em Detroit aconteceram durante esse período – as pessoas se expressaram e foram reprimidas com violência. Foi toda uma era de raiva expressa e reprimida. Os nativos de Plutão em Leão não foram responsáveis por essas viradas culturais, mas foram criados durante essa época – incentivados pela geração que os precedeu.

O que isso significa para a amizade: as pessoas dessa geração são carismáticas e dispostas a ser muito assertivas com seus pensamentos e sentimentos, mas nem sempre isso funciona.

PLUTÃO EM VIRGEM (1957-1972)

Esta geração foi criada por pais de Plutão em Leão e tem muito mais consciência social que as gerações imediatamente anteriores. Muitas mudanças significativas em leis e na medicina ocorreram nesse período. Plutão em Virgem tem a compulsão de mudar de foco com frequência, buscando a verdade mais perfeita – mas, como não há verdade perfeita, pessoas com esse posicionamento podem ficar presas à sua rotina e hábitos. Esta geração pode apresentar problemas de abandono.

O que isso significa para a amizade: essa geração viu um novo foco no desenvolvimento e na exploração pessoais. Virgem influencia a disposição de desconstruir e ser curado no processo de reconstrução. Dessa geração, muitos são solitários, mas a necessidade de amizade deles é, na verdade, a necessidade de ser visto e ouvido. Também precisam de um tempo a sós com os próprios pensamentos, para analisar as próprias necessidades. Essa geração foi unida e separada pelos movimentos sociais. Havia a sensação de ter uma missão, um dever – e isso, muitas vezes, funcionava como motivo para se relacionar com amigos ou motivação para não ser vulnerável.

PLUTÃO EM LIBRA (1971-1984)

Após o fim da Guerra do Vietnã, em 1975, houve o retorno a um período de relativa prosperidade e paz. Esta geração não precisou se concentrar tanto na sobrevivência prática como as gerações imediatamente anteriores, por isso houve mais espaço para que as artes e a justiça social se tornassem elementos culturais de maior relevância. As amizades assumiram papel muito maior. A geração X tem muita consciência sobre romance, justiça social e equidade. Quando havia injustiça, essas pessoas a levavam para o lado pessoal. O número de crianças que voltavam da escola para uma casa vazia, pois ambos os pais estavam trabalhando, atingiu o ápice. À medida que o mundo ia se tornando cada vez maior, a ideia de que desconhecidos representavam perigo ganhou peso, e tornou-se regra confiar apenas em conhecidos. O movimento dos Panteras Negras ganhou preponderância nesse período, apesar de ter começado com Plutão em Virgem. A rigidez dos papéis de gênero que se via com Plutão em Leão já havia se suavizado quando Plutão em Libra surgiu com a era da discoteca e mudanças na indústria cinematográfica.

O que isso significa para a amizade: o feminismo e temas LGBTQIA+ progrediram muito durante esse período. O desenvolvimento pessoal por meio do veículo relacional se tornou muito importante. As pessoas viajavam pedindo carona; mulheres estavam presentes no mercado de trabalho. Havia diversas maneiras de conhecer pessoas.

PLUTÃO EM ESCORPIÃO (1984-1995)

Esta foi a primeira geração a crescer com um computador em casa. A sensação de conexão com um mundo maior pode tê-la feito se sentir exausta ou tornado cínica. Essas pessoas foram expostos a tudo; nada era tabu. Houve também mais androginia – essas crianças foram expostas a identidades de gênero e à sexualidades com mais nuances e complicadas, por exemplo, as de estrelas *pop* como David Bowie e Annie Lennox. Imagens sexualizadas já permeavam a cultura *mainstream*. Essa geração assistiu a personagens homossexuais na TV e expandiu ainda mais as noções de gênero e sexualidade.

O que isso significa para a amizade: essa geração teve mais foco na amizade – os que nasceram nessa época foram capazes de optar por mais formas de relacionamento, formas essas que não envolviam a ideia de parceria.

PLUTÃO EM SAGITÁRIO (1995-2008)

Este posicionamento também ocorreu entre 1746 e 1762. Pessoas nascidas durante esses períodos foram educadas com uma compreensão paradoxal do mundo. Por um lado, foram tempos de prosperidade; por outro, as tensões políticas chegavam ao ponto da ruptura. No caso da era mais recente, os oprimidos e pobres foram ficando cada vez mais impacientes com a classe dominante. A consciência da necessidade de mudança cresceu, e essas pessoas tenderam a desenvolver interesse pela reforma política e pela revolução. Souberam inspirar os outros com seu carisma e sua personalidade enérgica. Houve ainda expansão dos papéis e das normas de gênero, além de crescente aceitação das diferentes apresentações de gênero. As mídias sociais e a autopublicação tornaram-se mais disponíveis, possibilitando que todo um grupo de pessoas antes marginalizado contornasse as barreiras tradicionais e fizesse valer sua voz.

O que isso significa para a amizade: as relações sociais são tão importantes quanto a amizade verdadeira para essa geração. Pessoas sob a influência de Sagitário passam, com rapidez, de intimidade a intimidade, podendo ficar impacientes com a estagnação ou a rotina. Isso pode fazer que apressem as interações com os demais e acabem falhando desastrosamente, ou pode ocorrer um renascimento no ato de encontrar significados com base em interesses comuns. As redes sociais também mudaram radicalmente o cenário da amizade, permitindo ultrapassar barreiras e facilitar a mescla de culturas. As redes de amigos passaram a crescer, e a organização social por intermédio da tecnologia tornou-se muito mais acessível.

PLUTÃO EM CAPRICÓRNIO (2008-2024)

O Massacre de Boston, a Tea Party de Boston, a Revolução Americana e a assinatura da Declaração de Independência ocorreram durante o período anterior em que Plutão esteve em Capricórnio (1762 a 1778). A geração atual veio desfazer muitas das restrições estabelecidas durante a fase de Plutão em Sagitário – em particular, no que se refere à falta de privacidade e ao controle corporativo. Trata-se de uma geração muito comprometida com a mudança, sendo, por vezes, bastante cética acerca do estado do mundo. Abordará a tarefa de melhorar o mundo com determinação sombria, dedicada às suas causas, com moral e ambições sólidas; mas também utilizará o panorama da opressão em seu benefício. Em vez de pregar o poder ou abordá-lo de forma didática, essa geração encarnará esse poder. Essas pessoas podem ter mais estima por questões práticas ou externas que por questões pessoais; podem ser capazes de grande maturidade emocional ou, por outro lado, ter forte tendência à introversão. Serão muito capazes, embora impiedosas.

O que isso significa para a amizade: aqueles com este posicionamento darão menos valor às relações românticas que as gerações anteriores. Assim, é bem provável que as relações platônicas desempenhem papel mais forte em sua vida, pois reforçam a individualidade e se concentram na igualdade.

PLUTÃO NAS CASAS

PLUTÃO NA PRIMEIRA CASA

Os que possuem esse posicionamento podem passar a impressão de que são intensos, além de atraírem pessoas intensas. Podem evitar o contato visual ou fazê-lo apenas de maneira muito focada. Como são propensos a compartilhar demais, conhecer os próprios limites e mantê-los de modo saudável são boa parte do trabalho para quem tem esse posicionamento. Não se sentem muito confortáveis nem são tão adeptos do cultivo da intimidade platônica, pois são bem sensíveis à rejeição. Embora as amizades sejam essenciais para a própria identidade deles, também precisam de bastante tempo sozinhos.

PLUTÃO NA SEGUNDA CASA

Esse posicionamento dá às pessoas sentimentos intensos quanto ao dinheiro e a classes sociais, que podem se manifestar em problemas com escassez ou impressão de superioridade, ou, ainda, em ressentimento ou na sensação de que merecem mais do que realmente merecem. A boa notícia é que esse posicionamento pode lhes proporcionar maior capacidade de obter renda e, se tiverem essa orientação, criarão a capacidade de transformar os valores com que foram criados em algo em que, de fato, acreditem intimamente.

PLUTÃO NA TERCEIRA CASA

A comunicação é fundamental neste caso. Pessoas com esse posicionamento podem se tornar muito contidas – a ponto de não se sentirem confortáveis falando de suas verdades – ou exageradamente intensas ou opressivas no tom ou na forma como usam a linguagem. Como a comunicação e as palavras são muito importantes para elas, podem procrastinar conversas difíceis ou, ao contrário, ser impacientes e exigir que as ouçam de imediato.

PLUTÃO NA QUARTA CASA

Os que têm Plutão na quarta casa sentem grande necessidade de privacidade e intimidade. Essa necessidade pode resultar em apenas alguns poucos amigos íntimos, aos quais permitem aproximação profunda. Se houver aspectos desafiadores, podem até se decidir por não terem amizades fora do círculo familiar. Têm uma maneira incisiva de compreender as dinâmicas de poder em situações sociais e podem preferir se conter quando não estão muito seguros da posição que ocupam. As pessoas que convidam para entrar em sua casa, essas, sim, são os verdadeiros amigos.

PLUTÃO NA QUINTA CASA

As artes são muito importantes para os que têm esse posicionamento, e ter amigos com os quais possam dançar ou desfrutar da criatividade em geral é boa parte do que lhes dá vida. Sensíveis às dinâmicas de poder, tendem a flertar com os amigos. Correm o risco de ser manipuladores na busca por atenção e reconhecimento. Dito isso, são amigos muito talentosos e generosos.

PLUTÃO NA SEXTA CASA

Os que possuem Plutão na sexta casa se dedicam tanto ao trabalho, gostando dele ou não, que podem se ressentir com os outros quando estes não fazem o mesmo. Acreditam que sempre têm de se esforçar muito, embora isso não seja necessariamente verdade. Desenvolver limites saudáveis em relação ao próprio comportamento é essencial para que possam relaxar com os amigos. É possível que a comida e os exercícios sejam coisas muito importantes para eles – mas a rigidez no que diz respeito ao autocuidado pode se tornar uma maneira de afastar os demais em vez de uma oportunidade para que se aproximem. A melhor versão deste posicionamento lhes permite ter amizades profundas e repletas de significado com as pessoas com quem trabalham ou ter amigos ao lado dos quais possam vivenciar as questões da vida cotidiana.

PLUTÃO NA SÉTIMA CASA

Os relacionamentos são de suma importância para aqueles que têm Plutão na sétima casa – tanto que podem se tornar obsessivos a respeito da profundidade de suas relações e com quem elas se dão. Isso não significa que seja sempre fácil para eles se abrir com os outros, uma vez que priorizam muito a própria segurança. Isso pode lhes dar certa tendência a ignorar o início do relacionamento, indo direto para o meio, e de fazerem grandes amigos logo após conhecerem alguém. Ou podem ter medo de perder o controle de si mesmos e jamais permitirem que os outros, de fato, entrem em sua vida. Seus relacionamentos podem servir como poderosas forças transformadoras, e até mesmo as amizades mais casuais poderão trazer à tona sentimentos intensos.

PLUTÃO NA OITAVA CASA

O sexo é intenso para os que possuem este posicionamento; pode até ser aquilo em que as amizades se baseiam – em conversas sobre sexo, pensamentos sobre sexo e coisas do tipo –, ou, ainda, algo que tentam manter privado nos relacionamentos platônicos. Este posicionamento dota as pessoas de grande emotividade, e a capacidade que têm de sentir amor, tristeza e ressentimento é profunda. Pessoas com Plutão na oitava casa também podem ter forte capacidade psíquica ou, ainda, lutarem contra algum vício. São pouquíssimos os que estes indivíduos permitem que os conheçam de verdade, mas aqueles que os conhecerem dessa forma serão recompensados com lealdade eterna.

PLUTÃO NA NONA CASA

Os que têm esse posicionamento tendem a possuir mente profunda e penetrante. Podem ter medo de pessoas diferentes deles ou, por outro lado, ter um profundo interesse e investir um bom tempo em gente que faça parte de outras culturas ou religiões. Suas experiências com a espiritualidade são densas e podem ou não ser canalizadas nas religiões estabelecidas. Sua conexão com a divindade pode ser bastante forte. A educação é importante para eles, e pode se dar em instituições, viagens ou na escola da vida.

PLUTÃO NA DÉCIMA CASA

Às vezes, os que possuem este posicionamento veem a carreira como a coisa mais importante – e, quando é assim, pode significar que têm pavor dela, que a evitam a todo custo ou que são viciados em trabalho. Precisam que os amigos os apoiem nos caminhos em que decidirem embarcar. Têm o hábito de se agarrar a ressentimentos, mas também grande capacidade de se levantar, sacudir a poeira e dar a volta por cima, uma vez que tenham decidido fazê-lo. Alianças são importantes para eles, de certa forma, mais ainda que relações de intimidade. É crucial que, na busca por sucesso, se certifiquem de que os ressentimentos ou a ânsia pelo poder não os ceguem nem os impeçam de manter relacionamentos com quem se preocupa com eles pelo que são, em vez de por aquilo que fazem ou oferecem. Este posicionamento lhes dá a capacidade de alcançar feitos fenomenais.

PLUTÃO NA DÉCIMA PRIMEIRA CASA

Os amigos são muito importantes para estes indivíduos – e eles têm profunda estima pelas amizades –, mas seu senso de pertencimento é uma questão delicada, que varia bastante. A luta pelo poder pode interferir em suas amizades; eles podem ser possessivos ou se sentir isolados em grupos, rejeitando os demais por medo de serem rejeitados primeiro. Mas não deixam de sentir atração pela descoberta de como é fazer parte de uma comunidade. Ser parte de algo maior, cujo foco seja a reforma social ou o trabalho humanitário, é um ótimo uso de sua energia – pois eles se importam de verdade com isso.

PLUTÃO NA DÉCIMA SEGUNDA CASA

Este é um posicionamento que envolve muito do psiquismo, e quem o possui pode ter sonhos assustadores ou sono profundo. São empáticos e bastante sensíveis às energias dos outros, mas podem reagir a essa sensibilidade ultrapassando os próprios limites ao lidar com outras pessoas ou se fechando a todas por completo. Há a necessidade de cultivar o bom senso a respeito de quem permitirão entrar na vida deles e até onde os deixarão ir. Podem ser propensos a se sentirem vítimas ou a terem amizade com pessoas que se vitimizam (não me refiro à verdadeira vitimização, mas à sensação relacionada a ela). Também podem ter problemas com dependência – seja de drogas, comida ou TV – e ser rígidos com o autocuidado.

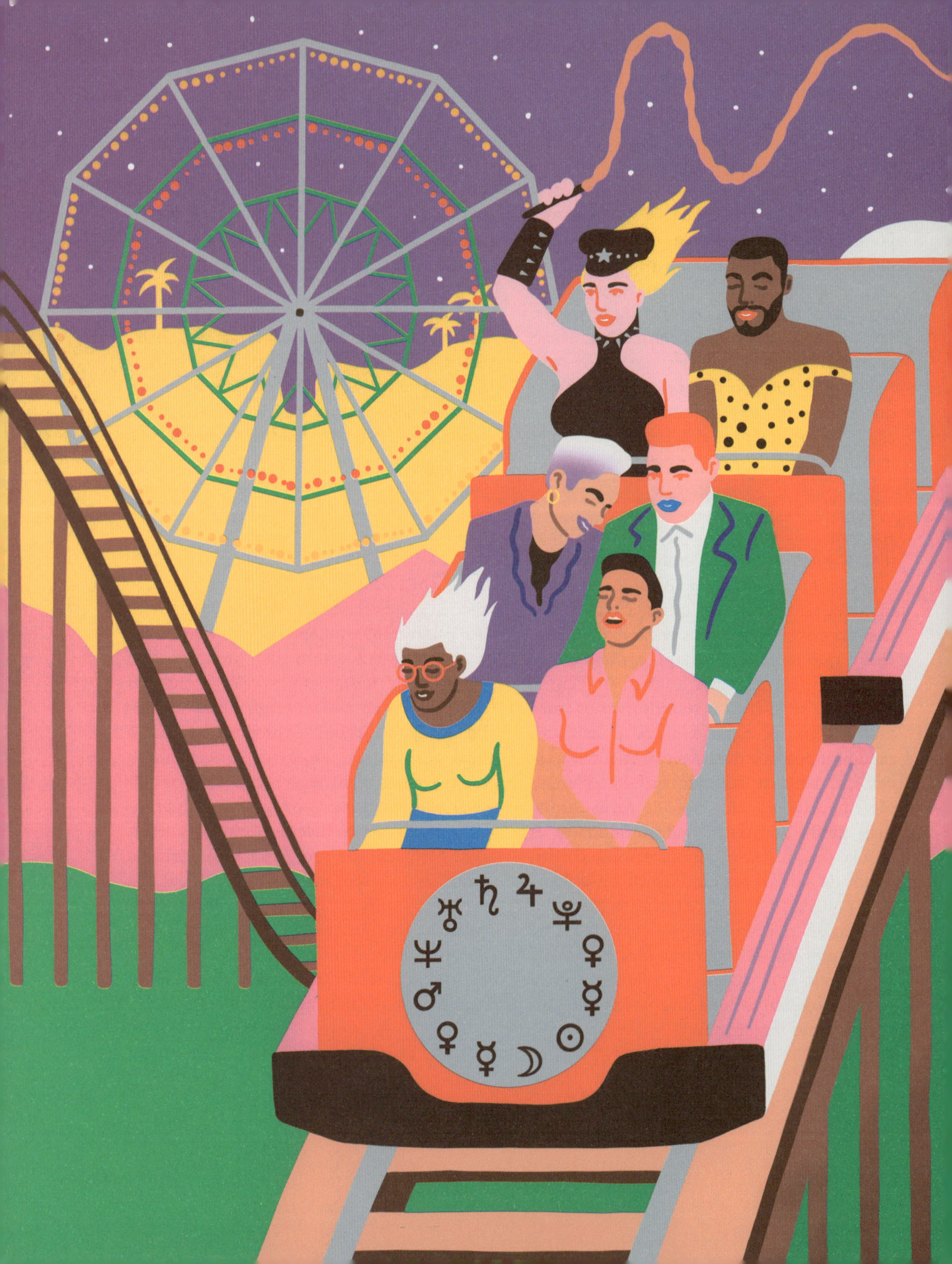

DOIS

FICAR E
NAMORAR

Namorar envolve uma gama de cenários possíveis, mas, neste capítulo, vamos nos concentrar em dois deles, divergentes: namorar com a intenção de ter um compromisso e namorar apenas para se divertir (o que também chamamos de "ficar"). No primeiro, há a esperança de que o relacionamento possa crescer e se tornar algo mais; no segundo, há o entendimento de que o que você vai ter é aquilo que está vendo. As duas formas não são mutuamente exclusivas e ambas envolvem flerte, química e encontros. Tanto uma quanto a outra têm também o próprio conjunto de peculiaridades, desafios, regras e riscos. Para a maioria das pessoas, em grande parte das vezes, as duas formas começam da mesma maneira: desajeitada e insegura nos primeiros meses. Esse tipo de namoro em estágio inicial, que vem antes de a segurança e o compromisso se estabelecerem, é o que veremos a seguir.

OLÁ, HAVAÍ

Quando estamos de fato animados com uma nova pessoa em nossa vida, é como visitar o Havaí. É uma experiência mágica, linda, e vemos arco-íris e cachoeiras aonde quer que vamos. Mas se mudar para o Havaí é outra história. Pode ser difícil encontrar emprego, o clima nunca muda e é fácil se sentir isolado. Em poucas palavras, essa é a diferença entre namorar e estabelecer um relacionamento.

Quando desenvolvemos sentimento por alguém, é natural refletirmos sobre o passado e nos projetarmos no futuro – isso é a Lua em ação. E, quando a atração é, sobretudo, sensual ou sexual, a influência é de Marte. No entanto, todos os nossos planetas trabalham juntos, e é fácil converter o desejo sexual em sentimentos íntimos, sem nem mesmo querer – sejam eles bons, sejam ruins. Por outro lado, se nos divertimos com alguém e isso não nos gera problemas, a habilidade de nos permitirmos desfrutar dessa união sem projetar significado nela é muito saudável.

O mapa astral pode nos dizer muito sobre como lidamos com o sexo e o amor (de formas que podemos nem mesmo saber). Do mesmo modo que alguns sentem que essas duas coisas estão intrinsecamente associadas – que se revelar fisicamente a outra pessoa é uma expressão de conexão, intimidade e confiança –, muitos veem o sexo como um ato físico, separado da intimidade emocional. O que é interessante na experiência humana é que há espaço para tudo isso. Alguns passam por fases na vida em que têm experiências com vários tipos de conexões sexuais. Outros mantêm o sexo separado da intimidade. E outros optam por ter relações sexuais apenas com quem têm intimidade, de quem são próximos. Não há maneira certa ou errada de quando que se trata de preferências sexuais e das escolhas que se faz com o coração.

Às vezes é difícil falar de sexo – não só com o terapeuta ou com os melhores amigos, mas também com as pessoas com as quais nos relacionamos sexualmente. Ainda assim, falar sobre sexo é parte importante do processo de descoberta sobre o que realmente funciona para nós. Identificar nossas preferências e validar nosso direito de gostar de certas coisas e não de outras – ou mudar de ideia sobre o que funciona ou não para nós – é um ponto essencial para incorporarmos nossa sexualidade e, portanto, o mapa natal, de forma saudável.

Mercúrio rege a comunicação verbal; a Lua rege a presença emocional; Vênus rege a maneira de flertarmos e de nos socializarmos; e Marte dá conta do modo como afirmamos nossas preferências e necessidades. Esses planetas não existem de maneira isolada, mas se funcionam ou não de modo colaborativo é outro assunto. A facilidade para se movimentar com fluidez entre essas áreas é algo único ao mapa de cada pessoa – e compreender todos os termos dessa equação pode nos permitir incorporar aquilo que somos, visando à integração.

FANTASIA, DESEJO E AÇÃO

Sou plenamente a favor de assumirmos o controle sobre nossas fantasias, não importando o que haja no mapa natal, e de não permitirmos que nossa sexualidade seja moldada com exclusividade em torno de uma pessoa – a não ser que estejamos nos referindo a nós mesmos.

Quando se trata de conforto e controle na sexualidade, costuma haver certo desequilíbrio no que diz respeito aos gêneros. Isso porque quem é criado sendo do sexo masculino é encorajado a ter fantasias sem freios nem limitações – o que quer que o excite, não há problema. Em contrapartida, pessoas do sexo feminino, ao serem criadas, são encorajadas a ter uma sexualidade mais receptiva e reservada. Muitas mulheres nunca foram incentivadas a explorar aquilo que gostam ou desejam; em vez disso, foi-lhes dito que deviam se concentrar nos desejos dos parceiros ou no que fosse "apropriado". Mulheres e pessoas não binárias são, muitas vezes, ensinadas, direta ou indiretamente, a ter vergonha dos próprios desejos e experiências sexuais, enquanto os que são criados como homens são, quase sempre, educados de modo que os leva a crer que podem aumentar sua autoestima e força com experiências sexuais e seu desejo sexual.

As fantasias existem na imaginação, que é o reino de Netuno. Mas o que estamos falando aqui é de investigar nossa preferência pessoal – algo que é jurisdição de todos os planetas. Portanto, é muito simplório dizer que Marte é o único motivador de nossa vida sexual, mesmo sendo essa a mensagem predominante na astrologia. A sexualidade humana é complexa – composta de camadas – e anda de mãos dadas com o poder e a segurança. A verdade é que ter disposição e capacidade para explorar nossos sentimentos, nossas ideias e até nossos medos é essencial para a orientação em nossas fantasias. Ter a noção de que merecemos desejar o que quer que desejemos é algo muito saudável, mesmo que colocar o desejo em prática não o seja. Assim, cada planeta no mapa natal reflete e descreve partes de nossa sexualidade – algo belo de possuir.

POR QUE NÃO POSSO PULAR PARA A PARTE DOS RELACIONAMENTOS DE LONGO PRAZO?

Quando começamos um namoro com alguém e as emoções ficam à flor da pele, é possível sentir que realmente conhecemos a outra pessoa. Isso pode nos levar a tirar conclusões irrefletidas e a assumirmos compromissos antes de estarmos preparados de verdade. A seguir você verá uma lista com minhas regras, aquelas de que devemos nos lembrar quando ficarmos apaixonados.

REGRAS DA LANYADOO: VOCÊ NÃO CONHECE SEU NAMORADO ATÉ QUE...

VOCÊ NÃO CONHECE SEU NAMORADO
até ter brigado com ele e a culpa ter sido sua.

VOCÊ NÃO CONHECE SEU NAMORADO
até ter brigado com ele e a culpa ter sido dele.

VOCÊ NÃO CONHECE SEU NAMORADO
até ter ficado doente.

VOCÊ NÃO CONHECE SEU NAMORADO
até que ele tenha ficado doente.

VOCÊ NÃO CONHECE SEU NAMORADO
até ter passado as festas de fim de ano com ele.

CONSENTIMENTO

Parte importante da saúde sexual é nos respeitarmos o suficiente para nos afastarmos de qualquer pessoa que não respeite nossos limites sexuais. Quem faz isso não é seu amigo, e não é culpa sua se ele não para quando você diz para parar. Dito isso, é sua a responsabilidade de expressar esses limites com clareza. O consentimento é algo simples, mas pode parecer complicado. É importante se expressar verbalmente, mesmo que seja apenas com uma palavra, quando queremos que nosso parceiro pegue mais leve, faça uma pausa ou pare. Para fazer isso, é necessário acreditar que temos o direito de fazê-lo – e todos nós o temos, sem dúvida.

Contudo, nem sempre sentimos que temos a habilidade ou o direito de expressar claramente nossos limites. Se estivermos fazendo algo com que não concordamos de maneira entusiasmada, é saudável e justo dizer: "Não sei se gosto disso. Me dê um minuto". Não precisamos saber tudo acerca do que gostamos, pois relações sexuais divertidas podem, às vezes, envolver a exposição a coisas novas ou a expansão de alguns limites. O sexo é complicado.

Todos nós crescemos com as péssimas histórias de princesas da Disney, em que o parceiro ideal sempre responde às nossas necessidades com perfeição, e nunca temos de dizer uma palavra sequer; jamais precisamos expressar a eles de que gostamos ou o modo como gostamos. Mas a vida real não é assim. Relações sexuais satisfatórias e saudáveis requerem que ambas as partes tenham senso de participação, e que os desejos e as preferências sexuais dos dois recebam atenção igual.

Os astrólogos costumam associar Marte ao sexo, pois esse planeta rege o modo como as pessoas expressam suas necessidades e seus desejos impulsivamente e, às vezes, com vigor. Mas é nesse ponto que a astrologia precisa de uma nova visão feminista. Toda pessoa, de todo gênero, tem Marte no mapa. A ideia de que os homens expressam o sexo e são a expressão dele é antiga e obsoleta. Essa não é uma verdade astrológica. Entretanto, devido aos vários séculos de patriarcado, as mulheres e pessoas que não seguem os padrões de gênero têm mais obstáculos sociais e históricos para acessar o próprio corpo e se apropriar dele com plenitude, bem como para expressar seu Marte.

VÁRIAS MANEIRAS DE MANIFESTAR (OU NÃO) A SEXUALIDADE

Apenas para esclarecer, a heterossexualidade e a monogamia não são superiores ou mais saudáveis que qualquer outra das inúmeras opções que existem. Há vários outros tipos de relações e uniões que funcionam para as pessoas, sem necessariamente envolver nada que se assemelhe a sexo ou romances convencionais. Isso inclui os assexuais e pessoas da comunidade fetichista, que preferem relações alternativas, em que há vários jogos sexuais.

Quer você prefira contato visual profundo com as luzes apagadas, sexo na posição "papai e mamãe" ou representar papéis em uma fantasia, há muitas maneiras de se relacionar e construir intimidade com determinada pessoa, em determinado momento. O importante é honrarmos a verdade do que podemos fazer – e do que realmente queremos fazer –, de maneira saudável e autêntica para nós.

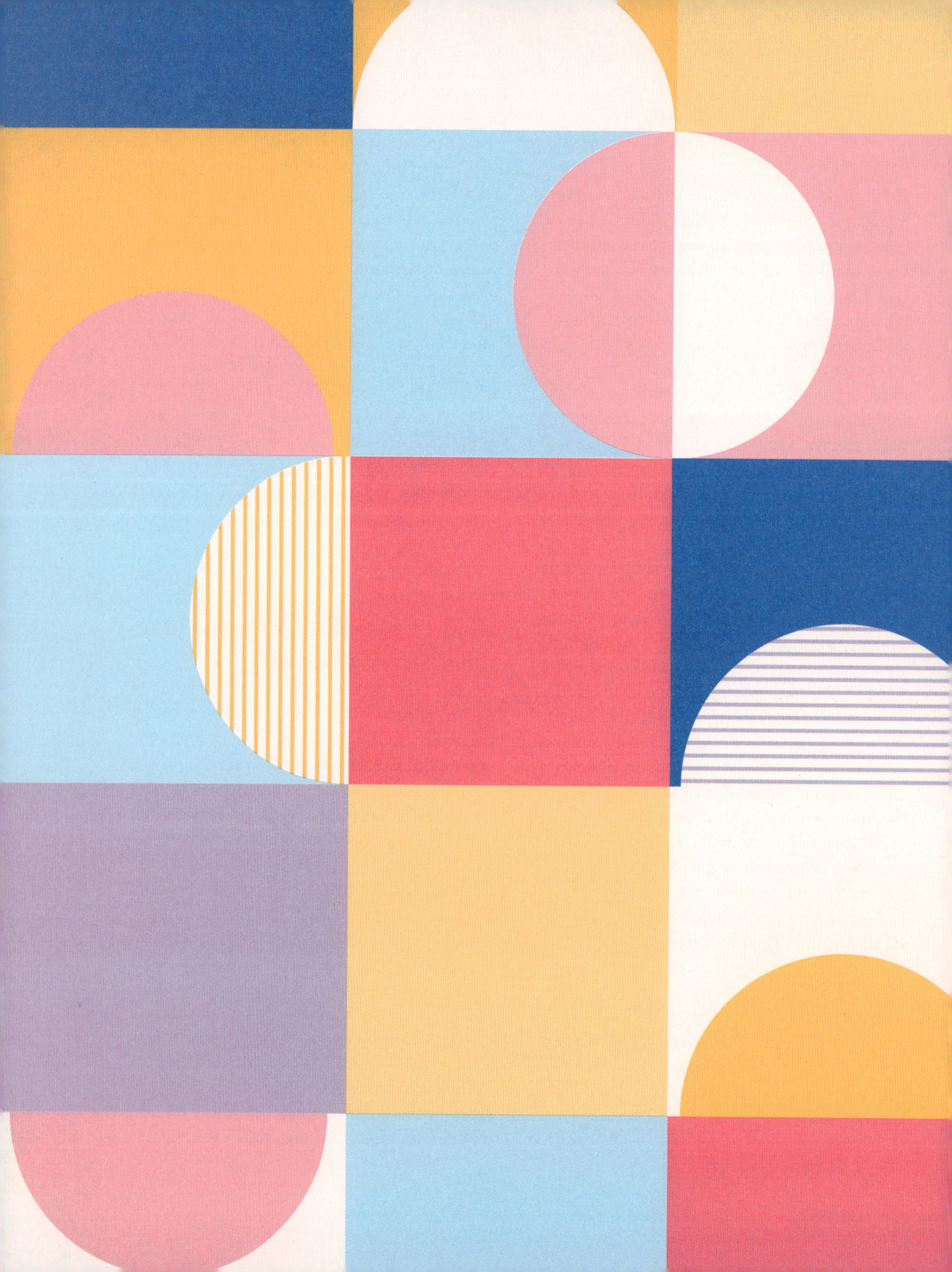

SOL ☉

Tempo que leva para percorrer o zodíaco: aproximadamente 1 ano

Signo que rege: Leão

Casa que rege: quinta

FICAR E NAMORAR: O SOL

Na astrologia, o Sol rege nossa identidade; é nossa vontade e o senso de nós mesmos. A área em que ele se encontra no mapa natal determina o que as pessoas chamam de "signo". O local em que o Sol aparece no mapa é onde nossas energias se expressam. E, quando são reprimidas, o signo solar também molda a forma como reagimos.

NOSSO EU ESSENCIAL E VITAL

Quem somos, de que gostamos e como expressamos tudo isso são assuntos regidos pelo signo solar. Quando se trata de namorar e ficar, o Sol é muito importante, pois tem a ver com a maneira de sermos vistos como de fato somos. Ele também pode nos contar sobre o modo como mais desejamos ser reconhecidos. E é algo muito sensual nos sentirmos desejados exatamente pela maneira como nos percebemos.

Sendo o luminar mais brilhante no céu, o Sol representa nossa vitalidade e virilidade – e uso o termo *virilidade* com o significado de "força", "resiliência" e "capacidade de fazer as coisas acontecerem" (qualidades que não têm gênero). O Sol rege nosso eu essencial, e, se estivermos em uma "pegação" casual ou não quisermos que ela vá muito além do sexo, o Sol pode ou não desempenhar papel significativo. Pode não parecer importante que outra pessoa chegue a nos conhecer, que estejamos apenas precisando de mais experiências românticas ou divertidas (pode não se tratar tanto sobre quem de fato somos e mais sobre quem somos com a outra pessoa em um momento específico). Ou, por outro lado, podemos desejar apenas alguém que nos faça sentir bem e que possa nos enxergar, mesmo que não desejemos cultivar essa ligação para gerar um relacionamento mais profundo e duradouro.

Por outro lado, quando estamos começando o que esperamos que possa ser uma relação romântica mais duradoura, pode ser fácil sentir que a pessoa que estamos namorando nos conhece melhor do que realmente conhece, só por haver química e intimidade nesse relacionamento. Mas as pessoas só conseguem ver o que lhes mostramos – e elas o veem com base nas próprias perspectivas. É da natureza humana manter privadas algumas partes de quem somos no início – escolher e fazer uma curadoria de nossa identidade de modo que, segundo acreditamos, fará as pessoas gostarem mais de nós ou nos ajudará a conseguir o que queremos. Mas o fato é que conhecer alguém requer tempo, esforço e compartilhamento de experiências.

AS PESSOAS SÃO MAIS DO QUE SEU SIGNO SOLAR

Como a astrologia do signo solar é tão popular, o que ouvimos falar sobre o signo das pessoas pode moldar nosso comportamento em relação a elas nas primeiras semanas ou meses. (Ela é de Câncer, então deve ser superemotiva! Ele é de Escorpião, então deve exalar sexualidade!) Mas esse tipo de simplificação não nos leva muito longe. Não só somos muito mais que o signo solar como o Sol também só se expressa plenamente quando houver segurança, confiança, tempo e experiências suficientes entre as pessoas.

À medida que nos fazemos presentes e conhecemos outras pessoas, a segurança e a estabilidade da nossa vontade (o Sol) e do nosso ego (Marte) estão diretamente relacionadas ao grau de autenticidade que temos capacidade de expressar. Quando começamos a namorar e não temos muita certeza de aonde estamos indo ou de como nos sentimos com nosso parceiro, não é realista esperar de nós que agiremos com nosso eu completo ou que seremos vistos pelo que somos por completo. É nessa fase inicial que a maioria costuma se sentir assustada, tímida e esperançosa – não são sentimentos desonestos, mas não são o mesmo que estar totalmente relaxados com nós mesmos. Então, quer você seja caçador (Marte), quer seja coletor (Vênus) no mundo dos relacionamentos, esteja inserido em um ciclo de relacionamentos que duram três meses ou namorando por aí e conhecendo muitas pessoas, seu Sol é parte essencial daquilo com que está lidando. Apenas tenha em mente que o Sol de uma pessoa provavelmente não vai brilhar com capacidade total logo de início.

Portanto, vá devagar e deixe as coisas progredirem. Dê espaço ao seu Sol para que possa ser o mais autêntico possível nos primeiros dias (a menos que só queira algo passageiro; nesse caso, pode deixar seu Sol onde desejar).

O QUE SIGNIFICA ESTAR "NA CÚSPIDE"?

Astrologia é matemática! Cada signo do zodíaco é um duodécimo de uma roda de 360 graus, ou seja, tem 30 graus; e, com base nessa matemática, você é de um signo ou de outro; não pode ser de dois. Minha experiência tem mostrado que, para a maioria das pessoas que se sentem "na cúspide", isso ocorre porque têm planetas em dois signos adjacentes.

COMO LIDAR COM ESTE PLANETA

Pense nas pessoas com quem está ficando ou namorando e pergunte a si mesmo: quanto confio nelas? A resposta a essa pergunta deve estar diretamente relacionada a quanto do seu verdadeiro eu você compartilha com elas. Não há problema em revelar somente as partes apropriadas para determinada união em certo momento; apenas certifique-se de ser honesto na maneira como o faz.

O SOL NOS SIGNOS

SOL EM ÁRIES

Estas pessoas gostam de mergulhar nas coisas e tendem a tirar conclusões precipitadas. Podem ter tanto instinto de liderança que nem sempre ouvirão o que os outros têm para lhes dizer sobre eles mesmos. Pode ser que ficadas casuais lhes sejam apropriadas, pois gostam de chegar, pegar o que é deles e ir embora. Precisam sentir que podem agir com espontaneidade em todas as situações de namoro. Áries também rege a irritabilidade; portanto, muito da relação depende de se o ariano está gostando da pessoa com quem está se relacionando naquele momento. Este é um posicionamento de fogo e independência, do tipo que não admite prisioneiros.

SOL EM TOURO
A experiência sensual é muito importante para esses indivíduos. Costumam ter boas habilidades sociais, e o processo de se relacionar com os outros e de flertar os atrai. Mas não costumam ter postura casual em relação a sexo e a namoro. Os que têm Sol em Touro adoram repetição e rotina; se tiverem uma experiência incrível com você, vão querer repeti-la várias vezes. Costumam também ter dificuldade em dizer o que querem e de querer o que dizem – em particular, se houver o risco de ferir os sentimentos alheios.

SOL EM GÊMEOS
Esses indivíduos são ótimos em fazer perguntas e para conversar, e sempre estão em busca da próxima coisa mirabolante. Também podem se perder na própria cabeça. Seu planeta dominante é Mercúrio, o que significa que vão gostar de enviar uma mensagem de texto rápida, marcar um encontro e sair para dar uma volta. Não se preocupam necessariamente com o futuro das relações; querem se divertir no presente.

SOL EM CÂNCER
Estas pessoas, no fim das contas, buscam amor e intimidade; portanto, podem ter dificuldade com encontros casuais. É tentador para elas querer transformar rapidamente em intimidade a ligação com pessoas com as quais acabaram de iniciar um namoro. Podem ser um tanto reservadas no que diz respeito a elas mesmas e difíceis de conhecer, mas, uma vez que se sentem bem na presença de alguém, costumam ser calorosas, amáveis e solidárias.

SOL EM LEÃO
Os leoninos podem confundir luxúria com amor; gostam de flertar, de perseguir, de ser perseguidos e, é claro, de ser adorados. Assim, adequam-se bem aos encontros casuais. Mas também pode ser difícil para eles abrir mão de um amante ou de uma situação se estiverem se divertindo ou se se sentirem a estrela do espetáculo. Podem ser rápidos para decidir se uma pessoa é a adequada para eles e precisam aprender a não tirar conclusões (nem assumir compromissos) de modo precipitado.

SOL EM VIRGEM
Os virginianos podem ser muito mentais e viver grande parte do tempo na própria cabeça. Se você for capaz de alcançar algum dos interesses deles, serão fantásticos para uma conversa, demonstrando, também, grande senso de humor. Podem ser habilidosos em manter relações casuais muito claras e consensuais, pois são capazes de concluir com antecedência que determinada relação nunca será séria. Mas têm de ser honestos consigo mesmos sobre a disposição em deixar o relacionamento para trás no final, sem se apegar a ele. Virginianos podem ser bastante tolerantes no início de uma relação, mas não se engane: eles sabem o que querem.

SOL EM LIBRA
Os librianos são os amantes verdadeiros do zodíaco, o que os torna pouco adequados para o sexo e o namoro casuais. Podem ser tolerantes – às vezes à custa da própria autenticidade. Também podem ser possessivos com quem se divertem e com os quais se sentem íntimos. Como são propensos a se nortear pela ideia de parceria, tendem a apressar o ritmo dos relacionamentos e

podem levá-los adiante antes mesmo de saber por completo no que estão se metendo.

SOL EM ESCORPIÃO
Nem sempre é fácil saber em que pé estamos quando começamos a namorar um escorpiano, pois eles podem ser um pouco difíceis de interpretar e, de certa forma, gostam disso. Confie que, se um escorpiano estiver mesmo interessado em você, ele manifestará esse sentimento. O estereótipo é de que os escorpianos possuem forte energia sexual e, embora isso não seja verdade para todos, tendem a ter vigorosos impulsos sexuais. Quando começam a se sentir realmente íntimos dos amantes, tornam-se os mais apegados do zodíaco, tendo bastante dificuldade de abrir mão do relacionamento. Por essa razão, precisam ser um pouco cautelosos sobre quem vão permitir que se aproxime deles.

SOL EM SAGITÁRIO
Costuma ser bem tranquilo sair em um primeiro encontro com um sagitariano, pois eles são muito animados e aventureiros e desejam um amor sem regras nem obrigações. O problema de encontros casuais com pessoas de Sol em Sagitário, no entanto, é que costumam querer mais e não gostam de ouvir "não" como resposta. Se o outro tentar limitar a relação, o sagitariano vai se sentir inquieto e incomodado. Esse signo também sofre da síndrome do falar sem pensar, por isso não leve para o lado pessoal se disserem algo abruptamente.

SOL EM CAPRICÓRNIO
Pessoas com Sol em Capricórnio podem ser muito sérias e propensas a cultivar relacionamentos bastante tradicionais; ao mesmo tempo, essa repressão pode instigar muito as fantasias sexuais. Os encontros casuais tendem a ser bem casuais mesmo para eles, sem nenhum apego ou intimidade emocional. O que precisa ser feito é garantir que não estejam tentando fugir das próprias necessidades ao manter as coisas superficiais. Pode ser difícil de alcançar a intimidade com eles, mas, se um capricorniano gostar de você, ele será muito convicto nas abordagens de namoro. Seu comportamento tende a se alternar entre arrogância e timidez.

SOL EM AQUÁRIO
O mais importante para o aquariano é aquilo que interessa a ele. Por isso, se um amante o entusiasmar, ele vai querer investir tempo nessa relação. Claro, os aquarianos são ótimos para encontros casuais, especialmente se a coisa mais interessante sobre seu amante for o sexo. São divertidos, excêntricos e abertos a conhecer outras pessoas, mas o afeto mais profundo pode assustá-los.

SOL EM PEIXES
Os piscianos são muito sensíveis e, se tiverem ligações físicas profundas com outra pessoa, tendem a se apaixonar. Por outro lado, também costumam buscar bastante a liberdade, e, às vezes, a fonte dela pode ser o afastamento de uma nova pessoa. Por serem tímidos, podem ser muito prestativos em novas situações de namoro – à medida que se ajustam. Não sendo o signo solar mais assertivo, com certa propensão à ansiedade, os piscianos não raro desejam saber em que pé estão, mesmo que não sejam rápidos para perguntar.

O SOL NAS CASAS

SOL NA PRIMEIRA CASA

Essas pessoas, especialmente aquelas que têm o Sol a 7 graus do Ascendente em qualquer direção, têm a capacidade de captar a atenção dos outros quando entram em uma sala e podem ser muito boas no flerte. Os quem têm este posicionamento desejam visibilidade. Também podem mergulhar de cabeça em experiências que pareçam divertidas ou que lhes proporcionem reconhecimento, porém, se sentirem que não estão recebendo a atenção que desejam, a relação não vai funcionar. Podem ser ótimos e vigorosos amantes, mas, se estiverem aborrecidos, perderão o interesse com muita rapidez.

SOL NA SEGUNDA CASA

Ser adorado é muito importante para essas pessoas. Querem se sentir desejadas e precisam que seu amante expresse seus desejos por meio de coisas tangíveis, como comida, mensagens de texto e presentes. A parte sensual do sexo é muito importante para elas; não são muito bons com rapidinhas se não incluírem bastante contato, flerte ou conexão física prévios (gostam de preaquecer o forno).

SOL NA TERCEIRA CASA

Uma ótima maneira de flertar com os que têm este posicionamento é apelar para seu senso de humor e ter coisas inteligentes para dizer. Eles se aborrecem ou se distraem com facilidade, e, se você for a distração mais excitante ao redor, vai longe. São divertidos e dinâmicos, adoram ser entretidos e é provável que tenham muitos amantes ao longo da vida. São a favor de encontros casuais e de conhecer pessoas, mas é importante que aprendam a priorizar a comunicação franca para que os demais não se sintam enganados.

SOL NA QUARTA CASA

Embora gostem de encontros casuais, esses indivíduos nem sempre são transparentes a respeito disso. Têm tendência mais forte que o normal de ou manter a frieza nas relações ou converter as pessoas em que estão interessados em parceiros, com muita rapidez. Uma vez que este posicionamento solar é muito emocional, em geral precisam mesmo controlar quanto tempo passam com novas pessoas e evitar chegar a conclusões precipitadas sobre as intenções delas.

SOL NA QUINTA CASA

Diversão é o que essas pessoas buscam. Elas realmente gostam de se conectar ao presente e de ter relações e casos amorosos dinâmicos. Tudo isso se mantém, contanto que se sintam adoradas e valorizadas. Elogios são a chave para tudo com essas pessoas, mas, como são ótimas para detectar falsidade, é melhor que esteja falando sério. Uma advertência: nem tudo o que as faz se sentir bem é bom para elas.

SOL NA SEXTA CASA

Essas pessoas podem ser um pouco tímidas e reservadas, e encontros casuais não são muito a praia delas. Mas, uma vez que permitam a uma pessoa se tornar parte de sua rotina, tendem a desenvolver sentimentos. Em outras palavras, se quiser que o namoro se mantenha casual, evite criar a rotina de tomar café da manhã com seu interesse amoroso ou de se aconchegar com ele à noite (atenha-se apenas ao básico). As pessoa de Sol na sexta casa podem decidir manter a vida de namoro muito contida. É importante que aprendam a dar chances aos outros, sendo bem claras sobre quais são seus limites e necessidades em torno do namoro.

SOL NA SÉTIMA CASA

A parceria é um grande atrativo para quem tem o Sol na sétima casa. Correm o risco de aceitar dinâmicas casuais na esperança de convertê-las em relacionamentos de longo prazo, que envolvam mais compromisso. Se não forem transparentes quanto aos seus motivos, podem arranjar sérios problemas. Uma lição importante para eles é que mesmo um excelente sexo nem sempre é o mesmo que amor ou intimidade. Também é bom que se lembrem de que amor íntimo + sexo = sexo amoroso e íntimo.

SOL NA OITAVA CASA

Esses indivíduos podem se sentir atraídos por casos amorosos secretos. Tendem a desfrutar do sexo pelo ato em si ou de, paradoxalmente, quererem se fundir com aqueles por quem são apaixonados. Precisam priorizar a honestidade a respeito do que gostam, de com quem estão se relacionando e de se realmente estão se divertindo; experiências intensas, embora excitantes, não são, na realidade, satisfatórias para eles.

SOL NA NONA CASA

A aventura é muito importante para os que têm este posicionamento. São capazes de manter múltiplos romances, que começam e acabam abruptamente, bem como de manter valores bastante puritanos a respeito de sexo e amor. Este posicionamento pode dar certa tendência à excitação ao explorar pessoas e experiências novas, mas a fantasia pode fazê-los criar histórias que podem não ser verdadeiras.

SOL NA DÉCIMA CASA

Este posicionamento pode vir com um trovão silencioso. Os que têm o Sol na décima casa valorizam namoros casuais, mas têm baixa tolerância a conversa fiada. Trata-se de um posicionamento norteado por objetivos, e, por isso, essas pessoas podem ser bastante focadas e voltadas a resultados, mesmo a respeito de encontros e sexo. Se decidirem que não estão em situações sérias ou benéficas, é bem provável que pulem fora.

SOL NA DÉCIMA PRIMEIRA CASA

Os que possuem este posicionamento são capazes de ter experiências adoráveis com pessoas que mal conhecem. Prezam pela independência e autonomia, por isso podem passar por períodos na vida em que preferem que os encontros se mantenham casuais, ter amizades-coloridas ou namorar quem viva fora da cidade onde moram. São capazes de ser francos sobre como podem se fazer presentes na vida do outro e sobre o que querem, mesmo que nem sempre se disponham a se expressar dessa maneira.

SOL NA DÉCIMA SEGUNDA CASA

Embora geralmente não sejam bons com encontros casuais, os que têm o Sol na décima segunda casa costumam se ver em situações como essas, porque, como são muito sensíveis, têm dificuldade em definir limites. São ótimos em captar sentimentos e aproveitar o potencial das situações. Podem ter dificuldade em aceitar verdadeiramente relacionamentos tão somente casuais. É importante que pratiquem o sexo seguro como ato de autocuidado.

LUA ☾

Tempo que leva para percorrer o zodíaco: aproximadamente 29,5 dias

Signo que rege: Câncer

Casa que rege: quarta

FICAR E NAMORAR: A LUA

A Lua rege nossos sentimentos e necessidades emocionais e se relaciona fortemente com nossas experiências passadas. A compreensão de seu posicionamento no mapa natal nos diz muito sobre os tipos de relacionamento melhores para nós. Também pode revelar o que é preciso para vivenciarmos encontros casuais ou mais sérios sem nos abandonarmos. Quando se trata de namorar, é importante lembrar que, enquanto algumas pessoas veem o sexo como um ato físico – como uma alergia no corpo que o faz se coçar –, para outras ele não se dá dessa forma (mesmo que desejassem que fosse assim). Para muitos de nós, o sexo desperta sentimentos sobre nós mesmos e sobre as pessoas com quem estamos. A parte complicada é que é possível fazer sexo com pessoas cujas confiança e intimidade não cultivamos antes. E um bom sexo é capaz de substituir a proximidade que só seria obtida com tempo e preocupação mútuos. Portanto, é importantíssimo descobrir se você é o tipo de pessoa que consegue fazer sexo sem desenvolver apego emocional; entender sua Lua e o posicionamento dela no mapa pode ajudá-lo a descobrir isso.

ESTABELECENDO LIMITES EMOCIONAIS SAUDÁVEIS

O que acontece antes e depois do sexo também é importante. Para alguns, transar é menos íntimo que se abraçar, se pegar ou tomar café da manhã com o parceiro. Para outros, fazer sexo é algo mais íntimo que falar da infância. A questão é que somos todos diferentes – e sua natureza emocional é responsabilidade sua; é você quem deve entendê-la e cuidar dela. Manter limites saudáveis com quem você está apenas transando não é questão de certo e errado; é questão do que é saudável e apropriado para você.

Existe a ideia de que não devemos nos preocupar com as pessoas com quem estamos namorando casualmente ou apenas tendo encontros. No momento atual, bem semelhante ao que se deu nos anos 1970, a liberação e a autonomia sexuais parecem estar associadas a uma pressão para "toparmos tudo". Isso é fantástico para as pessoas que *topam tudo*, mas, como é o caso de várias outras tendências, seguir essa cegamente pode ter como resultado magoar os sentimentos alheios – o que não é nada legal. Se você for uma pessoa terna ou que dá importância aos relacionamentos, ou estiver procurando segurança e estabilidade, são altas as chances de não ser saudável permanecer em relacionamentos casuais por muito tempo. E é importante levar seus hábitos de autocuidado muito a sério nos estágios inevitáveis de incerteza que precedem o comprometimento.

O RITMO LENTO DA LUA

Quando percebemos que estamos caminhando rumo a um relacionamento com mais comprometimento, a conexão sexual é parte importante desse processo, porém a intimidade emocional também é – construir confiança, segurança e estabelecer compatibilidades. Quando nutrimos fortes sentimentos por alguém que demonstra atenção de modo que não reconhecemos como tal, temos aí um problema lunar. A mente (Mercúrio) pode fazer associações e descobrir as coisas com muita rapidez. O coração (a Lua), por outro lado, é bem mais lento. Precisa de espaço, tempo e experiências para identificar suas necessidades e descobrir o que o faz se sentir seguro.

Nos estágios iniciais dos relacionamentos, muitos se concentram em ser apreciados e em determinar se gostam ou não da outra pessoa (assuntos regidos por Vênus). Isso é normal, e, ainda assim, é apenas parte de uma equação muito maior. Se o objetivo geral é amor, intimidade e proximidade verdadeira, é essencial que sejamos honestos conosco sobre como nos sentimos em relação a um parceiro e do que realmente precisamos (em outras palavras, a Lua) dele. É assim que podemos determinar se há compatibilidade emocional.

Como mencionado na página 104, você não conhece de verdade a pessoa com quem está saindo (ou a Lua dela) até: que tenham brigado, e a culpa tiver sido sua; que tenham brigado, e a culpa não tiver sido sua; que tenha ficado doente; que seu parceiro tenha ficado doente; que tenham passado as festividades de fim de ano juntos. Para conhecer mesmo alguém emocionalmente e compartilhar uma intimidade na qual possamos confiar, é necessário compartilhar certas experiências com ela. Temos que saber como ela lida com as adversidades.

Ser apreciado não é a mesma coisa que gostar de como você se sente em relação a si mesmo. Esteja disposto a fazer uma pausa e refletir sobre como realmente se sente quando está perto de uma pessoa recém-conhecida. Se parecer que ela não gosta de você – ou se na verdade ela não gostar de mesmo –, não interprete isso como a impossibilidade de alguém gostar. O perigo nesse cenário é que estamos dando autoridade sobre nossa autoestima e valor a um relativo desconhecido. Quando fazemos isso, arriscamos perder a conexão com nós mesmos. Quando permanecemos conectados com nossa Lua (ou seja, com os próprios sentimentos), é mais fácil perceber quando abdicamos de nosso poder ou nos desvalorizamos. Se estiver se desvalorizando, conscientizar-se desse fato pode levá-lo a cuidar melhor de si em outras situações em que isso possa acontecer – e, se tudo der certo, você se verá cada vez menos nessa situação.

COMO LIDAR COM ESTE PLANETA

A Lua é muito importante quando estamos conhecendo alguém. É fácil nos vermos envolvidos pelo entusiasmo de estar gostando de alguém ou pelo medo de que a pessoa não goste de nós. O mais importante não é sermos ou não compatíveis com quem estamos namorando ou sentirmos ou não que o outro está nos dando a devida atenção – o essencial é continuarmos sendo amigos amorosos e carinhosos para nós mesmos. Optar por agir por amor-próprio diante de um grande desejo ou frustração não é fácil, mas o coração é algo que vale a pena proteger.

A LUA NOS SIGNOS

LUA EM ÁRIES
Estas pessoas são voluntariosas, independentes e arrojadas do ponto de vista emocional. Em geral se dão melhor na posição de liderança, pois tendem a ter preferências e reações fortes. Gostam de aventura, diversão e do processo que envolve conhecer outras pessoas. Esta não é a posição em que a Lua prima por ser mais sensível, e pode dar a seus nativos propensão a se apegar e se desapegar rapidamente das pessoas.

LUA EM TOURO
O caminho que leva ao coração destas pessoas passa pelo estômago: quando se lhes oferece um bom prato, é bem provável que fiquem por perto. São pessoas que têm relação sensual com os sentimentos; por isso, manifestações físicas de adoração e carinho têm forte poder sobre elas. Quando decidem que gostam de alguém, são fiéis e perseverantes, mas também podem ser um pouco superficiais ao considerar o tipo de pessoa que procuram. Quer saibam bater papo, quer não, são sempre impacientes com conversas que não levam a lugar nenhum.

LUA EM GÊMEOS
São pessoas muito mutáveis. Ora vão com tudo, ora não vão de jeito nenhum; podem ter fortes sentimentos por alguém na companhia dessa pessoa, mas os sentimentos se dissipam quando vão para outro lugar. Este posicionamento dá a seus nativos vigorosa capacidade de processar as emoções por meio de palavras, o que aumenta a importância do refinamento na comunicação. Têm natureza inquieta e gostam de manter diversos tipos de relações íntimas, para diversas finalidades.

LUA EM CÂNCER
Este posicionamento dá a seus nativos natureza muito sensível e emotiva, que nada tem de casual. São pessoas que tendem a querer constituir família e a sentir que formam um grupo coeso com aqueles que lhes são íntimos; a rejeição pode feri-las bastante. Não são muito francas sobre seus sentimentos e necessidades, e suas lembranças e instintos são importantes.

LUA EM LEÃO
Quem tem a Lua em Leão adora atenção, reconhecimento e diversão. Embora a adoração de múltiplos parceiros e encontros casuais possam atrair esses nativos, o que eles mais querem é ser a coisa mais importante na vida do parceiro. São encantadores e gostam da companhia dos outros, mas sua capacidade de perceber e dar o que querem pode torná-los menos autênticos do que poderiam ser.

LUA EM VIRGEM
Estas pessoas gostam de ter clareza a respeito da situação em que se encontram no namoro. Querem ter noção clara de quais são os acordos, dos limites dos compromissos e, sobretudo, de quando o parceiro vai entrar em contato com elas. São inteligentes, bastante criteriosas e sensíveis às próprias necessidades e às necessidades alheias. Este é um posicionamento de introversão para a Lua, e, embora seus nativos possam querer apressar as coisas e forçar uma definição, o melhor é se controlarem e avançar devagar.

LUA EM LIBRA
As parcerias são muito importantes para estas pessoas, que têm profunda necessidade de serem apreciadas mesmo antes de saberem se gostam de quem gosta delas. Isso pode incliná-las a ter pressa de fazer que os relacionamentos "cheguem a algum lugar". Amáveis e afetuosos, estes nativos têm grandes habilidades sociais e podem ser bastante sedutores. Não são muito capazes de manter relacionamentos casuais, pois têm dificuldade de analisar as diferenças entre gostar, amar e simplesmente desejar atenção.

LUA EM ESCORPIÃO
Pessoas com este posicionamento são muito sensíveis; suas emoções são profundas, e o sentimento de abandono pode lhes ser muito forte. O sexo é profundamente importante para elas, e podem ser um tanto reservadas, pois não querem compartilhar toda a intensidade de seus sentimentos antes que estejam prontas a fazê-lo. Podem ser um pouco paranoicas, pois sua imaginação é fértil e ficam pensando, a todo momento, nas diversas formas de algo dar errado. São leais e, embora possam ser ciumentas ou possessivas, recompensam aqueles de quem gostam com paixão e dedicação.

LUA EM SAGITÁRIO
Otimistas e esperançosas, as pessoas de Lua em Sagitário gostam de inspirar e de ser inspiradas. Sua curiosidade e desejo de aprender e crescer podem torná-las profundamente inclinadas à espiritualidade ou, por outro lado, inquietas e sempre em busca de novas emoções. Este posicionamento da Lua pode dar a seus nativos a sensação de que estão por fora de tudo o que está acontecendo, e limitações de qualquer tipo são algo que muito os incomoda. Quem tem este posicionamento costuma ser intuitivo e ter *insights* que, às vezes, podem ser quase proféticos.

LUA EM CAPRICÓRNIO
Quem tem este posicionamento da Lua tende a querer controlar seus sentimentos e gosta de saber quais papéis deve desempenhar diante de outras pessoas. Pode desejar oferecer algo em troca da atenção que recebe ou do valor que lhe é atribuído, o que o torna muito disposto a ser solícito com os outros. Pode ter dificuldade de saber o que de fato sente por quem está namorando, pois está sempre ocupado tentando se proteger de suas falhas pessoais invisíveis. É fundamental que estes nativos saibam quais são seus limites emocionais no trato com parceiros casuais.

LUA EM AQUÁRIO
Pessoas com este signo lunar são racionais quanto aos sentimentos. Têm a capacidade de argumentar consigo mesmas, o que paradoxalmente pode torná-las bastante irracionais e teimosas em assuntos do coração. Apesar de serem capazes de manter um relacionamento alegre e casual, podem ter dificuldade em admitir que têm necessidades ou são vulneráveis até sentirem que não têm outra escolha. Podem se conectar com diferentes tipos de pessoas e tendem ou a querer se entregar de imediato ou a ser muito cautelosas nos novos relacionamentos.

LUA EM PEIXES
Estes indivíduos têm forte percepção dos próprios sentimentos e são profundamente impactados por pessoas e situações. São carinhosos e têm propensão a pôr os outros em um pedestal. Aprender a não colocar as

necessidades alheias – ou sua percepção destas – acima das suas é essencial, especialmente nos estágios iniciais do namoro. Podem ser bastante idealistas e devocionais, o que lhes dá a capacidade de amar muitas pessoas de variadas maneiras. Podem também se apaixonar com demasiada rapidez se não forem cuidadosos.

A LUA NAS CASAS

LUA NA PRIMEIRA CASA
Este é um posicionamento de forte demonstração de sentimentos; é impossível para estas pessoas esconderem o que sentem, pois tendem a demonstrá-lo no semblante. Podem ser mal-humoradas, e suas emoções são vigorosas e fugazes, o que pode incliná-las a tirar conclusões precipitadas ou fazer suposições baseadas em como se sentem, não no que está acontecendo de fato. Pessoas com este posicionamento tendem a gostar de atenção e se identificam muito com suas emoções.

LUA NA SEGUNDA CASA
Para que a intimidade ou proximidade seja alcançada, estes nativos precisam sentir que partilham valores com o parceiro. São profundamente sensuais, tendendo a manter um clima agradável; têm aversão a conflitos e ao drama. Embora consigam manter as coisas superficiais, pessoas com a Lua na segunda casa são profundamente emotivas por natureza. Tendem a formar laços com aqueles de quem gostam, podendo, assim, ter pressa de chegar a uma definição a respeito de prováveis parceiros antes que esse *status* seja efetivamente conquistado.

LUA NA TERCEIRA CASA
São indivíduos curiosos, receptivos e capazes de se conectar com diversas pessoas, de várias maneiras. Interessam-se naturalmente pelos outros; as conversas, a diversão e os momentos de espontaneidade compartilhados podem ajudá-los a cultivar sentimentos que levarão à verdadeira proximidade. Se conseguir conviver com as frivolidades deles, isso o ajudará bastante. Este posicionamento também pode indicar inconstância e distração, que podem ser entendidas como imprevisibilidade por certas pessoas.

LUA NA QUARTA CASA
Este não é um dos posicionamentos que encaram os assuntos do coração de maneira casual, porque estes nativos tendem a gostar de relacionamentos e a se apegar quando se sentem bem com alguém. São, em geral, receptivos e carinhosos, e não se deve flertar com eles por muito tempo; ao contrário, as coisas precisam progredir rumo a um compromisso ou perderão o interesse. Precisam realmente de espaço e tempo em casa para se recuperar do mundo ao redor.

LUA NA QUINTA CASA
Estas pessoas querem sentir que são importantes para aqueles com quem saem, independentemente de quão casual seja o relacionamento. Tendem a ser assertivas e afeitas à liderança, mesmo que isso seja dissimulado. São bem-humoradas e gostam de se divertir, seja com sexo, artes ou o bom e velho flerte. O sexo vem com carga emocional para elas; por isso, é importante que verifiquem se há água na piscina antes de se jogarem nela.

LUA NA SEXTA CASA

Estas pessoas sempre gostam de que as coisas sejam feitas de determinada maneira, levam seu tempo bastante a sério e tendem a verificar com cuidado a atenção que recebem e o progresso diário de seus relacionamentos. Se aqueles que têm a Lua na sexta casa são controladores, podem achar difícil namorar, por causa da imprevisibilidade inerente ao ato de conhecer outras pessoas. Mas, quando conseguem deixar que as coisas fluam, são excelentes em expressar suas necessidades e limites.

LUA NA SÉTIMA CASA

Este posicionamento é muito favorável aos relacionamentos. Estas pessoas anseiam por uma ligação profunda e tendem a não gostar de contatos muito casuais. Precisam se preparar para entender a diferença entre sair e ter um relacionamento, que envolve, em grande parte, uma diferença no ritmo e nas expectativas. É necessário, às vezes, estar dispostas a liderar, mesmo que essa não seja sua natureza.

LUA NA OITAVA CASA

É realmente importante para essas pessoas se sentirem valorizadas e desejadas por aqueles com quem estão namorando ou ficando. Este é um posicionamento apaixonante para a Lua, mas que inclui bastante reserva e propensão à suspeita. Estas pessoas valorizam ligações intensas e, não raro, têm desejo muito forte de se fundirem ao parceiro. Este posicionamento também pode dar aos nativos, às vezes, natureza emocional obsessiva.

LUA NA NONA CASA

São pessoas inclinadas a desejar experiências que as façam sentir que estão crescendo e caminhando em direção a algo. Este não é o mais paciente dos posicionamentos; seus nativos podem se apressar em chegar ao destino sem nem mesmo arrumar as malas. Têm a mente muito aberta, mas, uma vez que se fixam a uma ideia, é difícil mudá-la. A menos que haja aspectos fortes que indiquem o contrário, este posicionamento sugere que seus nativos não são possessivos com quem saem.

LUA NA DÉCIMA CASA

Os que têm este posicionamento estão muito concentrados na reputação e, por isso, tendem a querer manter as relações casuais em segredo. Também são muito sensíveis ao *status*, de modo que detestam namorar qualquer pessoa que possa envergonhá-los em público. Às vezes saem com alguém por causa do poder que assim obtêm, não por verdadeira compatibilidade. Prestam muita atenção aos calçados, portanto tenha cuidado especial com seus sapatos se quiser impressioná-los.

LUA NA DÉCIMA PRIMEIRA CASA

Embora estes indivíduos possam ser ótimos no flerte, nem sempre percebem que os outros estão flertando com eles. Correm o risco de viver na zona da amizade e preferem primeiro ser amigos para só depois dar um passo além. Têm a mente aberta e não tendem à constância. Este posicionamento os capacita a manter a relação descontraída ou a não se apegar a ninguém, a menos que seus namoricos sejam integrados à vida social.

LUA NA DÉCIMA SEGUNDA CASA

Pessoas com a Lua na décima segunda casa são profundamente sensíveis; muitas vezes se encontram em situações românticas secretas ou discretas. Este posicionamento as inclina ao desapego ou à insensibilidade emocional, por um lado, ou, por outro, ao excesso de carga emocional em relação às pessoas. Estes nativos são afeitos ao autossacrifício e, muitas vezes, escolhem aqueles que recebem mais do que dão. Precisam de grande espaço pessoal para administrar o bem-estar emocional em relações românticas ou sexuais.

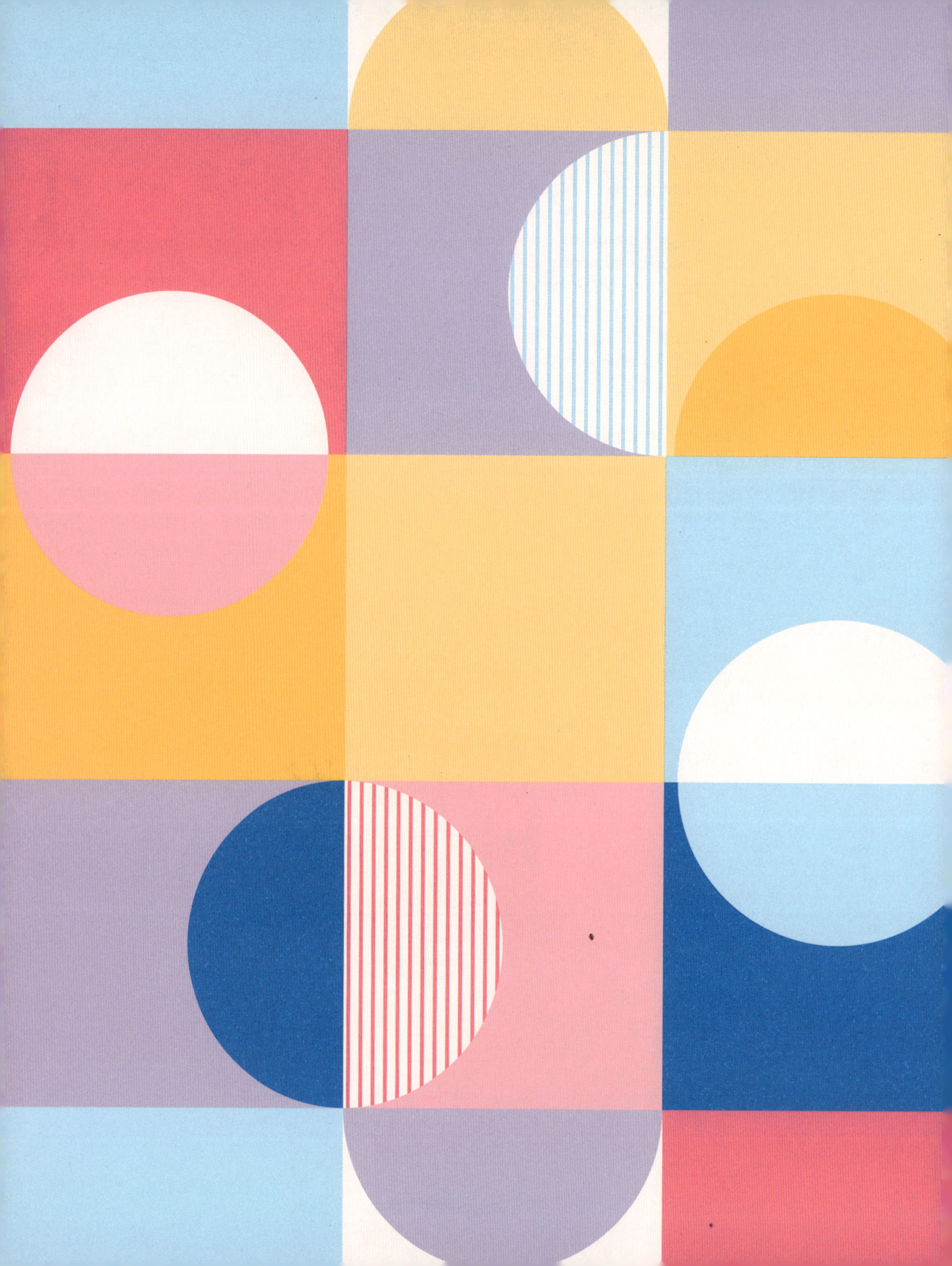

MERCÚRIO ☿

Tempo que leva para percorrer o zodíaco: aproximadamente 1 ano

Signos que rege: Gêmeos, Virgem

Casas que rege: terceira, sexta

FICAR E NAMORAR: MERCÚRIO

Mercúrio não é um planeta dos mais *sexy*. Ele rege os aspectos platônicos de qualquer relacionamento: falar, estabelecer uma ligação, sair juntos e compartilhar ideias. É impossível ter um relacionamento que vá além de uma noite sem envolver Mercúrio, porque ele é responsável pelo que pensamos, pelo que dizemos, como o dizemos, como ouvimos e o que ouvimos. Em outras palavras, rege o processo cognitivo que nos inclina a desviar para a esquerda ou para a direita. As mensagens de texto que enviamos aos prováveis interesses amorosos, as histórias que partilhamos sobre nós, como negociamos planos, quanto reagimos ao que nos é dito – todas essas coisas são regidas por este planeta.

A REGRA DOS TRÊS DIAS

Uma convenção comum no "ficar" é a regra dos três dias: devemos esperar três dias antes de tornar a entrar em contato com alguém para expressar interesse, sob pena de parecermos muito ansiosos e disponíveis. Quer essa estratégia seja sábia ou não, é mercurial. O papel de Mercúrio no namoro é expressar interesse e ideias e partilhar a vida com alguém, mesmo que seja apenas por breve período.

À medida que o próprio mundo se torna mais mercurial e nós nos tornamos mais conectados e comunicativos que nunca, nossa mente vai avançando a uma velocidade maior que nosso coração pode, de fato, suportar. A marca que nos identifica no mundo, as histórias que decidimos contar e o tom com o qual decidimos contá-las vêm se tornando mais e mais valorizados. Por isso, Mercúrio tem estado mais relacionado ao ego: em vez de ouvir os outros ou nos dispormos a interagir na vida real, começamos a passar mais tempo projetando as imagens de nós mesmos que queremos que os outros vejam. Por exemplo, você pode se envolver em um relacionamento puramente *on-line* de cinco meses, no qual tem a sensação de estar conhecendo a outra pessoa. Mas, na verdade, está conhecendo, sobretudo, o que ela decide lhe dizer.

O problema é que Mercúrio quer união e conexão. Dependendo dos motivos que você tem para namorar, essa faceta desse planeta pode ou não ter seu papel na situação. Por isso, vou abordar separadamente duas situações: o relacionamento casual e o caminho rumo a um relacionamento sério.

O RELACIONAMENTO CASUAL

Uma das alegrias do relacionamento casual é não ter que elaborar todos os seus sentimentos pela outra pessoa. (Se estiver ficando com alguém e fazendo isso, é provável que o relacionamento não seja tão casual. Ou é você quem está fazendo as coisas da maneira errada!) Algumas pessoas simplesmente não estão preparadas para ter um relacionamento casual, e, nesse caso, os estágios iniciais do namoro podem realmente incomodá-las. Para quem não sabe jogar conversa fora, por exemplo, os primeiros encontros podem ser especialmente difíceis. Mas essa é parte essencial do processo de conhecer os outros – conversar com eles, ver como o papo flui, aprender sobre essas pessoas. Se tentar pular essa fase, vai acabar perdendo os elementos essenciais que o fazem conhecer alguém.

Mercúrio é o planeta da comunicação; mas o que dizemos ou deixamos de dizer não é regido, de modo exclusivo, por esse planeta e tem relação com outras questões de intimidade motivadas por outros planetas. Do ponto de vista mercurial, se quiser que o relacionamento permaneça casual, basta dizê-lo. Se quiser saber como está a outra pessoa, basta lhe perguntar. Mas a vida – e a influência dos outros planetas – não é assim tão simples.

FASE INICIAL DO NAMORO (COM POTENCIAL PARA UM RELACIONAMENTO DE LONGO PRAZO)

Mercúrio promove a união por meio da troca franca de ideias e, por isso, esse planeta pode ser crucial para as fases iniciais do namoro. Ouvir a outra pessoa e encontrar maneiras de expressar com precisão quem você é pode ajudá-los a entender se vocês são compatíveis. Conhecer alguém é também reunir informações e usá-las para chegar a uma avaliação sincera do que é certo e verdadeiro para você. Por exemplo, se você é uma pessoa ocupada e está saindo com alguém que odeia fazer planos – embora você precise de um plano para encaixar a pessoa na sua agenda –, esse vai ser um problema de compatibilidade, que pode ser superável ou não.

No início do relacionamento, é importante aquecer Mercúrio: tente discordar do seu ficante para ver o que acontece. Estar disposto a envolver Mercúrio e a falar sobre coisas difíceis – política, ideias controversas e assim por diante – é algo que se considera proibido no início de um relacionamento, mas também é uma das melhores maneiras de explorar como cada um de vocês pensa e como pensam juntos, o que é essencial se quiserem transformar a fase do "te conhecer melhor" na fase do "que bom que te conheci". Aprender a fazer perguntas e a ouvir realmente as respostas é fundamental, porque pode impedi-lo de se apressar a entrar em uma relação. Muitos problemas que vejo em relacionamentos de longo prazo vêm de uma base instável de comunicação, a qual é construída nos primeiros meses. O amor e a química podem nos dar a impressão de que "conhecemos" alguém; por isso, vale a pena ir devagar e prestar muita atenção ao que a comunicação revela sobre a compatibilidade de vocês.

COMO LIDAR COM ESTE PLANETA

Quando você está apenas ficando ou tentando construir algo novo, a melhor maneira de lidar com Mercúrio é ouvir o que o outro está lhe dizendo sobre si mesmo e compartilhar a verdade sobre o que pensa, o que prefere e o que funciona ou não para você. A troca de ideias pode ser sensual e sedutora, geradora de confiança e vibrante – ou ser apenas uma brincadeira. Cuide para que ligações telefônicas, mensagens de texto e *e-mails* não substituam o tipo de intimidade que só pode acontecer na vida real. Mercúrio (nossa mente) não deve substituir os sentimentos (a Lua), o romance (Vênus) ou a química sexual (Marte).

MERCÚRIO NOS SIGNOS

MERCÚRIO EM ÁRIES

Impulsivas, diretas e dinâmicas, essas pessoas podem ser propensas a súbitas explosões de energia e mudanças de opinião. Gostam de tomar as rédeas da situação e tendem a ser bastante impacientes e assertivas. Não sabem chegar a soluções de meio-termo e, embora se ofendam com rapidez, são igualmente rápidas em deixar as ofensas de lado. Aborrecem-se com conversa fiada, mas são ótimas para flertar, quando estão com vontade.

MERCÚRIO EM TOURO

Os que têm Mercúrio em Touro gostam de elogiar os outros e de fazer com que se sintam bem com sua aparência ou com o modo como se apresentam. São bastante impacientes para conseguir o que querem, mas odeiam que os apressem. Estes indivíduos nem sempre falam com franqueza o que pensam – porque também são diplomáticos –, mas não ache que isso os tornará agradáveis em todos os aspectos. São sensuais e românticos e têm bom gosto – ou, pelo menos, acreditam que têm.

MERCÚRIO EM GÊMEOS

Grandes habilidades verbais permitem que aqueles com este posicionamento possam manter conversas com quase qualquer um. São inteligentes e rápidos e adoram rir, mas também podem ser bastante inconstantes. O planejamento não é sua atividade favorita, de modo que, se fizerem planos com você, esse é um bom sinal. O tédio é a morte para eles; entusiasmam-se, de modo especial, com pessoas diferentes deles.

MERCÚRIO EM CÂNCER

Estas pessoas podem ser um pouco reservadas ou até formais enquanto não se sentirem em segurança. Mas, quando estiverem à vontade, serão engraçadas, deixando os outros também à vontade e fazendo os ficantes se sentir desejados de verdade. Embora nem sempre sejam francas, são ótimas em manter um relacionamento caloroso.

MERCÚRIO EM LEÃO
Este posicionamento dá às pessoas um toque dramático. Seus nativos são excelentes no flerte ou, no mínimo, em manifestar entusiasmo. Mas podem ter de permitir que outros assumam a liderança às vezes, para que sua exuberância não se confunda com mera pretensão. Aqueles que têm Mercúrio em Leão são leais e firmes quando decidem sê-lo, embora também possam ser bastante inconsistentes nos interesses amorosos. Devem se lembrar de perguntar aos outros sobre eles.

MERCÚRIO EM VIRGEM
Estas pessoas são excelentes para se comunicar por aplicativos de mensagem. Quando se trata de se comunicar em situações delicadas, elas escrevem muito melhor do que falam. São atenciosas e voltadas a detalhes, podendo alternar entre ser muito avessas ao risco e mergulhar de cabeça em um relacionamento. Embora tenham dificuldade de baixar a guarda, são engraçadas e atenciosas, quando o fazem.

MERCÚRIO EM LIBRA
Amigáveis, charmosos e muito fáceis de conversar, estes nativos têm grandes habilidades sociais e são descontraídos quando estão ao lado de uma grande variedade de pessoas. Por outro lado, podem ser bastante passivos quando se trata de expressar suas necessidades. Este posicionamento pode levá-los a ser mais diplomáticos que honestos, porque a ideia de ferir as pessoas com a verdade lhes parece, em geral, pior que contar pequenas mentiras.

MERCÚRIO EM ESCORPIÃO
São pessoas misteriosas, profundas, às vezes evasivas e, de uma forma ou de outra, tendem a estabelecer comunicação realmente intensa. Sua inteligência e capacidade de ver a verdade das situações é profunda, embora este não seja o posicionamento mais flexível ou receptivo para Mercúrio. Os nativos de Mercúrio em Escorpião possuem grande tenacidade e estão dispostos a ir fundo nos relacionamentos. Ou são fantásticos no flerte ou extraordinariamente inábeis nessa arte.

MERCÚRIO EM SAGITÁRIO
Estes indivíduos são calorosos e gregários, fazendo que os outros se sintam acolhidos. São fantásticos e naturais no flerte, mesmo que nem sempre o saibam. São honestos e diretos, embora não avessos a exageros. Muitas vezes, falam antes de pensar, o que pode levá-los a se envolver mais profundamente em um relacionamento romântico do que deveriam. Vivem o presente; assim, pessoas que estiverem ausentes podem ser esquecidas com rapidez e acabarem por se sentir negligenciadas.

MERCÚRIO EM CAPRICÓRNIO
Este é um posicionamento bem literal; se você agir de maneira muito enlevada ao redor de seus nativos ou não for tão franco quanto deveria, eles podem perder o interesse muito rapidamente. São diretos e têm um jeito um tanto administrativo de expressar e elaborar informações. Sarcásticos e espirituosos, podem ser rápidos para julgar e não muito indulgentes se você cruzar a linha do que acreditam ser apropriado.

MERCÚRIO EM AQUÁRIO

São pessoas rápidas e observadoras e tendem a ver simbolismo em muitas coisas. São independentes e têm estilo único de flertar. Querem que suas paixões sejam pessoas independentes, com os próprios pensamentos e interesses; é a partir daí que a atração sexual poderá se desenvolver. Se conseguir captar o interesse destes indivíduos, eles poderão se tornar prolixos e permanecer em contato o dia todo – mas saiba que provavelmente estão conversando com outras pessoas também. Gostam de ligações espontâneas e é comum fazerem planos no calor do momento.

MERCÚRIO EM PEIXES

Este posicionamento dá às pessoas sensibilidade natural. Seus nativos são empáticos, intuitivos e muito sintonizados com os outros. Podem ser magoados com facilidade se aqueles com quem namoram ou convivem forem descuidados ou não lhes oferecer atenção suficiente. Os nativos de Mercúrio em Peixes têm uma maneira devocional e romântica de se conectar e são ótimos em fazer os outros se sentir bem consigo mesmos.

MERCÚRIO NAS CASAS

MERCÚRIO NA PRIMEIRA CASA
Estas pessoas são fantásticas no flerte porque são ótimas para iniciar uma conversa, conectar-se com o outro e fazer planos. São dinâmicas e sinceras, embora, às vezes, possam falar antes de pensar. Seus pensamentos tendem a se estampar no semblante; por isso, se quiser saber o que realmente pensam de você, marque um encontro pessoal (e não apenas *on-line*).

MERCÚRIO NA SEGUNDA CASA
Aqueles com Mercúrio na segunda casa são muito bons em fazer os outros se sentirem valorizados. São naturalmente sensuais, graciosos e ótimos em expressar afeto. Podem ser bastante diplomáticos e nem sempre deixam claras suas preferências, de modo que descobrir como agradar a eles, às vezes, se torna um desafio. São teimosos, e suas paixões vêm e vão, mas os inimigos são para sempre.

MERCÚRIO NA TERCEIRA CASA
Inteligentes, rápidas e genuinamente interessadas nos outros, estas pessoas adoram se relacionar. Seu interesse é sério quando se evidencia, mas elas também podem mudar de ideia muito rápido. São versáteis, dinâmicas e não recusam um desafio quando se trata de namorar. Podem vir a descobrir que seu histórico de namoro incorpora grande variedade de pessoas.

MERCÚRIO NA QUARTA CASA
Mercúrio na quarta casa é muito voltado à família. O sexo, o flerte e os relacionamentos casuais tendem a causar certo desconforto nessas pessoas, já que esse posicionamento é mais focado na segurança emocional que na aventura de conhecer os outros. Não devem convidar as paqueras para dormir em casa se não quiserem desenvolver sentimentos sérios.

MERCÚRIO NA QUINTA CASA
Estas pessoas são motivadas por sexo, jogo e criatividade e adoram se divertir. Podem ser teimosas e ter opiniões fortes, mas também gostam muito de ouvir a perspectiva dos outros. Ter um namorado é um meio que utilizam para se conhecerem. São dramáticas e podem entrar em conflito com outros mais facilmente que a maioria. Nem sempre observam os limites alheios – então, podem concordar em vê-lo só no outro fim de semana, mas mandar uma mensagem na quarta-feira convidando-o para sair.

MERCÚRIO NA SEXTA CASA
Este posicionamento torna as pessoas muito voltadas aos detalhes da vida diária. Sua necessidade de comunicação clara e consistência em situações de namoro são bem fortes. Tendem a não gostar de surpresas, embora essa característica dependa de outros aspectos do mapa. Sentem-se atraídas por comentários espirituosos, bons conhecimentos gerais e comunicação coerente. Detestam a falta de sinceridade, mudanças de planos de última hora e comportamentos imprevisíveis.

MERCÚRIO NA SÉTIMA CASA
A parceria é muito importante para estas pessoas. Portanto, a menos que já tenham um grande amigo, ou mais, é bem provável que prefiram preencher este espaço com compromissos sérios a ligações casuais. Este

posicionamento as leva a serem muito diplomáticas e motivadas a facilitar o fluxo de comunicação nas relações. São especialistas em dizer o que os outros querem ouvir, por isso podem, inadvertidamente, induzir as pessoas ao erro.

MERCÚRIO NA OITAVA CASA

São pessoas muito intuitivas e capazes de captar as nuances mais sutis de qualquer situação. Podem ser bastante discretas, preferindo manter os flertes em segredo. São mestres das mensagens de texto com conotação sexual, e suas habilidades de sedução realmente brilham na forma escrita. Tendem a guardar rancor e odeiam ser enganadas – embora elas próprias possam, às vezes, esconder a verdade.

MERCÚRIO NA NONA CASA

Enfadadas pelos detalhes, estas pessoas gostam mesmo é de sentir que estão avançando rumo à satisfação de seus desejos. Podem ser um pouco dogmáticas nas opiniões, ao mesmo tempo que são as primeiras a dizer o quanto têm a mente aberta. Têm excelente intuição, mas precisam aprender a não tirar conclusões precipitadas. Adoram expandir os horizontes e ser inspiradas por aqueles com quem namoram. Embora tenham uma vida ocupada, costumam apreciar o contato frequente.

MERCÚRIO NA DÉCIMA CASA

São pessoas preocupadas com o rumo das coisas e com como vão indo os relacionamentos, os planos e as interações. São bastante focadas em alcançar seus objetivos e podem ter tanta coisa acontecendo na vida em geral que, às vezes, acabam se distraindo do relacionamento. Gostam de ter relacionamentos de vários tipos e respondem bem ao humor dos outros, embora nem sempre sejam engraçadas.

MERCÚRIO NA DÉCIMA PRIMEIRA CASA

As amizades e a socialização são muito importantes para estes nativos, mas, sem interesses compartilhados, não dá para ir muito longe com eles. Inteligentes, penetrantes e perspicazes, têm abordagem não convencional para se aproximar das pessoas e se interessam pelos outros e pelo mundo ao redor. São tão bons em manter conversas leves e fluidas que podem, sem querer, colocar-se na zona de amizade com aqueles de quem gostam.

MERCÚRIO NA DÉCIMA SEGUNDA CASA

Os que têm Mercúrio na décima segunda casa podem agir como tolos quando há outros flertando com eles, tendendo, às vezes, a limitar-se ao contato virtual no início, por causa da timidez e sensibilidade. Determinar a verdade nem sempre é fácil para aqueles que têm este posicionamento; por isso, precisam ir devagar para serem capazes de rastrear o que os outros pensam e avaliar quanto se sentem seguros para se abrir. Estes nativos, muitas vezes, vão atrás do potencial que percebem nos outros, mesmo que isso não corresponda à realidade.

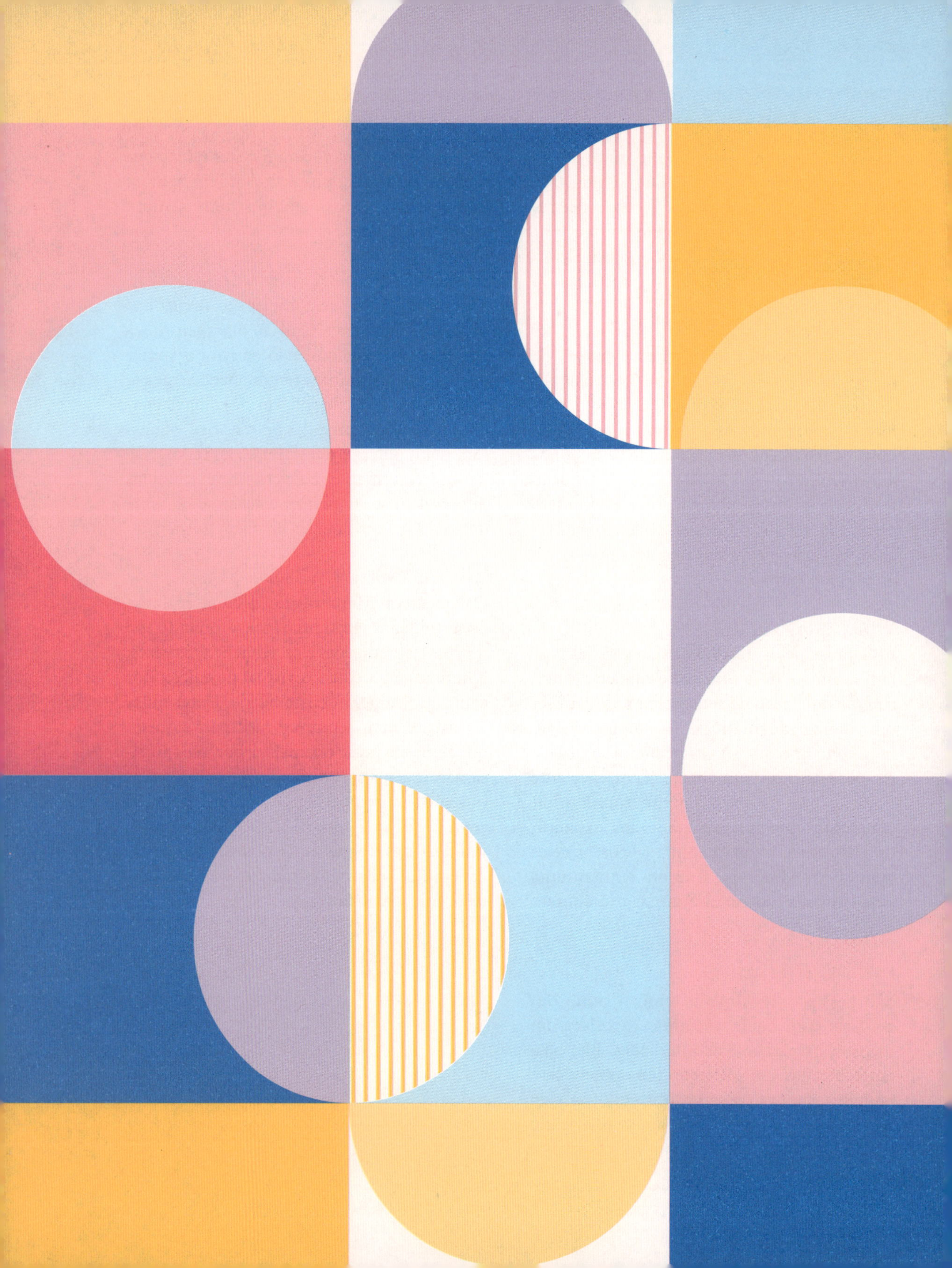

VÊNUS ♀

Tempo que leva para percorrer o zodíaco: aproximadamente 1 ano

Signos que rege: Touro, Libra

Casas que rege: segunda, sétima

FICAR E NAMORAR: VÊNUS

No reino do namoro, Vênus é o coletor, enquanto Marte é o caçador. Vênus rege nossa necessidade de ligação e de proximidade e o desejo de nos darmos bem com os outros. Também rege nosso desejo de estabilidade, segurança e tranquilidade. É essencial que esse planeta seja estudado quando falamos sobre a maneira como gostamos das pessoas e flertamos com elas, assim como quando discutimos o lado sensual do namoro.

Muitas pessoas veem Vênus como o planeta que rege o sexo, os encontros e os relacionamentos. Isso faz sentido, porque Vênus está associado ao amor, à beleza e à conexão. A verdade, no entanto, é que muitos de nós nos conectamos e escolhemos parceiros por um conjunto totalmente diferente de desejos e compulsões. Tanto Vênus como Marte tendem a "pensar com o que vem da cintura para baixo" (espiritualmente falando, é claro). No caso de Marte, o impulso para manter encontros sexuais casuais é bem forte, ao passo que Vênus nos leva a namorar pessoas que representam o modo como queremos ser percebidos. Esse planeta rege a estética, a elegância, o *status* social e a sensação de fazer parte de um grupo. Tem o poder de nos ajudar ou a nos envolvermos com todo nosso ser ou a nos mantermos no nível mais superficial possível.

VÊNUS, O DIPLOMATA

O grande problema deste planeta no que se refere às relações íntimas é que ele pode nos levar a ser mais prestativos que autênticos. Sob a influência de Vênus, tentamos nos transformar no que pensamos que os outros querem. Por exemplo, podemos decidir ser simpáticos em vez de realmente bondosos, ou seja, podemos ser desonestos em um esforço para preservar a aparência de felicidade, desejo e proximidade. Vênus rege a diplomacia, e esta é uma habilidade valiosa que todos precisamos usar de vez em quando. O problema vem quando a utilizamos em excesso e negamos nossos verdadeiros sentimentos e reações. Digamos que você seja convidado para comer pizza no primeiro encontro e não gosta de pizza. Talvez decida deixar isso de lado porque não importa muito e quer que a outra pessoa goste de você – afinal, todos nos dizem que uma pessoa agradável é mais fácil de gostar. Pequenas concessões como essa são sensatas, mas, quando fazemos muitas, quem está do nosso lado fica sem saber do que de fato gostamos ou não. A verdadeira proximidade pode envolver certo atrito, porque as verdadeiras bondade e intimidade exigem nossa disposição em ser autênticos, ainda que seja à custa do que o outro quer ou prefere. É claro que também requerem, às vezes, boa dose de condescendência e um pouco de *finesse*.

À medida que vamos conhecendo as pessoas, alguns comportamentos seus podem começar a nos parecer desagradáveis: a maneira como nos beijam, o fato de darem pouca gorjeta nos restaurantes ou o fato de demorarem doze horas para responder às nossas mensagens de texto. No entanto, a influência de Vênus pode esconder o lado negativo dos nossos sentimentos e as arestas afiadas de nossas preferências. Isto não é bom nem mau, mas pode ser sinal de um problema maior se não estiver permitindo que os outros conheçam seus verdadeiros sentimentos, preferências e pensamentos. Em outras palavras, as coisas podem começar a desmoronar após três meses, quando você começar a se abrir mais e a mostrar o que pensa e quer – e a outra pessoa percebe que você é diferente do que parecia ser. Quando isso acontece, você não está sendo rejeitado por ser quem é; está sendo rejeitado porque não mostrou seu verdadeiro eu desde o início.

COMO LIDAR COM ESTE PLANETA

Para resumir, Vênus rege a parte de nós que quer ser desejável, e essa é uma parte importante do namoro – o potencial para ser visto como encantador, *sexy* e valioso. O problema vem quando damos demasiada ênfase a esses valores ou não conseguimos ir além deles. Muitos de nós temos dificuldade em expressar divergência, discordância ou mesmo uma simples diferença, a menos que sintamos que essas coisas serão bem recebidas. Portanto, eis aqui a melhor maneira de lidar com Vênus e uma ferramenta inestimável para os relacionamentos em geral: alinhe-se com o que valoriza e comprometa-se a ser autêntico.

VÊNUS NOS SIGNOS

VÊNUS EM ÁRIES

Pessoas com Vênus em Áries são dinâmicas e ótimas para iniciar novas relações, bem como para mudar de fase ao longo do relacionamento. Este posicionamento as inclina a serem extrovertidas, assertivas e hábeis em conhecer os outros e fazer que os encontros corram bem. Há certa tendência a ter sentimentos calorosos e fugazes por terceiros, mas essa chama vai queimar rápido; por isso, quem tem este posicionamento não deve se declarar com base nessa primeira leva de sentimentos.

VÊNUS EM TOURO

As pessoas com este posicionamento são apaixonadas e sabem como fazer os outros se sentirem desejados. Podem ser bastante indulgentes e amar a conexão sensual, o flerte e a provocação. Por outro lado, não gostam de não saber como os outros as veem e não são fãs de surpresas. Tendem a ser possessivas, mesmo quando elas mesmas estão em dúvida a respeito do que querem.

VÊNUS EM GÊMEOS

Estas pessoas costumam se sentir atraídas por aqueles que usam bem as palavras e a linguagem – excitam-se com conversas criativas e encantadoras. Se você captar o interesse de alguém com Vênus em Gêmeos, terá mais que a atenção dessa pessoa – terá o coração dela. Estes nativos podem gostar de ter múltiplos interesses amorosos ao mesmo tempo e se sentem bem no processo de conhecer as pessoas. São curiosos, distraem-

-se com facilidade e podem ser atormentados pelo medo de não estarem vivendo tudo o que podem viver.

VÊNUS EM CÂNCER

Este é conhecido como o posicionamento do "amor asfixiante". Os nativos de Vênus em Câncer gostam de dar e receber muita atenção e de reforçar isso, o que nem sempre é apropriado quando se começa a sair com alguém. Podem ser bastante reservados em razão do anseio por uma ligação emocional real. Embora não gostem que os outros brinquem com eles, podem eles próprios fazerem isso, não pelo desejo real de manipulação, mas por timidez ou insegurança.

VÊNUS EM LEÃO

Estas pessoas são ótimas no flerte, valorizam o prazer e gostam muito da atenção sexual e romântica. Devido à natureza orgulhosa, podem priorizar excessivamente a forma como os namorados se comportam em público e com os outros. As aparências são muito importantes para elas, e ter aventuras românticas é algo que acham gratificante.

VÊNUS EM VIRGEM

Este posicionamento de Vênus é, sem dúvida nenhuma, feminista, e seus nativos prezam a igualdade nos relacionamentos. Embora tímidas ou introvertidas, pessoas com Vênus em Virgem são engraçadas e peculiares e têm maneiras particulares de namorar que, às vezes, funcionam, outras não. Apesar de não se apegarem emocionalmente com rapidez, podem se tornar bastante obsessivas; têm que cuidar para não tratar os ficantes ou namorados como projetos de vida.

VÊNUS EM LIBRA

A diplomacia é especialmente importante para estes nativos naturalmente encantadores e sensíveis às necessidades alheias. Não devem deixar que a necessidade de ser apreciado tenha prioridade sobre a determinação da compatibilidade nos estágios iniciais do namoro. Assim que sentem algo por alguém, querem se comportar como se estivessem em um relacionamento sério, mesmo que a confiança ainda não tenha sido conquistada.

VÊNUS EM ESCORPIÃO

Estas pessoas são apaixonadas, sensuais e muito sensíveis à rejeição. Têm emoções e apegos profundos e propensão a pender entre a timidez excessiva e um incrível atrevimento. O sexo e a conexão sexual são partes importantes de como se relacionam com os outros, quer sejam sexualmente reprimidas, quer gostem de todo tipo de sacanagem.

VÊNUS EM SAGITÁRIO

Estas pessoas adoram mergulhar de cabeça no ato de apreciar e amar alguém. São divertidas, engraçadas e aventureiras e ficam muito entusiasmadas com aqueles de quem gostam. Como se aborrecem e se distraem com facilidade, devem tomar cuidado para não tecer narrativas falsas que apoiem suas ideias ou sentimentos sobre suas paixonites. São ótimas no flerte, mas, se não tiverem cuidado, podem usar o humor como estratégia para desviar a atenção romântica.

VÊNUS EM CAPRICÓRNIO

Estas pessoas não se fazem de difíceis – são difíceis *mesmo*. Podem ser sarcásticas e maldosas, mas de forma *sexy* e provocativa. Alternativamente, podem ser bastante reservadas. A rigidez de Capricórnio pode se expressar em forma de extravagâncias sexuais ou de um excelente jogo de sedução, ou pode inclinar estes nativos a serem passivos por medo de fazerem as coisas "da maneira errada". Sentem-se mais confortáveis quando conhecem as regras de conduta.

VÊNUS EM AQUÁRIO

Estes indivíduos são brincalhões, divertidos e abertos a novas experiências. Podem ser distantes e reservados, menos por timidez e mais por pura introversão. Este posicionamento pode dar aos nativos natureza franca ou não monogâmica. Seus sentimentos românticos podem mudar de modo abrupto, e eles se sentem atraídos por diferentes tipos de pessoas. Por se aborrecerem tanto com a rotina, gostam de ser surpreendidos.

VÊNUS EM PEIXES

Este posicionamento torna as pessoas especialmente sensíveis e românticas, mas elas nem sempre sabem estabelecer limites. Adoram dar e receber afeto e carinho, porém podem se apaixonar pelo processo em si, não pelo indivíduo que estão namorando. Aprender a controlar o próprio ritmo e a dizer não a certos relacionamentos antes de se comprometer é uma habilidade muito útil a ser cultivada por quem tem Vênus em Peixes. Caso contrário, os nativos em questão podem cair no autossacrifício, com propensão a desenvolver uma dinâmica de codependência com quem não se mostra muito disponível.

VÊNUS NAS CASAS

VÊNUS NA PRIMEIRA CASA

Estas são pessoas muito agradáveis, e é fácil se dar bem com elas. Muitas vezes, têm rosto bonito, e os outros tendem a achá-las atraentes. Têm habilidade social natural e geralmente são ótimas em flertar. Não gostam de conflitos, sobretudo quando são parte central dele; preferem negociar uma trégua pacífica a entrar em conflito direto. Aprender a não escolher os namorados pela aparência e a encontrar maneiras de ser mais autênticas no início são habilidades que devem procurar desenvolver.

VÊNUS NA SEGUNDA CASA

Este posicionamento pode levar as pessoas a serem muito conflituosas e teimosas, mas, muitas vezes, são tão divertidas e encantadoras que tudo acaba ficando para trás. Querem se sentir adoradas; podem ser bastante materialistas e apreciar o *status*, o que pode atrapalhar a receptividade a pessoas que poderiam ser boas para elas, mas que não têm tanto a oferecer no sentido material. Por outro lado, se estiver tentando cortejar esse tipo de pessoa, um presente bem escolhido o ajudará muito nessa iniciativa.

VÊNUS NA TERCEIRA CASA

Os que têm Vênus na terceira casa são grandes comunicadores, em especial quando se trata de jogar conversa fora e de conhecer pessoas. Embora sejam competentes em questionar e em fazer os outros se abrirem, podem não compartilhar o verdadeiro eu com o namorado, já que é mais fácil se esconderem atrás das preferências e interesses alheios. Podem ser diplomáticos e encantadores, mas o lado negativo é que também podem ser, às vezes, superficiais e indulgentes.

VÊNUS NA QUARTA CASA

Quando estas pessoas se sentem confortáveis em uma situação de namoro, são encantadoras, envolventes e investem naqueles de quem estão se aproximando. Não gostam de rodeios nem do processo de conhecer os outros, por isso preferem sair com amigos de amigos em vez de encontrar alguém em um aplicativo de namoro. Este posicionamento não é muito favorável ao sexo casual, pois associa a satisfação sexual à intimidade.

VÊNUS NA QUINTA CASA

Este posicionamento confere a seus nativos genuína capacidade de flertar, brincar e desfrutar dos objetos de suas paixões. Os outros tendem a ser atraídos por eles, e quem tem Vênus na quinta casa gosta de ter casos amorosos. É importante que tenham certa clareza sobre o que querem enquanto namoram, para que sua busca de prazer esteja ligada a um propósito e não se converta em desilusão.

VÊNUS NA SEXTA CASA

Embora um pouco introvertidos, os que têm este posicionamento tendem a ser generosos, bondosos e totalmente dispostos a comparecer a encontros. Se gostarem mesmo de alguém, ou serão muito lentos para abrir a porta e deixá-lo entrar, ou se sentirão impelidos a torná-lo logo parte do seu dia a dia; muitas vezes, os nativos de Vênus na sexta casa querem passar direto para a fase intermediária do namoro, pulando a parte essencial do "te conhecer melhor".

VÊNUS NA SÉTIMA CASA

Estas pessoas realmente *amam* o amor. Trata-se de um posicionamento que dá alto valor à parceria, por isso seus nativos têm de ter cuidado para não procurar atalhos na fase em que estão conhecendo o parceiro no início do relacionamento, à espera de chegar a algo mais sério. Os outros se sentem atraídos por estes nativos porque é muito fácil conviver com eles. Como muitas vezes acontece com quem tem planetas nesta casa, estas pessoas devem ter cuidado para não priorizar a diplomacia em detrimento da franqueza.

VÊNUS NA OITAVA CASA

O sexo é uma forma muito divertida de conhecer alguém, e pessoas com este posicionamento estão sempre dispostas a fazer as investigações necessárias. Tendem a ir fundo quando estabelecem um relacionamento, mas, de modo geral, são bastante tímidas. Também tendem a atrair amantes que querem cuidar delas ou oferecer-lhes algum outro tipo de apoio material. Este posicionamento pode torná-las muito hedonistas, e essa qualidade é ótima, quando controlada. Do contrário, porém, essa propensão pode levar a um comportamento sexual arriscado.

VÊNUS NA NONA CASA

Este posicionamento dota as pessoas de grandes habilidades sociais. Seus nativos são divertidos e inspiradores para quem está ao lado deles, pois sabem encorajar os demais. São fantásticos no flerte, porque gostam, de verdade, de se relacionar e fazer os outros se sentirem bem. Podem não ter um tipo muito óbvio quando se trata de namoro, uma vez que tendem a reagir mais às vibrações que à estética.

VÊNUS NA DÉCIMA CASA

Estes indivíduos são totalmente espontâneos quando se trata de dar um aperto de mão, beijar bebês e fazer os outros se sentirem bem consigo mesmos. Mas pode ser um desafio para eles correr o risco de serem autênticos, pois têm medo de não serem apreciados. As pessoas que eles definem como seu tipo não são, necessariamente, as que mais combinam com eles; se dão melhor quando permitem que suas preferências amadureçam. Podem precisar trabalhar o equilíbrio entre desejo de nutrir os outros e o autocuidado.

VÊNUS NA DÉCIMA PRIMEIRA CASA

Estas pessoas raramente encontram um estranho com quem não consigam estabelecer conexão, mas nem sempre optam por exercer essas habilidades. Como se aborrecem com conversas sem propósito, em geral querem sentir que estão conhecendo alguém por alguma razão. Dependendo do posicionamento de outros planetas, o contato sexual pode ser apenas um ato de que gostam, não um modo de se aproximar de outras pessoas.

VÊNUS NA DÉCIMA SEGUNDA CASA

São pessoas supersensíveis, com propensão a romantizar sentimentos e conexões. Podem desenvolver paixão por alguém indisponível ou inacessível e dificilmente conseguem esconder sua atração por outras pessoas. Costumam criar fantasias sobre os outros, sem se darem conta disso. Às vezes acontece de se comunicarem de forma dúbia com o namorado, pois elas próprias tendem a ser bastante ambivalentes.

MARTE ♂

Tempo que leva para percorrer o zodíaco: aproximadamente 2 anos

Signo que rege: Áries

Casa que rege: primeira

FICAR E NAMORAR: MARTE

Quando se trata de sexo e namoro, Marte é o caçador. Rege o corpo físico, o que fazemos com ele e a energia por trás de nossas ações. Rege a dança, a corrida e todo tipo de atividade que provoque transpiração, seja sozinho, com um parceiro ou em grupo. Marte determina o tipo sexual pelo qual nossos corpos anseiam, a química que compartilhamos com os outros e nossa confiança quando vamos a campo tentar atender às nossas necessidades sexuais. A responsabilidade pessoal ou com o corpo é parte importante do sexo. Seu corpo é fonte de prazer e veículo para se envolver com os outros e atender às necessidades de outras pessoas. É também um recurso, e é seu trabalho protegê-lo, conservá-lo e respeitá-lo.

Este planeta é, pela própria natureza, egocêntrico; está muito preocupado consigo mesmo. Portanto, é relacionado ao ego, à ambição, à raiva e à sensação de ter certos direitos e merecimentos. Embora isso não seja inerentemente bom ou mau, pode ser uma coisa ou outra. Marte rege o ato de "pensar com o que vem da cintura para baixo", ou seja, nossas reações e impulsos mais instintivos.

O CAÇADOR

Marte é lutador e o planeta que realiza planos. Suas energias desejam expressão visceral. Seja você ativo ou passivo, Marte está sempre presente onde há sexo. Dependendo de onde esse planeta aparece em seu mapa natal, pode parecer mais próximo ou mais distante da superfície de sua consciência.

A forma como agimos para mostrar à pessoa com quem namoramos que realmente gostamos dela é regida por Marte. E, quando somos capazes de namorar ou fazer sexo com a presença total de nosso corpo, estamos ativando nosso Marte de modo saudável. Parte da equação desse planeta é a autoafirmação: Marte tem tudo a ver com partir em busca do que se quer. A outra parte da equação é ser capaz de responder às necessidades dos outros em um processo ativo, em vez de apenas deixar que as coisas aconteçam *com* você.

O corpo quer o que quer – e, uma vez que Marte esteja de olho em alguém, pode ser muito difícil convencê-lo do contrário. Nem sempre tomamos decisões baseadas no coração (ou seja, na Lua) quando Marte está no controle. Respeitar os próprios limites é um ato de vontade que requer autoconsciência, clareza de intenções e ações que reflitam essas duas coisas. Quer você esteja emocionalmente indisponível para a pessoa com a qual se encontra, quer esteja tentando construir algo mais significativo, sua presença e honestidade são sempre necessárias. Tem de haver alguma maneira de colaboração entre seu corpo e seu coração para que o sexo seja verdadeiramente saudável. E fazer algo fisicamente gratificante à custa do bem-estar emocional pode ter consequências negativas no longo prazo.

Um detalhe sobre Marte e a inclusão: todas as pessoas com deficiências físicas e de desenvolvimento têm Marte no mapa, e a sexualidade delas é tão importante como a de qualquer outra. Pode haver certa infantilização das pessoas com capacidades diferenciadas, mas, do ponto de vista astrológico, a expressão de Marte é parte inalienável de qualquer vida humana.

COMO LIDAR COM ESTE PLANETA

Esforce-se em permanecer no seu corpo quando o assunto for sexo. Tenha em mente as necessidades do seu ego, e não apenas as suas necessidades físicas, para que possa navegar com integridade no espaço entre essas duas coisas. Quando você encara seus objetivos, suas necessidades, seus desejos e até suas frustrações com presença – ou seja, estando de fato no presente –, não só obtém o que quer como também fere menos pessoas pelo caminho.

MARTE NOS SIGNOS

MARTE EM ÁRIES

Este é o posicionamento natural de Marte que o torna muito forte. Estas pessoas são assertivas, dominadoras e enérgicas. São bastante sujeitas à irritação e, em geral, não conseguem esconder esse fato. Têm magnetismo natural e forte impulso sexual; possuem forte capacidade atlética, dentro e fora da cama. Também são entusiasmadas e ardentes, rápidas para sentir desejo e igualmente rápidas para perdê-lo.

MARTE EM TOURO

Este posicionamento pode tornar seus nativos teimosos; pode ser difícil para eles mudar de ideia depois de ter desenvolvido certa atitude em relação a algo ou a alguém. Gostam de todas as fases que levam à conexão sexual – e é provável que também tenham resistência física impressionante. Depois de decidirem que gostam de alguém, em geral sentem-se bastante motivados a oficializar a situação.

MARTE EM GÊMEOS

São pessoas divertidas e é agradável ficar perto delas; em geral, estão dispostas a fazer o que quer que seja. Dispõem-se a fazer concessões no início, pois o ato da condescendência as ajuda a entender o que de fato querem ou precisam. Isso pode passar a impressão não deliberada de que são inconstantes, pois mudam de ideia. Podem desfrutar de relações sexuais casuais durante longo período da vida e, depois, mudar de mentalidade e começar a desejar apenas algo mais sério, que lhes permita se concentrar melhor; em outras palavras, precisam sentir que podem adotar vários estilos ao longo da vida.

MARTE EM CÂNCER

Este posicionamento torna as pessoas profundamente carinhosas, sensuais e motivadas a tratar bem os outros. Também pode resultar em um comportamento bastante temperamental e reservado. Se houver senso de cuidado mútuo e conexão emocional, o sexo torna-se agradável para elas; mas nem sempre são diretas quanto às suas necessidades e preferências, por isso pode demorar mais para conhecê-las do que aparentava à primeira vista. É possível que tentem cuidar de si mesmas ao cuidar dos outros.

MARTE EM LEÃO
Estas pessoas são gregárias, divertidas, autoconfiantes, obstinadas e, em geral, muito capazes de expressar interesse sexual. Podem ser bastante generosas e possessivas, e realmente querem ser desejadas. Magoam-se profundamente (e se tornam exigentes) quando sentem que não estão recebendo a atenção que merecem. São impacientes, sensuais, desejáveis e divertidas.

MARTE EM VIRGEM
Quando os que têm Marte em Virgem desenvolvem sentimentos por aqueles com quem namoram, esses sentimentos tendem a ser apaixonados e intensos. Estes nativos costumam ter foco singular e, muitas vezes, se veem repassando os novos relacionamentos etapa por etapa. Por darem tanta atenção aos detalhes, podem ser muito exigentes ao conhecerem pessoas novas, sobretudo porque eles próprios podem ser bastante tímidos e envergonhados nos primeiros estágios do namoro.

MARTE EM LIBRA
Estas pessoas fazem muitas concessões, são indecisas, porém bastante sociáveis. Podem ter dificuldade de ficar sozinhas e, por isso, às vezes se esforçam para avançar em um relacionamento mais pelo desejo de evitar a solidão que pelo fato de a relação já estar madura para tal. Prezam a justiça e nem sempre se sentem à vontade para revelar aos parceiros suas preferências sexuais, pois querem ser vistas como tranquilas.

MARTE EM ESCORPIÃO
Profundamente autossuficientes, estes nativos são muito desconfiados. Preferem fazer as coisas à sua maneira e no seu ritmo em vez de se arriscarem a ficar dependentes dos outros. Têm sexualidade forte e são capazes de se perder nos momentos de paixão. Este posicionamento, no entanto, não tem meio-termo. Seus nativos tendem a tomar decisões definitivas sobre pessoas ou dinâmicas de relacionamento e têm dificuldade de ser flexíveis.

MARTE EM SAGITÁRIO
Estes adoram encontros românticos; podem ser bastante dinâmicos quando estão entusiasmados. Têm senso bastante imaleável de certo e errado, por isso tendem a ter sentimentos fortes em torno de ideias como fidelidade, monogamia e relacionamentos abertos (têm natureza que lhes permite manter as coisas sem nada definitivo). Gostam de explorar o sexo, mas, embora sejam muito animados, podem perder o interesse com facilidade. Pode acontecer de quererem apenas receber prazer em vez de dá-lo também.

MARTE EM CAPRICÓRNIO
Uma vez que tenham certeza do que querem, estes nativos se empenham de verdade em fazê-lo acontecer. Preocupam-se com a aparência dos amantes diante dos outros e não gostam de ser envergonhados, especialmente em público. Com Marte em Capricórnio, as pessoas gostam de saber em que pé as coisas estão no relacionamento; quando não sabem, sua insegurança pode se expandir exponencialmente. Têm grande resistência sexual e podem passar a noite toda em atividade sexual.

MARTE EM AQUÁRIO

Os nativos com Marte em Aquário têm a mente aberta e podem alternar entre ser muito experimentais e ter sólida rotina sexual. Sentem-se motivados a ter relacionamentos, mas não são muito adeptos de compromissos firmes. Têm gosto variado e mais facilidade de manter o interesse quando as coisas tomam um rumo surpreendente. Não precisam que os relacionamentos sigam uma trajetória tradicional para serem felizes.

MARTE EM PEIXES

Estas pessoas têm sensibilidade profunda, e é importante que aprendam a ter limites saudáveis. O romance e o senso de conexão são muito importantes para elas. Com este posicionamento, as emoções podem ser muito ligadas ao corpo ou muito dissociadas dele, ou, ainda, oscilar entre esses dois extremos. Estes nativos, às vezes, hesitam em se fazer disponíveis e são muito sensíveis às pessoas ao redor, o que pode incliná-los a serem mais condescendentes do que deveriam.

MARTE NAS CASAS

MARTE NA PRIMEIRA CASA

Estas pessoas são tudo menos passivas; ao contrário, são assertivas e têm presença física forte. São ótimas em flertar, agir e fazer as coisas acontecerem com aqueles que lhes interessam. Podem ser violentas e combativas, não sendo muito capazes de captar os sinais que os outros lhes dão; ofendem os demais com facilidade, sem perceber. Impacientes, gostam de saber se o tempo que investem nos outros vai compensar e, muitas vezes, avaliam a situação muito precocemente.

MARTE NA SEGUNDA CASA

Quem tem este posicionamento pode viver ansioso para levar as situações de namoro a um compromisso o mais rápido possível. São pessoas profundamente sensuais, mas também podem se fixar tanto no que querem que não ouvem direito o desejo de seus interesses amorosos. O clamor por segurança ou tranquilidade pode, ainda, incliná-las a escolher parceiros que acabarão por aborrecê-las. É importante que tomem decisões prévias sobre o que de fato procuram em um relacionamento, para que não sejam indevidamente influenciadas pelos desejos de seu novo amor.

MARTE NA TERCEIRA CASA

Impulsivos, inquietos e interessados em muitas coisas, aqueles que têm Marte nesta casa parecem mudar de ideia facilmente. Gostam muito do início dos relacionamentos, mas podem logo se distrair se os parceiros não forem dinâmicos o bastante. Precisam de estímulo mental para manter o entusiasmo. É importante que tenham, pelo menos, um período da vida em que passem por grande variedade de experiências – sexuais e outras – com outras pessoas.

MARTE NA QUARTA CASA

Em geral, este posicionamento planetário não favorece os relacionamentos casuais. Para seus nativos, o sexo pode ser ou bastante compartimentado ou fortemente ligado ao relacionamento e à intimidade. Tendem a buscar garantias; desenvolver relacionamentos é muito importante para estes nativos (embora possam ficar inquietos quando obtêm o que querem). Uma vez magoados, podem se tornar muito reticentes para voltar a se relacionar. Têm emoções fortes e podem ser amantes especialmente atentos.

MARTE NA QUINTA CASA

Pessoas com este posicionamento gostam muito de sexo e tendem a ser bastante atléticas na cama – a não ser que tenham outros aspectos difíceis no mapa. Podem ser impulsivas e fazer tudo pelo prazer, de modo que nem sempre se limitam a praticar sexo com segurança – mas seria sensato que o fizessem. Amam o início dos relacionamentos e adoram correr riscos. São impelidas a manter relações criativas, que são como miniaventuras.

MARTE NA SEXTA CASA

Estes indivíduos são ótimos para planejar e fazer as coisas acontecerem. No entanto, têm grande dificuldade de saber quando os outros estão flertando com eles. Como é provável que tenham uma vida bastante ocupada, este posicionamento pode indicar ou que seus nativos conseguem fazer os relacionamentos avançarem em termos concretos, ou, por outro lado, que podem ter muita dificuldade de criar espaço para alguém novo em sua vida. Suas paixões podem ser bastante idiossincráticas, e se dispõem a trabalhar de forma árdua para promover seus interesses.

MARTE NA SÉTIMA CASA

Os relacionamentos são muito importantes para aqueles que têm Marte na sétima casa, e esses nativos costumam ser assertivos e autoritários ou, ao contrário, sentem-se atraídos por quem tem essas qualidades. Este posicionamento indica que priorizam os relacionamentos e precisam ter ao redor muitas pessoas das quais sejam próximos. Também podem ser atraídos por pessoas bastante dominadoras, que queiram fazer tudo do seu jeito.

MARTE NA OITAVA CASA

Este posicionamento envolve forte energia sexual. Seus nativos podem acabar fazendo sexo com "pessoas erradas" e tendo casos secretos. Muitas vezes, confundem paixão e química com compatibilidade e mergulham na relação se o sexo for bom. Também são propensos a atrações repentinas – e depois têm dificuldade de se desapegar, mesmo quando o momento já passou.

MARTE NA NONA CASA

Amistosos, extrovertidos e gregários, estes nativos nem sempre são muito capazes de ouvir ou de chegar ao meio-termo. Tendem a fazer proselitismo, por isso precisam dar espaço para que os outros lhes mostrem quem são – em vez de decidir (ou dizer) quem são aos outros. Inquietos e namoradores, os nativos de Marte na nona casa são capazes de tolerar várias coisas de que não gostam em troca de viverem uma aventura.

MARTE NA DÉCIMA CASA

Pessoas com Marte na décima casa podem se preocupar bastante com como os outros veem as coisas e com a ideia de fazer o que é certo. Podem ser um pouco difíceis de conhecer, pois se apresentam de forma artificial e polida. Muitas vezes, escolhem relacionamentos com propósito funcional. Devem dar espaço aos outros para que se revelem, mas também podem precisar de esforço para mostrar um pouco mais quem elas mesmas são.

MARTE NA DÉCIMA PRIMEIRA CASA

Ótimos para conhecer gente nova, estes nativos tendem a se mostrar disponíveis para dar início a qualquer festa. Embora saibam estabelecer conexão, também podem ser bastante impositivos e incapazes de entender os sinais sociais que recebem. São mais propensos a conhecer futuros namorados e amantes por intermédio dos amigos. Não se opõem a conhecer pessoas *on-line*, pois se sentem atraídos por tudo o que é imprevisível.

MARTE NA DÉCIMA SEGUNDA CASA

Estas pessoas são tímidas e costumam reagir bem à atenção de um parceiro romântico. Podem ser muito apaixonadas, mas precisam se sentir seguras, porque nem sempre têm contato forte com o próprio corpo. Este posicionamento pode lhes dar certa tendência a se envolver em relacionamentos secretos ou uniões românticas que impliquem ter de desistir de algo para que suas necessidades sejam satisfeitas. Podem ter altos e baixos no que diz respeito ao desejo sexual.

JÚPITER ♃

Tempo que leva para percorrer o zodíaco: aproximadamente 12 anos

Signo que rege: Sagitário

Casa que rege: nona

FICAR E NAMORAR: JÚPITER

Júpiter é o apostador de jogos de azar do zodíaco disposto a entrar no carro de um estranho e partir rumo ao pôr do sol. Tem o potencial de nos ajudar a ter experiências divertidas de crescimento e a expandir nossas possibilidades. Esse planeta se distrai facilmente e pode nos fazer sentir como se o lugar onde estamos fosse o único onde já estivemos. Júpiter está associado à sorte e à expansão. No contexto do namoro, pode nos influenciar a agir sem pensar em busca de experiências que nos deem boas sensações. Por causa disso, a área onde temos Júpiter no mapa é o ponto em que é mais provável sermos impulsivos, espontâneos e dispostos a correr riscos.

FOCO NO DIVERTIMENTO

Se esse planeta é muito forte em seu mapa, é provável que você procure emoções eletrizantes e excitantes. Também pode se aborrecer facilmente; coisas comuns, como fazer planos e ser pontual, podem frustrá-lo. A tendência é ser tão impaciente para chegar à parte divertida de um relacionamento que você acaba negligenciando se a dinâmica se baseia em algo, de fato, real — muito menos saudável, seguro ou sustentável.

Júpiter está associado à bebida — forma comum de lidar com a ansiedade social quando estamos conhecendo gente nova. Mas a fuga alimentada por um número excessivo de drinques pode nos impedir de ter uma ideia clara de como foi o encontro — no mínimo porque não nos lembraremos com clareza do que se passou. E flertar ou fazer sexo em estado de embriaguez não facilita em nada chegar a conexões significativas, se é isso que está procurando.

As energias de Júpiter são ótimas para casos breves e relacionamentos divertidos e discretos, sem muita complexidade. Mas não são tão boas para as etapas que constroem uma ligação duradoura com alguém. Quer o álcool esteja envolvido ou não, é provável que, avançando depressa demais, você salte a fase fundamental de conhecer a outra pessoa — e acabe fazendo suposições, o que pode criar rachaduras no alicerce do relacionamento.

Sair com pessoas já comprometidas e dizer a si mesmo que elas estarão disponíveis se você for divertido o suficiente são outros erros cometidos sob a influência de Júpiter. É fácil contar uma história sobre o que está acontecendo entre você e a outra pessoa, mas você não saberá o que essa história significa até que ela tenha resistido à prova do tempo.

O QUE PARECE BOM É REALMENTE BOM?

Outro problema de Júpiter é que, devido à resiliência, ele pode fazê-lo mergulhar fundo demais em uma situação insalubre. Por isso, é importante manter os pés fincados na realidade para ter certeza de que sua escolha é de fato boa *e* a melhor maneira de você se sentir saudável, feliz e pleno – ou, no mínimo, que ela não o impeça de alcançar essas coisas. A chave aqui é a motivação: se conseguir se motivar a fazer concessões ou a ir mais devagar ao perceber que isso vai satisfazer melhor às suas necessidades no longo prazo, estará falando a linguagem de Júpiter.

COMO LIDAR COM ESTE PLANETA

Júpiter é o campeão das concessões de curto prazo que oferecem ganhos no longo prazo. Tente não confundir o que é divertido com o que é expansivo (ambos são características desse planeta). Quando está ficando com alguém que gostaria que gostasse mais de você, está mesmo se divertindo? Procure uma diversão sincera, não o caminho mais rápido para uma boa diversão. Concessões são inevitáveis – mas tenha certeza de não estar comprometendo sua essência.

JÚPITER NOS SIGNOS

JÚPITER EM ÁRIES

Sempre em busca de experiências dinâmicas, estas pessoas estão dispostas a se expor para se divertir. Este posicionamento pode lhes dar a ideia de que têm direitos especiais, o que pode torná-las arrogantes e inclinálas a ir rápido demais em relacionamentos que parecem empolgantes antes de descobrirem o que querem de verdade. Os nativos de Júpiter em Áries gostam de flertar e estão abertos ao crescimento por meio da conexão e da troca.

JÚPITER EM TOURO

Sentir-se desejado é muito importante para os que têm este posicionamento; se essa necessidade não for satisfeita, eles podem se abalar ou se tornar carentes. Esta configuração pode resultar em teimosia exacerbada, por isso é importante que seus nativos se lembrem de que as primeiras impressões não são necessariamente verdadeiras. Valorizam a estabilidade, a segurança e o deleite dos prazeres materiais e sensuais. Compartilhar refeições, ir a belos lugares e demonstrações físicas de afeto são formas muito importantes de construir intimidade com esses indivíduos.

JÚPITER EM GÊMEOS

Singulares e divertidas, estas pessoas adoram entreter e ser entretidas. Tendem a ter formas estranhas e originais de conectar, de modo que são encantadoras de se conviver. Distraem-se com facilidade, são inquietas e possuem uma forma idiossincrática de partilhar e processar informações. Os outros tendem a amar essas peculiaridades... ou não. São propensas a julgar rápido demais as pessoas; independentemente de quão bom seja seu juízo de caráter, precisam permitir que os outros se revelem quando estiverem prontos para fazê-lo e do modo que desejarem.

JÚPITER EM CÂNCER

Este posicionamento dota os nativos de forte capacidade de se conectarem emocionalmente. Podem ser sentimentais e acabam se apegando mesmo quando a intenção era apenas se divertir. Não se trata de um posicionamento propício para relacionamentos físicos casuais, porque quem tem Júpiter em

Câncer quer fazer tudo no estilo familiar (nem de comer sozinhos eles gostam). Também podem ser bastante autoprotetores, o que é ótimo, a não ser que exagerem; nesse caso, isso pode inclaná-los a se fechar para os outros.

JÚPITER EM LEÃO

Estes indivíduos adoram brilhar; são divertidos, namoradores e desenvoltos em situações sociais, e podem ter veia selvagem. Gostam muito da aprovação alheia; precisam de lembretes e provas da consideração dos outros. Dependendo do que mais houver no mapa astral, tendem a sexualizar as coisas para chamar a atenção, em vez de encontrar um modo de se conectar em profundidade (isso não é necessariamente bom ou mau, apenas algo a ter em mente).

JÚPITER EM VIRGEM

Para se divertirem de verdade, estas pessoas precisam sentir que estão entendendo o rumo das coisas. Podem ser bastante analíticas, práticas, inteligentes e apegadas a hábitos. Tendem a mostrar bondade com suas ações. Embora não sejam propensas a uma abordagem casual às situações de namoro, se as expectativas e os papéis forem claros, podem ser felizes em qualquer forma de relacionamento. Também podem, por outro lado, se perder em detalhes e se esquecer de ter olhar mais panorâmico.

JÚPITER EM LIBRA

Aqueles com Júpiter em Libra priorizam ser agradáveis e seguir o que acreditam ser certo, mas costumam ir com a maré em vez de olhar a realidade. Podem tirar conclusões precipitadas, sem avaliar todos os lados de uma situação. São propensos a valorizar relacionamentos mais abertos só para passar a impressão de parceria. Portanto, se estiverem tentando manter o relacionamento em nível casual, é importante serem francos nesse sentido, porque suas ações podem sugerir o contrário.

JÚPITER EM ESCORPIÃO

Estas pessoas são bastante intensas e voluntariosas – sabem o que e como querem, estando também dispostas a fazerem o necessário para consegui-lo. Têm profunda capacidade de desfrutar da atenção e dos rituais de acasalamento e podem ter forte gosto pelo prazer desregrado. Às vezes, o sexo representa ótima maneira de crescerem e se conectarem. Têm capacidade inata de perseverar em relacionamentos repletos de profundidade, pesados ou que envolvam algum tabu.

JÚPITER EM SAGITÁRIO

Dotados de iniciativa fantástica, estes indivíduos são capazes de ver oportunidades e se entusiasmarem com elas de modo bastante contagiante. São inspiradores para quem está por perto, mas a capacidade de enxergar coisas em estado latente pode ser uma faca de dois gumes. Podem acabar vivendo eternamente entusiasmados e sendo inveterados otimistas ou, por outro lado, se sentirem exaustos e desmoralizados por quanto a vida está distante de seus ideais.

JÚPITER EM CAPRICÓRNIO

Este posicionamento torna as pessoas metódicas e dispostas a dar os passos necessários para fazer algo crescer. Podem ter visão séria do namoro e da paquera, em especial no que se refere a manifestações públicas de afeto (de que ou gostam muito ou detestam). Embora sejam capazes de trabalhar para construir uma ligação romântica, também podem ser rápidas para dispensar o par se sentirem que não estão obtendo o que desejam.

JÚPITER EM AQUÁRIO

Os que têm este posicionamento sentem-se muito entusiasmados diante da ideia de namoro – e, de fato, namoram muito, o que pode incliná-los a ficar e a manter casos amorosos com vários tipos de pessoas. Estão dispostos a aventuras românticas e odeiam se sentir presos. Consideram-se de mente aberta, mas, sendo Aquário um signo fixo, podem ser bastante rígidos quando se trata do que estão dispostos a ver como possível ou verdadeiro.

JÚPITER EM PEIXES

Estas pessoas são, em geral, compassivas e sensíveis. Este posicionamento as inclina a serem idealistas e ternas com aqueles de quem são íntimas; uma vez que gostam de alguém, têm uma forma devocional de expressar essa apreciação. Precisam passar boa quantidade de tempo sozinhas ou em repouso, de modo que aprender a se adaptar às novas situações de namoro é essencial para sua saúde emocional.

JÚPITER NAS CASAS

JÚPITER NA PRIMEIRA CASA

Estes nativos são engraçados, confiantes, assertivos e brincalhões. São espaçosos, exagerados e, muitas vezes, vistos como otimistas. Aborrecem-se com facilidade e podem entrar rápido demais em novos relacionamentos. Frequentemente priorizam a busca pelo prazer e pela diversão a se dedicarem ao trabalho complexo de conhecer alguém.

JÚPITER NA SEGUNDA CASA

Este posicionamento faz excelentes anfitriões; são também complacentes e têm grandes habilidades sociais. Estes nativos são bons em oferecer reforço positivo aos outros e em fazer pequenas coisas que dão àqueles com quem estão namorando, ficando ou flertando a sensação de terem suas necessidades atendidas. Gostam de ser generosos e apreciam o melhor da vida (objetos, dinheiro, pratos *gourmet*).

JÚPITER NA TERCEIRA CASA

Estes nativos comunicam-se muito bem por mensagens de texto; conectar-se, conversar e manter contato são seus pontos fortes. Este posicionamento indica que eles têm intuição poderosa quando se trata de outras pessoas. Por outro lado, também são grandes contadores de histórias, o que é emocionante em uma situação de namoro, mas nem sempre é algo confiável, pois tendem a exagerar e a enfeitar os acontecimentos. Têm atração sexual por aqueles que acham inteligentes, espirituosos e interessantes – então, venha preparado.

JÚPITER NA QUARTA CASA

Estas pessoas se interessam em crescer por meio de fortes ligações pessoais baseadas na realidade. São leais e profundamente emotivas; no entanto, nem sempre estão atentas aos sinais de que os outros são diferentes. Devido à importância que dão ao lar, precisam ter cuidado para não trazerem alguém muito cedo para seu espaço pessoal.

JÚPITER NA QUINTA CASA

Grande amor, forte ligação e química intensa atraem estas pessoas. Elas podem ser criativas e ter grande senso de alegria e aventura – sexualmente ou não. Trata-se de um posicionamento fértil; por isso, devem tomar todos os cuidados caso tenham relações sexuais que possam resultar em gravidez. Os nativos de Júpiter na quinta casa gostam de aparecer, fazer o que têm de fazer e seguir em frente. Seu estilo sexual é rápido e rasteiro, mesmo com um parceiro estabelecido.

JÚPITER NA SEXTA CASA

Estes nativos tendem a ser tão ocupados que nem sempre é fácil arranjar tempo para o namoro. Por terem tantas ocupações, será de grande ajuda terem interesses semelhantes aos dos parceiros. Tomar café depois do sexo, ir ao supermercado e fazer outras coisas simples na companhia um do outro podem torná-los mais propensos a desenvolver sentimentos sérios por aqueles com quem estão saindo.

JÚPITER NA SÉTIMA CASA

Pessoas com este posicionamento adoram relacionamentos; mesmo que sejam casuais, tendem a considerar parceiro seu novo interesse amoroso. Têm grandes habilidades sociais e sabem manter a paz, mesmo que nem sempre expressem com clareza suas preferências. Confundem facilmente diversão com compatibilidade.

JÚPITER NA OITAVA CASA

Este posicionamento inclina as pessoas a correr riscos. O sexo é importante para elas e pode ter efeito curador. Elas não primam muito pelo autocontrole; o hedonismo pode deixá-las em apuros se perseguido sem limites ou equilíbrio. Podem avançar depressa demais rumo à intimidade sexual, o que pode levá-las à promiscuidade (que, em si, não é nem boa nem má). Podem se aborrecer facilmente com os amantes.

JÚPITER NA NONA CASA

Este posicionamento dá confiança às pessoas, o que, às vezes, as faz parecer arrogantes. A aventura é muito importante para elas, e, se não se sentirem entretidas nem comprometidas, é pouco provável que fiquem por perto. São boas em fazer contato com gente nova, mas tendem a se decepcionar quando os outros não conseguem vivenciar o potencial que parecem ter. Estes nativos precisam aprender a ouvir os outros e a ir devagar nos estágios iniciais de namoro, para não tirarem conclusões precipitadas.

JÚPITER NA DÉCIMA CASA

Estas pessoas têm um conjunto bastante forte de ideias sobre como a vida deve ser e sobre como os seres humanos devem se tratar. Muitas vezes, têm interesses que podem ou não se lembrar de compartilhar com aqueles que lhes são mais próximos. São autossuficientes e podem ser socialmente ativas. Como seus objetivos são muito importantes para elas, podem acabar tendo relacionamentos breves e rápidos, que não as distraiam de sua visão de longo prazo.

JÚPITER NA DÉCIMA PRIMEIRA CASA

Este posicionamento é muito sociável. Seus nativos gostam de se conectar com os outros, conhecer gente nova e manter encontros dos mais variados tipos. Relações casuais e nos estágios iniciais são mais fáceis para eles que um relacionamento íntimo, em que a sensibilidade aflora. Têm grande intuição, são bons juízes de caráter e excelentes contadores de histórias.

JÚPITER NA DÉCIMA SEGUNDA CASA

Estes nativos são generosos e intuitivos. Têm bons recursos interiores, os quais, por vezes, se esquecem de utilizar. Com Júpiter nesta casa, podem ser bastante autossuficientes, mas correm o risco de associar o bem-estar interior a pessoas ou situações que lhes tragam prazer. Precisam aprender a distinguir entre aquilo que estimula sua felicidade e a raiz dessa felicidade.

SATURNO ♄

Tempo que leva para percorrer o zodíaco: aproximadamente 29,5 anos

Signo que rege: Capricórnio

Casa que rege: décima

FICAR E NAMORAR: SATURNO

Saturno é o estraga-prazeres do zodíaco. Onde encontramos esse planeta, encontramos escassez, medo, regras, rigidez, paralisia e outros sentimentos nem sensuais nem espontâneos. Por outro lado, Saturno também está associado a preferências sexuais estranhas, oriundas da repressão.

ALFINETADAS DE REALIDADE

Saturno rege nossa experiência da realidade e a forma como lidamos com ela. Rege nossos ossos e dentes – aquilo que nos dá rigidez. Esse planeta está relacionado a nossa estrutura interna e rege todas as formas ligadas à autossuficiência. Oferece-nos ferramentas para aprender com nossas experiências de vida. Por essa razão, desempenha papel importante em relação a quem namoramos e como. Você tem medo de que alguém não goste de você, então passa dos próprios limites para atraí-lo? Julga as pessoas com muita rapidez porque tem medo da rejeição? Tem procurado alguém para se sentir em segurança, pois está convencido de que jamais poderá tê-la sozinho? Essas são perguntas de Saturno, e você precisa aprender mais sobre o próprio Saturno para responder a elas.

PARA SEMPRE

Esse planeta é muito importante nos relacionamentos de longo prazo. Quando dependemos demais dele no início e nos apressamos a criar estabilidade e segurança, podemos acabar por exigir além do que é apropriado das pessoas e situações. E nesse estado não é provável que sejamos espontâneos ou tenhamos a mente aberta. Pelo lado positivo, onde encontramos Saturno somos capazes de ter limites claros, porque é provável que saibamos quais são nossas necessidades. Aprender a expressar esses limites e necessidades de maneira que os outros possam de fato ouvi-los é um desafio – que vale a pena assumir.

Quando se trata de intimidade, as energias de Saturno podem nos levar a entrar em um estado que chamo de "George W. Bush". Somos convencidos de que existem armas de destruição em massa lá fora ameaçando nossa liberdade e segurança e, assim, nos encontramos prontos para bombardear quem quer que nos faça sentir ameaçados, mesmo quando não há provas para apoiar esse impulso.

PARALISIA

Sob a influência de Saturno, a resposta ao medo é sempre algum tipo de ação – o que inclui a inatividade, a paralisia e a evasão. Quando sentimos medo, Saturno pode nos levar a nos paralisar, mas se trata de uma paralisação ativa – uma decisão estratégica. Tudo o que estabelecemos em nós mesmos em reação a Saturno torna-se parte tangível da estrutura interna, mesmo que não tenhamos a intenção de que isso aconteça.

Saturno pode fazê-lo sentir que, se não conseguir o que acredita que precisa em uma situação de namoro, você falhou; mas isso não é verdade de modo nenhum. Ter a chance de aprender sobre você, sobre outra pessoa e sobre seus padrões de relacionamento não é um fracasso – só não é a experiência que você desejava. A única maneira de realmente falhar é não aprender.

Os saturninos não se sentem muito confortáveis com o flerte; têm poucos recursos à disposição: sarcasmo, provocação e *sexy* torpeza. Portanto, se Saturno tiver muita influência no seu mapa, não procure esconder que é uma Menina Malvada. Entenda e aperfeiçoe sua abordagem de conquista e certifique-se de que não está apenas sendo má; há boas chances de encontrar pessoas receptivas a esse tipo de atitude.

COMO LIDAR COM ESTE PLANETA

A pressão de estar em um relacionamento pode paralisar as pessoas em relação a uma participação plena ou gerar-lhes resistência. Tudo bem se você não gosta de sair ou de jogar conversa fora, mas é preciso começar de algum lugar. Pratique o ato de permanecer presente no estágio de conhecer o outro e de tolerar essa incerteza precoce e inevitável – por mais excruciante que ela possa ser. Para cair de amores por alguém, é preciso dar alguns tropeções antes.

SATURNO NOS SIGNOS

SATURNO EM ÁRIES

Cultivar a autopercepção é muito importante para essas pessoas, pois podem estar bastante fixadas no que querem em vez de no que de fato precisam. Vão se beneficiar se aprenderem a ser melhores ouvintes – e encararem a escuta como habilidade ativa. Elas não têm facilidade em fazer concessões, e vale a pena lembrar que conhecer pessoas requer dedicação e paciência.

SATURNO EM TOURO

O desejo de segurança e estabilidade pode inclinar as pessoas com Saturno em Touro a apressar o rumo dos relacionamentos antes da hora. Este posicionamento pode indicar tendência à teimosia ou a fazer concessões sem pensar o bastante (e mais tarde arrepender-se ou ressentir-se). A sensualidade natural de Touro pode ser contida pela natureza restritiva de Saturno.

SATURNO EM GÊMEOS

Estas pessoas se distraem com facilidade e tendem a mudar de ideia sobre o que querem ou precisam depois de o terem conseguido. Este posicionamento acarreta o risco de tensão nervosa em torno de encontros e relacionamentos. É importante que falem francamente com o outro sobre suas preferências acerca da frequência com que preferem fazer contato e outros detalhes práticos, na fase inicial da relação.

SATURNO EM CÂNCER

Estas pessoas são verdadeiramente sensíveis à vulnerabilidade, o que as torna hesitantes em abrir o coração ou muito ávidas por buscar certezas na dinâmica íntima. Anseiam por amor e reconhecimento e podem ser bastante defensivas se sentirem que não estão obtendo nenhuma das duas coisas. Magoam-se com facilidade e podem ser um pouco paranoicas.

SATURNO EM LEÃO

Estas pessoas anseiam por reforço e reconhecimento. Querem sentir que são importantes para aqueles com quem namoram. Quando não se sentem assim, podem tornar-se estranhamente teimosas. A criatividade e a expressão sexual são muito importantes para elas, mas precisam evitar ser muito rígidas em relação às preferências e aos desejos.

SATURNO EM VIRGEM

Oferecer a essas pessoas atenção perspicaz é o caminho para alcançar seu coração; quando estiver enviando mensagens de texto, certifique-se de não cometer nenhum erro de ortografia. Os nativos com este posicionamento podem ser contemplativos e ter bom senso de humor. Não são muito espontâneos, podendo obter grande benefício se aprenderem a diferença entre julgamento e discernimento, para que possam permitir uma relação mais fluida de amor e diversão.

SATURNO EM LIBRA

Parcerias e relacionamentos são incrivelmente importantes para essas pessoas, e, por isso, elas podem encarar o namoro de forma pesada. Aprender a ir devagar ao fazer contato com gente nova é uma habilidade que vale a pena cultivar. Também é importante conhecer os outros sem minimizar as próprias necessidades. É saudável para elas aprenderem a encontrar equilíbrio entre o autocuidado e o relacionamento.

SATURNO EM ESCORPIÃO

Os indivíduos que têm este posicionamento são dados a espionar os outros ou a pensar neles de modo obsessivo, em vez de os conhecer de forma mais orgânica e elegante. Podem ser dados à possessividade ou ao ciúme e precisam de boa dose de reconhecimento. É importante que evitem a rigidez, pois seu impulso e desejo são muito claros. Profundos, sensuais e intensos, são ótimos em fazer que os outros se abram.

SATURNO EM SAGITÁRIO

As pessoas com este posicionamento ou gostam de entrar de cabeça em um relacionamento ou têm a tendência de hesitar antes de começar. Interessam-se em encontrar a verdade, mas também podem ter muito medo do que vão encontrar. É importante que moderem as tendências dogmáticas, pois este posicionamento pode levá-las a explicar tudo em demasia, a ser condescendentes ou a tirar conclusões precipitadas.

SATURNO EM CAPRICÓRNIO

Estas pessoas tendem a se levar muito a sério e a ter dificuldades com a ambiguidade inerente aos estágios iniciais do namoro. Dão tudo de si ao ir atrás do que e de quem querem. São muito sensíveis à própria vulnerabilidade, o que pode torná-las menos receptivas. Mas, uma vez estabelecida a confiança, estão preparadas para trabalhar quanto for preciso para levar o relacionamento ao nível seguinte.

SATURNO EM AQUÁRIO

Este posicionamento pode inclinar as pessoas a serem bastante desprendidas, o que é excelente para quem quer apenas descontração. Seus nativos são bons em analisar a contribuição que cada parte dá à dinâmica do relacionamento. Isso lhes permite manter uma noção clara do que deve ou não ser levado para o lado pessoal. Podem alternar entre ser razoáveis e bastante intransigentes.

SATURNO EM PEIXES

Identificar e manter limites não é fácil para estas pessoas. Elas podem ter dificuldade de reconhecer e manter o senso do próprio valor. É importante que avancem devagar em situações de namoro para não perderem de vista os próprios sentimentos e experiências, e não ficar presas a planos alheios.

SATURNO NAS CASAS

SATURNO NA PRIMEIRA CASA

Estas pessoas são reservadas e tímidas e podem ser difíceis de interpretar. Prestam tanta atenção a si mesmas e a suas vulnerabilidades que retêm ou controlam a autoexpressão. Não se sentem confortáveis com encontros casuais pelo fato de se levarem muito a sério. Se alguém encontrar uma maneira de derrubar suas barreiras, se verá diante de alguém singular e engraçado, que vale a pena conhecer.

SATURNO NA SEGUNDA CASA

As pessoas com Saturno na segunda casa valorizam, de fato, a segurança e a estabilidade e podem ter grande dificuldade diante da incerteza necessariamente envolvida no ato de conhecer alguém. Podem confiar em elogios e presentes, muitas vezes cobiçando provas materiais do afeto alheio. São muito fiéis, mas sua fidelidade pode surgir antes que as pessoas com quem ficam tenham realmente conquistado sua confiança. Precisam aprender que a diplomacia não deve vir à custa da sinceridade.

SATURNO NA TERCEIRA CASA

Estas pessoas nem sempre confiam na sua inteligência, por isso provocá-las é uma ótima maneira de arruinar um encontro. Elas adoram o bom humor e são muito sensíveis a serem e a sentirem-se ouvidas. Este posicionamento pode indicar espírito literalista e pessoas que talvez não se sintam tão resistentes quanto realmente são.

SATURNO NA QUARTA CASA

Este posicionamento indica uma pessoa tímida, que tende a se sentir apegada à casa e à família – escolhida ou não. Por essa razão, seus nativos têm o impulso de converter ficantes em parceiros ou, por outro lado, podem hesitar indefinidamente em fazer isso. Ou querem ficar sozinhos ou têm dificuldade em tolerar a solidão; e muito disso tem a ver com a infância e a família de origem.

SATURNO NA QUINTA CASA

Sexo e namoro são incrivelmente importantes para essas pessoas, mas elas podem ter a tendência a querer controlar demais como essas coisas acontecem. A necessidade de "acertar" pode anular seu desejo de diversão. Pelo fato de Saturno ser o regente da vergonha e da inibição, os nativos desse planeta na quinta casa podem ter gosto exagerado por práticas sexuais peculiares, já que essas particularidades, muitas vezes, nascem da repressão. Este posicionamento também denota resistência; por isso, se estão a fim, podem fazer sexo o dia todo.

SATURNO NA SEXTA CASA
Essas pessoas não são as mais flexíveis e podem acabar pensando demais em como as coisas se desdobram em situações de namoro. É provável que sejam hipocondríacos; por isso, dar prioridade ao sexo seguro em situações casuais é importante para seu bem-estar mental e emocional. Estão na melhor forma quando optam por não avançar rápido demais nas ligações românticas, uma vez que, quando sentem que perderam o controle, ou entram no piloto automático ou pisam no freio.

SATURNO NA SÉTIMA CASA
Os que têm Saturno na sétima casa podem desenvolver ideias fixas sobre os outros, sobre si mesmos e sobre seus relacionamentos com base em experiências negativas do passado. A insegurança pode lhes dificultar a visão do conjunto. Permitir que os relacionamentos se desenvolvam no próprio tempo é uma lição importante para eles. Esse processo pode ser desconfortável, mas, no fim, é valioso, pois os relacionamentos são uma chave importante para o autoconhecimento.

SATURNO NA OITAVA CASA
Às vezes, são sensuais; outras vezes, não. O sexo pode ser importante para estas pessoas em um momento e completamente irrelevante no instante seguinte. Este posicionamento pode incliná-las a ser pervertidas ou bastante conservadoras na vontade de explorar o que lhes traz prazer. Tanto Saturno como a oitava casa têm relação com o poder; por isso, estas pessoas tendem a medir cuidadosamente o poder que têm numa dinâmica amorosa, assim como o da outra parte.

SATURNO NA NONA CASA
Estas pessoas podem ter bastante medo de novas ideias e experiências – mas essas coisas são importantes para que elas as explorem. Seus relacionamentos amorosos, muitas vezes, tomam um rumo inesperado. São engraçadas e – quando não são dogmáticas – podem ter a mente aberta e estar dispostas a aprender com as pessoas com quem namoram ou saem. É fundamental que resistam ao impulso de refazer todo o texto enquanto ainda estão na fase de redação – para que o julgamento não impeça seus relacionamentos de se desdobrarem organicamente.

SATURNO NA DÉCIMA CASA
Autoconfiantes e motivadas, estas pessoas nem sempre estão focadas em relações amorosas. Isso pode incliná-las a ter indivíduos que preencham necessidades específicas em sua vida ou parceiros sérios (ou seja, relativamente previsíveis). O problema é que todos os relacionamentos sérios têm de começar em algum lugar, e elas são impacientes no início. Podem acabar constatando que o cultivo desse tipo específico de paciência é a chave para sua felicidade.

SATURNO NA DÉCIMA PRIMEIRA CASA
A comunidade é muito importante para estas pessoas tímidas, não raro socialmente constrangidas. Gostam de poder encontrar parceiros românticos nos círculos sociais e, muitas vezes, acabam por desenvolver sentimentos por amigos, o que é uma receita

de complicação ou confusão. São leais e gostam de mostrar seu amor e afeto por meio de ações claras e sólidas. Apreciam limites bem articulados.

SATURNO NA DÉCIMA SEGUNDA CASA

Estas pessoas tendem a procurar os tipos fortes e silenciosos (também conhecidos como "papais", em forma não binária) para ajudá-las a navegar pelo mundo, mesmo que sua grande lição de vida seja aprender a navegar sozinhas. São bastante reservadas, podem ser tímidas e acabar mantendo casos secretos ou relacionamentos amorosos discretos. O sexo pode ser muito importante, às vezes; outras, nem sequer lhes ocorre.

URANO ⛢

Tempo que leva para percorrer o zodíaco: aproximadamente 84 anos

Signo que rege: Aquário

Casa que rege: décima primeira

FICAR E NAMORAR: URANO

Urano é o planeta mais independente e autônomo do zodíaco; rege a parte de nós que se sente completamente satisfeita em ficar sozinha. É original, independente e anseia por experiências emocionantes. Onde há novos terrenos a serem atravessados, Urano está sempre por perto. Por essa razão, encontros casuais, casos breves, relações a distância e estruturas de relacionamento alternativas são todos muito uranianos. A energia desse planeta é divertida, excitante e imprevisível. Por outro lado, por ser imprevisível, também pode ser estressante e perturbadora, com tendência a criar começos e finais abruptos.

No seu melhor, Urano nos inspira a ser transparentes sobre quem somos como indivíduos, o que temos a oferecer à outra pessoa e o que desejamos. Mas todo relacionamento, por mais casual que seja, exige que se façam concessões, e Urano não se interessa muito por isso. Esse planeta rege a crença de que nosso caminho é o melhor deles, podendo nos inclinar à obstinação.

QUE ESTRANHO!

Urano também está associado à estranheza, à excentricidade e a tudo que não é convencional. Em um contexto moderno, é relacionado a tudo o que é *queer*. Não se trata apenas de homossexualidade ou de preferência sexual, mas de tudo que escapa ao binarismo de gênero ou à norma heterotípica.

AUTENTICIDADE E INDEPENDÊNCIA

Onde encontrar esse planeta no mapa, você deve agir de maneira autêntica. Urano rege o sistema nervoso central, assim como o brilho, a inovação e a capacidade de fazer conexões rápidas. Em nível interpessoal, a influência uraniana pode, muitas vezes, produzir uma espécie de atordoamento, como ocorre com os inovadores, em razão das próprias invenções. No contexto do namoro e do sexo, o atordoamento pode impedir que você permaneça presente por tempo suficiente para estabelecer conexão genuína, e isso não será muito agradável para a maioria de seus namorados ou amantes. Porém, se outros fatores no mapa estiverem alinhados, uma pessoa com Urano fortemente colocado será hábil para expressar o que quer e comunicar com clareza o que tem a oferecer.

As pessoas fortemente influenciadas por Urano precisam, em geral, aprender a ser independentes. Essa necessidade pode ser expressa de modo consciente, mas, quando não é, pode acabar sendo projetada nos outros, o que significa que, muitas vezes, o nativo em questão se sentirá atraído por pessoas indisponíveis (por já estarem comprometidas, viverem longe ou pelo simples fato de estarem fechadas e não se encontrarem emocionalmente disponíveis).

COMO LIDAR COM COM ESTE PLANETA

A área em que você tem Urano no mapa é aquela em que tende a pensar em demasia sobre o futuro ou a ficar obcecado com o que virá depois. Mas conhecer alguém, quer para namorar, quer para um relacionamento casual, exige que você permaneça no presente. Procure determinar quando está totalmente presente e quando sua atenção oscila.

URANO NOS SIGNOS

Você vai notar que alguns dos anos a seguir se sobrepõem. Isso ocorre porque todos os planetas exteriores se tornam retrógrados (ou seja, parecem retroceder no zodíaco) e entram e saem de um signo ao longo de um ano. Por isso, muitas vezes ocorre de um planeta estar em dois signos diferentes em um mesmo ano.

URANO EM ÁRIES (1927-1934 E 2010-2019)

Quando Urano esteve em Áries no início do século XX, os Estados Unidos sofreram queda maciça da bolsa de valores, e a Grande Depressão começou. A época exigia que as pessoas tivessem mais vontade própria, originalidade e assertividade para sobreviver.

A combinação de Urano e Áries pode criar bastante singularidade, voluntariedade e ousadia, mas essa energia é bem bruta e imprevisível. Esse planeta se junta a esse signo para criar períodos de atividade e individuação, o que pode produzir pensamentos e comportamentos obstinados e egoístas, ou, por outro lado, o tipo de manifestação do eu que torna possível o encontro entre os indivíduos por meio de uma consciência maior da capacidade de ação. Não se trata de um posicionamento afeito à transigência; assim, o lado negativo é que as pessoas nascidas durante essa era podem ficar buscando a perfeição e não se dispor a aceitar menos.

O que isso significa para ficar e namorar: estas pessoas são muito individualistas e estão, de fato, em busca do que "funciona para mim". Terão menos tendência a formar parcerias convencionais, o que as incentivará a ter mais experiências de namoro ou mais parceiros.

URANO EM TOURO (1934-1942 E 2018-2026)

O posicionamento no século passado coincidiu com os anos em que a Grande Depressão se instalou de fato. O racismo e a xenofobia também ganharam novo recrudescimento global com o advento da Segunda Guerra Mundial. Este período obrigou os indivíduos a tomarem posição sobre quem eram e o que priorizavam. O impulso coletivo foi uma mudança no debate global sobre valores. Esses mesmos temas vêm surgindo de novo e provavelmente vão se desenvolver ao longo deste ciclo.

O que isso significa para ficar e namorar: este posicionamento está focado na segurança. O impulso para relacionamentos convencionais é mais forte sob sua influência. Quem tem Urano em Touro quer se encontrar por meio dos relacionamentos, mas pode se equivocar ao procurar sinais concretos de proximidade ou compatibilidade.

URANO EM GÊMEOS (1941-1949 E 2020-2025)

Urano esteve antes em Gêmeos durante um período em que assistimos a avanços tanto na psicologia quanto na metafísica. Essa geração produziu estudantes que foram a juventude radical dos anos 1960, pessoas capazes de fazer uso inventivo das informações que receberam sobre liberdade, autonomia e independência.

O que isso significa para ficar e namorar: Urano é revolucionário, e Gêmeos é o signo da comunicação. Pessoas nascidas com esse posicionamento são inovadoras e veem a capacidade de aprender coisas novas como caminho para a autonomia. Quando se trata de namoro, são propensas a explorar formas alternativas de se relacionar e expressar seus desejos.

URANO EM CÂNCER (1949-1956; ACONTECERÁ NOVAMENTE EM 2033-2039)

A última vez que vimos este posicionamento foi durante a era do macartismo. Toda uma geração de artistas e livres-pensadores foi banida em nome da proteção e do patriotismo (elementos fundamentais para o signo de Câncer). Houve a expansão dos meios de comunicação e a chegada da televisão (e dos jantares em que a família assistia à TV, que foram o início também dos alimentos processados, proporcionando às pessoas mais liberdade, embora com menos qualidade). A chave aqui é encontrar um modo de equilibrar autoproteção e liberdade, sem escolher uma em detrimento da outra.

O que isso significa para ficar e namorar: este posicionamento pode impelir essa geração a proteger vigorosamente sua singularidade. Também pode marcar uma geração que vai redefinir, de modo radical, a família e os limites emocionais que se dão nas relações íntimas.

URANO EM LEÃO (1956-1962; ACONTECERÁ NOVAMENTE EM 2039-2046)

Esta foi uma época em que o entretenimento se tornou parte muito maior da sociedade ocidental. A Guerra do Vietnã ainda começava; Urano em Leão fala de uma época de vigoroso engajamento. Esta é uma geração de pessoas autoconfiantes e muito criativas, com forte necessidade de reconhecimento por parte de forças externas.

O que isso significa para ficar e namorar: o desejo de atenção destas pessoas pode levá-las a confundir isso com amor. Trata-se de uma geração que deu um novo tipo de ênfase à sexualidade – isso pode se refletir tanto na liberação sexual quanto na hipersexualização da vida. São pessoas que possuem potencial para transformar o papel do sexo e da sexualidade em sua geração.

URANO EM VIRGEM (1962-1969; ACONTECERÁ NOVAMENTE EM 2046-2053)

Neste período começou a convocação obrigatória nos Estados Unidos para a guerra do Vietnã, e as pessoas protestaram em resistência. Muitos também procuraram construir uma sociedade alternativa. Houve ênfase no aperfeiçoamento pessoal como caminho para a transformação social. Foi aí, ainda, que os cuidados de saúde alternativos começaram a desempenhar papel maior na cultura ocidental. Virgem representa os processos práticos, a realidade prática e a vida cotidiana. Assim, quando combinado a Urano, também estimulou uma segunda onda de feminismo, que girou em torno da escrita, da expressão verbal e de análises públicas.

O que isso significa para ficar e namorar: Urano em Virgem criou uma geração que estabeleceu nova ênfase na autonomia pessoal e novo acesso a técnicas de melhoria do estilo de vida. Isso pode facilitar formas de relacionamento mais apropriadas para o indivíduo ou inclinar uma geração inteira a ser mais introvertida ou reservada, preterindo, assim, o namoro casual em favor da autorreflexão e do aprimoramento pessoal.

URANO EM LIBRA (1968-1975; ACONTECERÁ NOVAMENTE EM 2053-2059)

Esta geração centrou-se nas mudanças em prol da justiça social, na diplomacia e nas artes. Foi um tempo em que as parcerias e os papéis alternativos em sociedade se tornaram mais ecléticos e diversificados, e as mulheres ganharam mais autonomia nas relações. Foi também quando o divórcio se tornou mais disseminado, e as parcerias tradicionais deixaram de ser vistas como a única forma de avanço nos relacionamentos.

O que isso significa para ficar e namorar: a tensão entre autonomia e parceria pode estimular uma emocionante revisão do namoro e dos papéis sexuais. Essa combinação pode, ainda, marcar um tempo de inovação em relação aos papéis de gênero na sociedade.

URANO EM ESCORPIÃO (1975-1981; ACONTECERÁ NOVAMENTE EM 2059-2066)

Esta combinação produziu uma geração corajosa, embora reservada. Ela teve mais influência de grandes empresas, da publicidade e da mídia que qualquer geração anterior. O ocultismo e a cultura da Nova Era expandiram-se durante esse período. A androginia veio à tona, com a ascensão das artes e da música *new wave*. Houve avanço jurídico de ações afirmativas nessa época, à medida que mais vozes alternativas foram ocupando os espaços públicos.

O que isso significa para ficar e namorar: Escorpião é um signo relacionado ao poder, à privacidade e a experiências intensas, enquanto Urano representa os impulsos excêntricos, estranhos e individualistas. Pessoas nascidas nesse período têm forte desejo de serem reconhecidas como indivíduos e podem ter dificuldade de se comprometer com os parceiros. Essa geração explora a expressão sexual, redefinindo, assim, o conceito de "perversão".

URANO EM SAGITÁRIO (1981-1988; ACONTECERÁ NOVAMENTE EM 2066-2072)

Os anos 1980 foram os da corrida armamentista. Essa época assistiu ao aumento do interesse humanitário, bem como do fundamentalismo. Crianças foram encorajadas a se corresponder com outras de outros países, e as ligações entre indivíduos em prol da criação de uma sociedade global representaram elemento importante dessa fase.

O que isso significa para ficar e namorar: Sagitário rege a abertura de espírito, a expansão e o transculturalismo. O problema está nos detalhes, e este posicionamento inclina as pessoas a serem um pouco avessas aos pequenos gestos de concessão que alicerçam uma relação. Trata-se de uma geração propensa a explorar acordos alternativos em torno da monogamia, do poliamor, e assim por diante. Essas pessoas querem, de fato, expandir seus horizontes e ser livres, por isso podem se descuidar da ideia de compromisso.

URANO EM CAPRICÓRNIO (1987-1996; O ÚLTIMO OCORREU EM 1904-1912)

Nesses tempos, o governo e as grandes empresas assumiram posição de maior força na sociedade. Foi uma época em que pudemos partir do caos individual e dos problemas pessoais para chegar a soluções sistêmicas. Por outro lado, houve grandes transtornos em relação às normas acordadas e à "forma correta" de fazer as coisas. A crise causada pela aids acarretou grandes mudanças quando as empresas farmacêuticas entraram em cena para "nos proteger" da epidemia. A criminalidade adolescente teve crescimento significativo.

O que isso significa para ficar e namorar: nessa geração, o sexo não convencional ganhou corpo. Uma vez que Urano rege a excentricidade, e Capricórnio, a repressão, ocorre o potencial para uma espécie de erotização da opressão. Pessoas com este posicionamento têm o potencial de redefinir o que é considerado normal quando se trata de cortejar, namorar e se relacionar com os outros.

URANO EM AQUÁRIO (1996-2003; O ÚLTIMO OCORREU EM 1912-1920)

Este foi um tempo de grande avanço científico e tecnológico. O Google surgiu em 1998, e este e outros avanços no compartilhamento de dados e informações foram a marca de uma mudança maciça e global. Os computadores entraram nas salas de aula, por isso esta geração cresceu tendo acesso regular a outras pessoas do mundo todo. Aquário é regido por Urano – este é seu signo natural –; assim, existe tanto a intensidade do humanitarismo quanto a sensação de interconexão e confiança nos demais.

O que isso significa para ficar e namorar: essa geração é marcada pela expansão do papel da singularidade (*queerness*) na sociedade – por exemplo, estruturas alternativas de relacionamento e o direito dos homossexuais. Essas pessoas realmente têm a mente aberta, embora tenham dificuldade de tolerar a vulnerabilidade emocional inerente às relações humanas. Também são livres-pensadores e estão dispostas a fazer as coisas de uma nova maneira.

URANO EM PEIXES (2003-2011; O ÚLTIMO OCORREU EM 1920-1928)

Quando este posicionamento se deu na estrondosa década de 1920, houve mudança nas questões de moralidade e mais ênfase no prazer e na dissociação. Mais recentemente, os medicamentos passaram a desempenhar papel importante, ocorrendo crescente dependência deles para gerir nosso estado de espírito. Urano é um planeta que causa perturbação com facilidade, sinalizando aumento tanto na sensibilidade quanto no desejo de se sentir bem. Esta geração é mais consciente que as anteriores, mas também tem tendências escapistas mais vigorosas.

O que isso significa para ficar e namorar: estas pessoas podem experimentar um conflito entre o autossacrifício e atender aos impulsos pessoais. Ao mesmo tempo que têm imensa dificuldade de fazer concessões em uma união, podem tentar se moldar ao que o outro deseja. Para elas, o uso de drogas, a mídia e a sexualidade podem ser grandes formas de fuga ou, em contrapartida, de autoconhecimento.

URANO NAS CASAS

URANO NA PRIMEIRA CASA
Os que têm este posicionamento sabem flertar de forma fantástica, sendo dotados de grande sagacidade, mas nem sempre sabem compreender as sinalizações sociais. Este posicionamento os torna bastante individualistas e ligeiramente estranhos; em geral, há algo de singular em sua aparência ou no modo como ocupam o espaço. Não são extremamente sensíveis nem sentimentais; em vez disso, preferem limites e períodos de separação em relação aos outros.

URANO NA SEGUNDA CASA
Uma combinação única de valores inovadores e excêntricos distingue estas pessoas. Elas podem ter vontade muito forte e impulso para definir suas necessidades e preferências em relação aos demais. Acham que têm a mente aberta, mas, na hora H, são mais teimosas do que pensam. Podem ter grandes ideias sobre o que fazer para tudo dar certo, porém não dispõem das ferramentas emocionais para apoiá-las. Se as coisas não acontecem do jeitinho que elas querem em uma nova situação de namoro, podem tentar colocar o carro na frente dos bois e procurar controlar a forma como o relacionamento se desenvolve.

URANO NA TERCEIRA CASA
As pessoas com este posicionamento são especialistas em conectar-se com muitos tipos diferentes de pessoas. Sabem aproveitar o que os outros têm a lhes oferecer no momento, o que significa que os relacionamentos não precisam estar "evoluindo" para serem satisfatórios – só têm de ser interessantes, envolventes e divertidos. Os nativos de Urano na terceira casa são ocupadíssimos e têm um dia a dia agitado; estão sempre correndo. Podem ter desejos mutáveis, pois seus sentimentos sobre as circunstâncias mudam muito rápido.

URANO NA QUARTA CASA
Inquietas por natureza, essas pessoas têm dificuldade de se sentir estabelecidas ou enraizadas; muitas vezes, se veem reagindo a mudanças ou transtornos em casa. Dependendo do restante do mapa, isso pode inclina-las a procurar amantes que sirvam como âncora ou reflitam a imprevisibilidade de sua vida. Tendem a ter emoções fortes e, uma vez que deixam alguém entrar em seu coração, mesmo em um relacionamento casual, essa pessoa assume imensa importância.

URANO NA QUINTA CASA
Estes indivíduos têm relacionamentos de muitos tipos diferentes e podem ter um "tipo" bastante variado. Este posicionamento pode funcionar bem para relacionamentos não monogâmicos ou para aqueles que querem manter mais de um caso amoroso ao mesmo tempo. Podem sentir atração por pessoas indisponíveis se não tiverem consciência das próprias necessidades de autonomia e espaço pessoal. Tendem a ter um gosto muito versátil no quarto, e é provável que busquem o sexo pelo sexo.

URANO NA SEXTA CASA
Esta casa indica que seus nativos podem ser um pouco tensos e nervosos, o que pode levá-los a procurar respostas fora de si – especialmente em novos relacionamentos. Mas, independente de quanto querem atenção,

essa gente também precisa de espaço. Este posicionamento inclina as pessoas a serem bastante introvertidas ou independentes, e elas podem ter regras particulares ou rígidas em torno do namoro.

URANO NA SÉTIMA CASA
A necessidade de autonomia e independência nestas pessoas é forte. Elas se tornam entusiasmadas ou entediadas de forma bastante abrupta; relacionamentos de curto prazo, muitas vezes, satisfazem às suas necessidades e funcionam bem para elas. Podem entrar e sair impulsivamente das relações, por isso é uma boa ideia que falem com clareza sobre seus limites e sobre o que têm a oferecer. É importante que não retornem ligações com muita rapidez nas fases iniciais do namoro. Assim como os que têm este planeta na quinta casa, podem se sentir atraídos por pessoas indisponíveis, até ter claras para si as próprias necessidades de autonomia e espaço pessoal.

URANO NA OITAVA CASA
Esta é uma colocação fantástica para relações casuais. Estas pessoas podem ser sexualmente abertas e ter fetiches interessantes ou interesses sexuais invulgares. Por outro lado, podem se identificar como assexuais durante certos períodos da vida. Têm a capacidade de conseguir o que querem e seguir em frente. Talvez precisem estar atentas aos sentimentos das outras pessoas; ter paciência para expressar sua disponibilidade os ajudará a fazer isso.

URANO NA NONA CASA
Estas pessoas são aventureiras e estão sempre dispostas a se divertirem e a viver experiências incomuns. Embora se sintam motivadas a aprender sobre as pessoas com quem andam, também podem se distrair com certa facilidade. Relações casuais e flexíveis podem ser a melhor opção para elas, porque as deixam livres para certo grau de exploração. Estes nativos, no entanto, precisam ter cuidado para não passar muito tempo pensando. Podem desperdiçar bastante energia criando histórias sobre o que poderia ter sido e não foi; fariam bem em estar receptivos às muitas versões daquilo que é possível.

URANO NA DÉCIMA CASA
Há tanta coisa que esses indivíduos se sentem motivados a fazer com sua vida que nem sempre têm tempo para um relacionamento de verdade. Por essa razão, ter acordos puramente sexuais pode fazer muito sentido. Ao mesmo tempo, eles podem ser mais sentimentais do que gostam de admitir. Faria--lhes bem lembrar que a complexidade dos relacionamentos enriquece sua capacidade de serem felizes.

URANO NA DÉCIMA PRIMEIRA CASA
Estas pessoas valorizam os amigos, e, quando as amizades se tornam românticas ou ganham caráter sexual, a situação pode ficar confusa. Podem ficar animadas com a ideia de ter amantes, mas a realidade nem sempre corresponde à sua visão, e é comum que fiquem entediadas ou se sintam desin-

teressadas de modo abrupto. Os nativos deste posicionamento são bem estruturados para relacionamentos de uma noite (se as outras partes do mapa estiverem de acordo), porque tendem a compartimentalizar os relacionamentos.

URANO NA DÉCIMA SEGUNDA CASA

A liberdade e o espaço são importantes para estas pessoas, mas elas podem ter dificuldade de aceitar ou assumir sua necessidade de autonomia. No contexto do namoro, o espaço lhes permite saber o que está funcionando – ou não. São capazes de ter relacionamentos casuais, porque estes lhes facultam a liberdade de fazer o que precisam para cuidar de si mesmas, mantendo rica vida interior; mas também podem se achar carentes e querer usar os relacionamentos como distração.

NETUNO ♆

Tempo que leva para percorrer o zodíaco: aproximadamente 165 anos

Signo que rege: Peixes

Casa que rege: décima segunda

FICAR E NAMORAR: NETUNO

Netuno é a fonte das nossas tendências mais românticas e sonhadoras. Por ser um planeta exterior ou "geracional" (ver página 16), tem sido frequentemente negligenciado pela astrologia contemporânea no que se refere a coisas tão pessoais quanto o sexo e o namoro, mas isso é um erro, pois ele desempenha papel muito importante.

A influência desse planeta é profundamente espiritual e devocional. Pode se expressar por intermédio de encontros sexuais muito românticos, da assexualidade ou do sexo a que a pessoa se dedica apenas para ser apreciada ou amada. Ele nos inclina para o amor sem fronteiras nem limites. Assim, a área em que temos Netuno no mapa natal é onde estamos mais propensos a amar livremente e onde precisamos cultivar limites saudáveis e sustentáveis.

REALIDADE OU FANTASIA?

Netuno rege a ilusão, a desilusão e a sensação de que você conhece alguém com base apenas nos seus sentimentos sobre essa pessoa. Nos estágios iniciais do namoro, esse planeta pode nos inclinar a fugir de riscos pessoais ou avançar ao que nos parece ser o potencial derradeiro do amor. Netuno nos inspira a ver o que é possível, que, em geral, é o que percebemos ser o melhor ou o pior que poderia acontecer. Dessa forma, rege o romantismo, a fantasia e a ansiedade. Isso nos torna muito sentimentais – sobre coisas que aconteceram no passado, estão acontecendo agora e ainda não aconteceram. Esse planeta rege a tendência de nos fixarmos em um sentimento e associá-lo à realidade. O problema é que Netuno também tem dificuldade de aceitar uma realidade desagradável quando esta contradiz nossa noção do que é possível. Portanto, ouvir o que as outras pessoas estão nos dizendo – com ações e palavras – é uma habilidade importante a ser desenvolvida.

TENDÊNCIAS SACRIFICIAIS

Aprender que sexo e namoro não devem ser um sacrifício – e que o consentimento é imperativo em todos os momentos – é uma lição fundamental para quem tem Netuno forte no mapa. O sacrifício é parte importante e saudável das relações íntimas de longo prazo, mas, se não houver a intenção de levar o relacionamento ao "próximo nível", ou se a outra pessoa tiver dito que não está disponível, o sacrifício pode tornar-se um martírio em vez de uma escolha saudável. Na área onde temos esse planeta no mapa, pode acontecer de não expressarmos com clareza nossos limites, até que tenham sido atacados. Sua influência pode nos levar a ter dificuldade de afirmar limites sexuais – não só no que se refere ao sexo seguro (ou seja, usando camisinha), mas também ao lidar com nossas emoções e nossa psique.

Pessoas que exploram o poliamor tendem a ter Netuno forte no mapa. Esse planeta rege o amor sem limites e nossa capacidade de compartilhar sem a sensação de posse; está associado a relacionamentos que vão além dos limites convencionais. Em estado ideal, esse planeta permitiria que o amor e a proximidade acontecessem sem nenhuma limitação ou regra. O problema é que, para serem poliamorosas com sucesso, as pessoas precisam ser capazes de negociar suas necessidades e responsabilidades com honestidade, mesmo quando essas negociações são ásperas. E Netuno pode nos incitar à dissociação da verdade ou ao engano mútuo.

COMO LIDAR COM ESTE PLANETA

A intimidade não é possível para quem coloca o outro em um pedestal. Portanto, aceitar as outras pessoas como são é essencial para fazer escolhas saudáveis. Honre seus sentimentos, mas não os confunda com fatos. E, enquanto isso, não se esqueça de respirar fundo.

NETUNO NOS SIGNOS

Você vai notar que alguns dos anos a seguir se sobrepõem. Isso ocorre porque todos os planetas exteriores se tornam retrógrados (ou seja, parecem retroceder no zodíaco) e entram e saem de um signo ao longo de um ano. Por isso, muitas vezes ocorre de um planeta estar em dois signos diferentes em um mesmo ano civil. Netuno leva 165 anos para completar seu ciclo pelos signos e passa cerca de 14 anos em cada um deles. Marca as convicções e ideais espirituais de uma geração. Por essa razão, concentrei-me nos signos que provavelmente refletirão meus leitores (e seus pais) e não falarei de Netuno em Áries, Touro, Gêmeos, Câncer e Leão.

NETUNO EM VIRGEM (1928-1942)

Estes foram os bebês da época da Depressão. Nascidos em um período de escassez, tiveram de se contentar com pouco, deixando-se guiar por valores espirituais para encontrar sentido para a vida quando tudo mais parecia terrível. Essa geração teve de deixar de cuidar de si mesma para lidar com a sobrevivência do dia a dia. Pessoas nascidas nessa era tiveram de aprender a cuidar do corpo como forma de cuidar da mente, e vice-versa. O mundo tornou-se maior com o advento da Segunda Guerra Mundial, mas havia muito medo do que não era compreendido. Essa geração se viu às voltas com um aterrador monstro cultural.

O que isso significa para ficar e namorar: em uma época de escassez e tensão espiritual, as pessoas se voltam para o sexo como meio de fuga. No entanto, o namoro casual não era uma norma cultural nessa época, e a tendência era idealizar o início do relacionamento em um esforço para apressar as coisas. As mulheres namoravam com a esperança de converter suas relações em casamento, enquanto os homens podiam apresentar seus interesses como achassem conveniente.

NETUNO EM LIBRA (1942-1956)

Essa fase coincidiu com o fim da Segunda Guerra Mundial, quando surgiram ideais de amor e senso de conexão global (as Nações Unidas foram fundadas nessa época). As nações se juntaram com ideal netuniano de unidade e vontade comum de proteger a humanidade. Crianças nascidas nessa era cresceram para ser a geração do "faça amor, não faça não guerra". Libra é um signo relacional – preocupa-se com a justiça e a igualdade e se expressa em contexto pessoal. Combinado com o jeito idealista, romântico e bastante espiritual de Netuno, ele moldou toda uma geração que quis aprender a estabelecer parcerias genuínas e se esforçou para ter mais empatia interpessoal.

O que isso significa para ficar e namorar: quem nasceu nesse período cresceu em uma sociedade que pôde, enfim, respirar após a guerra e começar a pensar em como se divertir novamente. Essas pessoas acabaram se tornando a primeira geração moderna a priorizar o sexo por ligação espiritual e prazer, não apenas para procriação.

NETUNO EM ESCORPIÃO (1956-1970)

A geração nascida nessa época enfrentou – e absorveu – acontecimentos de grande proporção. São pessoas que expandiram o senso de comunidade, encontrando novas maneiras de compartilhar e se relacionar além da escola, das forças armadas e da igreja. Isso está de acordo com a energia netuniana, que rege a conectividade universal. Escorpião, por outro lado, tem tudo a ver com o ato de total desapego – por isso mesmo vive profundamente preocupado com a morte e o sexo. É o signo que abrange os aspectos ocultos da sociedade. Essa combinação planetária pode favorecer o vício, o escapismo e os excessos ligados ao sexo e à sexualidade – o que explica por que muitas pessoas nascidas nessa época tiveram de lidar com essas questões depois de adultas. O sexo tornou-se mais livre, mas houve consequências. Essas crianças cresceram na crise da aids e foram a primeira geração moderna a sofrer consequências de saúde tão terríveis por causa da sexualidade.

O que isso significa para ficar e namorar: essa geração foi criada com papéis sexuais e de gênero muito rígidos. No entanto, também chegaram à idade adulta quando tais temas sofreram uma revolução. O sexo tornou-se mais livre e mais complexo à medida que os limites foram sendo ultrapassados.

NETUNO EM SAGITÁRIO (1970-1984)

Na infância, essa geração vivenciou um senso de conectividade maior do que nunca. O mundo tornou-se muito menor à medida que as viagens internacionais passaram a ser mais comuns para a classe média. Foi um tempo de unidade e conexão global. A cultura ocidental tornou-se menos monoteísta, e tanto a religião alternativa como a espiritualidade foram normalizadas nessa época. Outra barreira cultural foi derrubada durante essa era, depois de Loving *vs.* Virginia, disputa judicial sobre direitos civis que se tornou marco histórico ao declarar a nulidade das leis que proibiam o casamento inter-racial em 1967, tornando a geração X a primeira a nascer de casamentos inter-raciais legalizados nos Estados Unidos. A geração X tem consciência do romance, da justiça social e da equidade; valoriza a liberdade em escala social.

O que isso significa para ficar e namorar: quando se trata de sexo e namoro, essa geração está preocupada, sobretudo, com a liberdade. Deseja ter opções e tende a comer petiscos em um bufê em vez de se empanturrar à mesa.

NETUNO EM CAPRICÓRNIO (1984-1998)

Netuno em Capricórnio é o posicionamento de uma geração propensa a questionar os poderes instituídos. No entanto, devido à onipresença da TV, dos anúncios e de filmes e jogos, essa geração também se distrai com facilidade. Capricórnio está associado ao capitalismo, às hierarquias e ao poder estrutural. A combinação de Capricórnio e Netuno refere-se à noção idealizada de autoridade – e à transição rumo a uma relação não binária com ela. O ideal aqui é a dissolução de velhos governos e fronteiras nacionais e a transformação do capitalismo. Essa geração foi a primeira a crescer em meio ao uso cotidiano de medicamentos psicotrópicos. São pessoas que sofreram a investida de grandes corporações, que empenharam todo seu poder para criar uma cultura voltada ao consumo. Nessa época, o meio ambiente e a estrutura social ganharam lugar de maior destaque na consciência cotidiana.

O que isso significa para ficar e namorar: os limites são importantes para essa geração, pois Capricórnio tem regras rígidas, e Netuno as transgride. São pessoas preocupadas com o consentimento sexual e as estruturas de relacionamento.

NETUNO EM AQUÁRIO (1998-2012)

Netuno em Aquário rege a conexão com a consciência coletiva. É nesse posicionamento que a intelectualização dos ideais se concretiza. A tecnologia criou sentido de interconexão sem precedentes para essa geração. Crianças nascidas nessa época puderam ter acesso a qualquer pessoa mundo afora, o que gerou a sensação de que tudo era possível. A astrologia dessa geração é simbolizada pela Black Lives Matter e pelo ativismo contra a violência armada – de Ferguson, no Missouri, a Parkland, na Flórida. Foi a primeira geração que cresceu com acesso às redes sociais, e tem a sensação de que compartilha certos ideais.

O que isso significa para ficar e namorar: trata-se de uma geração com menos expectativa de casar e ter filhos na casa dos 20 anos. Estão reencontrando o assunto "relacionamentos", mas há certa tensão entre a possibilidade de conhecer muitas pessoas pela internet e a capacidade de escolher parceiros que funcionem individualmente.

NETUNO EM PEIXES (2012-2026)

Este é o posicionamento natural de Netuno, que se torna particularmente poderoso nesse local (suas funções são reforçadas tanto para o bem quanto para o mal). A combinação de Netuno e Peixes é marcada por sentimentos significativos de incerteza e confusão. Peixes é o signo do inconsciente, do que está escondido – o que significa que essas crianças estão sendo criadas em um momento em que as coisas estão se ocultando de nossa vista e, ao mesmo tempo, emergindo para a luz. Mais uma vez: o uso maciço de medicamentos e a presença avassaladora dos meios de comunicação facilitam a dissociação. (Peixes pode ser um signo muito dissociativo; as pessoas dessa geração podem se perder no uso de drogas, videogames e mídia em geral.) Essa geração está crescendo em uma época de crise humanitária e ambiental, mas também em uma era artística, de mais democracia nas artes: as pessoas podem publicar os próprios livros e projetar suas vozes sem o apoio das artes tradicionais nem da indústria do entretenimento.

O que isso significa para ficar e namorar: estas pessoas já marcavam presença *on-line* antes de terem sentido claro da própria existência. Estão aprendendo a manipular sua identidade pública, o que pode criar obstáculos para conhecer os outros sem preconceitos nem projeções.

NETUNO NAS CASAS

NETUNO NA PRIMEIRA CASA
Este posicionamento torna as pessoas bastante tímidas, e as outras têm a tendência de projetar nelas o que querem ver. Podem se sentir constrangidas para flertar e envergonhadas quando os outros flertam com elas. Muitas vezes estão à procura de amor, mas podem ter a tendência a confundir o potencial com a realidade. O sexo casual não é seu forte, porque são muito permeáveis; uma vez que deixam entrar as energias dos outros, não há nada de casual nisso.

NETUNO NA SEGUNDA CASA
Estas pessoas adoram se apaixonar e, por isso, não são muito especialistas em relacionamentos casuais. Valorizam o romance e a proximidade, mas detestam confusão e ambiguidade. Preferem não se deixar desviar do rumo por aqueles pelos quais têm sentimentos, mesmo que seja exatamente isso que tendem a fazer. Ter valores ou ideais compartilhados é parte importante para se conectar com as pessoas e conhecê-las; devem ter cuidado para não fazer muitas suposições sobre os outros nem comprometer o que acreditam.

NETUNO NA TERCEIRA CASA
Esta é a casa das relações platônicas; por isso, pode ser a que menos tem a ver com o sexo e o início de namoros. Isso não significa que aqueles que têm Netuno na terceira casa não façam essas coisas – este posicionamento só não é forte indício de como elas funcionam. Essas pessoas podem ser bastante vagas, o que frustra aqueles que procuram conhecê-las. Tendem a contar histórias a si mesmas e a tecer teorias sobre o que as coisas significam. Caem em qualquer conversa doce e podem desenvolver sentimentos por amigos – o que logo se transforma em confusão.

NETUNO NA QUARTA CASA
Para que essas pessoas se deem o trabalho de conhecer alguém, querem que o relacionamento "chegue a algum lugar". Há forte desejo de aconchego e de proximidade, por isso é sensato que não se apressem a se aproximar de prováveis amores. A tendência a fazer suposições ou a agir antes do momento certo é forte, porque têm grande capacidade de ver o potencial de união. Intimidade é o que realmente procuram, então devem ter cuidado para impor limites que protejam seu coração.

NETUNO NA QUINTA CASA
Estas pessoas preferem ser divertidas a se divertir. Por causa disso, não priorizam a própria satisfação quando fazem sexo e nem sempre praticam sexo com segurança. Uma grande lição de Netuno na quinta casa são os limites sexuais, e parte significativa disso é o uso da camisinha, não só por causa dos riscos à saúde, mas porque certas formas de proximidade precisam ser conquistadas. Uma boa regra a ser seguida pelos que têm este posicionamento: tudo o que não conseguirem fazer quando sóbrios não devem fazer nunca. É importante que se lembrem de que são livres para mudar de ideia.

NETUNO NA SEXTA CASA

Namorar gente nova pode abalar estes indivíduos, fazendo-os se sentir destrutivos ou inseguros. Por outro lado, são bastante românticos e podem ser muito dedicados. Este posicionamento indica natureza introvertida; precisam de espaço para processar o que estão sentindo devido ao impacto das emoções que surgem nas pessoas ao redor. Podem ser hipocondríacos, por isso é essencial que pratiquem sexo seguro como forma de priorizar o autocuidado.

NETUNO NA SÉTIMA CASA

Muito idealistas e românticas, essas pessoas precisam ter certeza de que estão sendo sinceras consigo mesmas sobre o que funciona para elas quando se trata de amar, gostar e namorar. Uma vez que esta é a casa da parceria, e Netuno é o idealista do zodíaco, este posicionamento não se presta a relacionamentos breves e aleatórios. Estes nativos costumam procurar um parceiro com quem possam ter ligação romântica. Também têm propensão a cuidar daqueles de quem gostam antes que mereçam sua confiança, o que pode causar uma dinâmica de martírio. As fronteiras entre amor, romance e amizade podem ser um pouco confusas para eles.

NETUNO NA OITAVA CASA

Os que têm Netuno na oitava casa podem passar por períodos em que o sexo não lhes é importante em absoluto. Têm uma maneira profunda de se conectar e são bastante reservados quando se trata da vida íntima. Não se prestam ao sexo casual porque tendem a se apaixonar por aqueles ao lado de quem gostam de dormir e se aconchegar. Podem ser difíceis de conhecer e precisam priorizar o desenvolvimento de relacionamentos por etapas.

NETUNO NA NONA CASA

Estes nativos gostam de mergulhar antes de verificar se há água na piscina. Este posicionamento denota natureza espiritual, que pode se traduzir muito literalmente em uma pessoa que se sente ligada a algo maior ou, por outro lado, em alguém que apenas gosta de se divertir e ficar na superficialidade. Essas pessoas gostam de se apaixonar, mas precisam controlar a si próprias. São atraídas por indivíduos de outras culturas ou que compartilham seus valores espirituais e filosóficos.

NETUNO NA DÉCIMA CASA

Aqueles com Netuno na décima casa podem se fixar tanto no que acham que deveriam querer que nem sempre estão presentes no momento; isso pode atrapalhar o ato de conhecer gente nova, em particular em contexto romântico. Podem ser tímidos e não gostam que seus interesses amorosos façam grandes demonstrações públicas de afeto, a menos que isso seja previamente combinado. Uma vez que conhecem a si mesmos, tendem a se divertir muito mais e a ter muito mais autoconfiança quando saem para conhecer pessoas.

NETUNO NA DÉCIMA PRIMEIRA CASA

Estes nativos podem ter um jeito terno ao conversar com aqueles de quem não são próximos, o que pode fazê-los parecer mais sedutores do que imaginam. São bastante capazes de ter encontros casuais ou de conhecer gente nova, mas dentro de si tendem a ter sentimentos profundos; seu carinho ou empatia pode conduzi-los a caminhos que de outra forma não tomariam. Se não fizerem uma ligação mental, não é muito provável que venha a haver conexão sexual.

NETUNO NA DÉCIMA SEGUNDA CASA

Este posicionamento não favorece os relacionamentos casuais. Estes indivíduos são muito empáticos e sensíveis; desenvolver limites saudáveis – tanto emocionais quanto comportamentais – é essencial para que tenham relacionamentos felizes, saudáveis e sexualmente satisfatórios. Podem se distrair com o potencial que veem em uma dinâmica e confundi-lo com o que está, de fato, acontecendo. Têm de ter cuidado para não se apressar e não começar a cuidar dos outros como forma de forçar algo a acontecer.

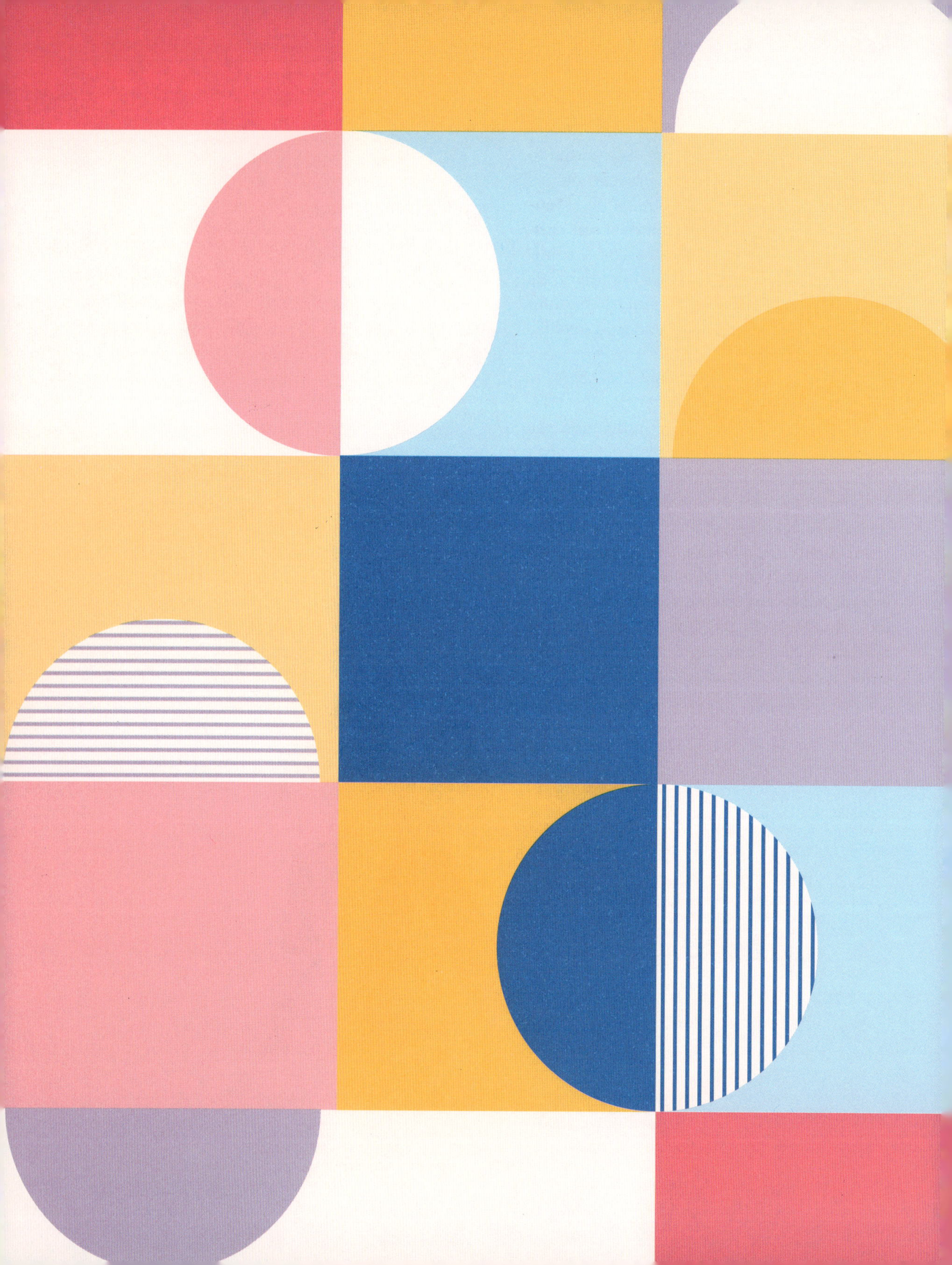

PLUTÃO ♇

Tempo que leva para percorrer o zodíaco: aproximadamente 248 anos

Signo que rege: Escorpião

Casa que rege: oitava

FICAR E NAMORAR: PLUTÃO

Plutão é importantíssimo na astrologia porque rege nossos mecanismos de lutar ou fugir; rege, ainda, a destruição e a cura, os sentimentos compulsivos, os impulsos maníacos e as ações que deles emanam. Suas energias no mapa astral podem representar as áreas onde sofremos traumas e os recursos mais poderosos para superá-los. Plutão representa lugar de dor, veemência e compulsão – todos aspectos inevitáveis do ser humano. Onde este planeta está no mapa natal temos a tendência ou o desejo de culpar os outros, ou a nós mesmos, com agressividade. Mas, para nos curar, devemos nos livrar de toda atribuição de culpa e nos concentrar no que deve ser feito em seguida.

Na fase inicial do namoro ou do sexo sem compromisso, quando não está claro o que está acontecendo ou para onde vai a situação, Plutão é um jogador ativo, pois o sexo, a atração e o amor se baseiam em nossos mecanismos de sobrevivência e no sentido de autoestima – e esse é o território nativo deste planeta. A intensidade de Plutão também pode trazer algumas alternativas importantes: ou você nunca namora ninguém ou namora compulsivamente, por exemplo. Isso porque Plutão é tão radical em sua expressão que seus efeitos podem, muitas vezes, se apresentar como tudo ou nada.

Onde temos Plutão no mapa, teremos sentimentos profundos e compulsivos ou seremos muito contidos. É onde residem nossos problemas de abandono – e muitos outros que transportamos para nossas relações. Plutão rege nosso senso de segurança, o que acreditamos ser inevitável e nosso lado mais obscuro; também motiva nosso comportamento, mas de forma que nem sempre podemos ver.

Plutão está associado a tabus, como taras e fetiches sexuais, além de promiscuidade. Pode nos dizer muito sobre nossos mecanismos de sobrevivência emocional, nossas paixões e nossa vontade de nos sentirmos desejados. Está presente sempre que tiver havido um trauma sexual e articula nossos recursos internos para a cura sexual. Em termos mais simples, pode nos dizer se somos ou não capazes de abrir a porta para outra pessoa quando o sexo e o romance estão em jogo.

Não há nada de casual em Plutão. É nele que os sentimentos são tão intensos e compulsivos que temos dificuldade de mensurar o que é destrutivo e o que é seguro. Sentimo-nos compelidos e impelidos a ter uma experiência com alguém, a seguir um ex-namorado ou uma paixonite, ou a ter experiências sexuais que comprovem nosso valor (para o bem ou para o mal).

ASSUMA SEUS DESEJOS

A área em que você tem Plutão no mapa é onde é importante ficar à vontade com suas preferências sexuais – e não estamos falando aqui apenas sobre o gênero de pessoas com o qual você gosta de fazer sexo; é algo bem mais amplo e profundo. Como você desfruta do sexo? Quando é capaz de assumir suas fantasias e impulsos? Que tipo de impacto emocional sofre quando o ato termina? Sente-se à vontade com a relação com o próprio desejo?

É neste ponto que nossos impulsos mais fortes nem sempre são os mais confiáveis. Às vezes, as pessoas pelas quais nos sentimos atraídos e os atos com que mais fantasiamos não atendem às nossas necessidades na vida real; não nos fazem sentir valorizados, amados ou seguros. Parte disso é inevitável. Mas é também uma área onde temos a grande oportunidade de praticar a autocompreensão, o amor próprio e a reorientação de nossas ações para sermos mais saudáveis e sustentáveis.

COMO LIDAR COM ESTE PLANETA

A área em que você tem Plutão no mapa astrológico é o ponto onde é mais intenso. Como este planeta rege as compulsões, é exatamente aí que seus sentimentos mais fortes não são necessariamente os mais sábios. Assegure-se de estar levando em conta tanto suas esperanças e intenções quanto os medos, e responda com intenção em vez de apenas reagir.

PLUTÃO NOS SIGNOS

Plutão leva 248 anos para completar seu ciclo nos signos e passa de 12 a 31 anos em cada signo. Marca as compulsões, as convicções e os ideais espirituais de uma geração. Por isso, concentrei-me nos signos que provavelmente refletirão meus leitores (e seus pais).

Você vai notar que alguns dos anos a seguir se sobrepõem. Isso ocorre porque todos os planetas exteriores se tornam retrógrados (ou seja, parecem retroceder no zodíaco) e entram e saem de um signo ao longo de um ano. Por isso, muitas vezes ocorre de um planeta estar em dois signos diferentes num mesmo ano civil.

PLUTÃO EM CÂNCER (1913-1939)

Plutão está associado à transformação e pode ser bastante destrutivo, ao passo que Câncer está associado à segurança, ao lar e à nação. Durante esta fase, tivemos a Primeira Guerra Mundial, a Grande Depressão e o início da Segunda Guerra Mundial. Esta geração teve uma vida muito árdua, porque nunca se sentiu segura; por isso, é propensa a ser bastante protetora ou reativa. Foi também uma geração que valorizava demais o clã ou a nação (as leis de segregação estavam em vigor nos Estados Unidos durante esse período, e a Ku Klux Klan detinha grande poder). Era um mundo "nós contra eles". A ênfase na família era bem forte, pois as pessoas lutavam contra a pobreza e a guerra.

O que isso significa para ficar e namorar: houve intensificação dos papéis de gênero durante este período, além de tensão entre a liberdade sexual e as convenções sexuais.

PLUTÃO EM LEÃO (1939-1957)

Essa geração viveu um período de ditadores opressivos, entre os quais Benito Mussolini, na Itália; Adolf Hitler, na Alemanha; Kim Il Sung, na Coreia do Norte; Ho Chi Minh, no Vietnã; Mao Tsé-tung, na China; Francisco Franco, na Espanha; Nikita Khrushchev, na União Soviética, além de vários outros. Portanto, é natural que pessoas nascidas durante esse período tenham ficado abaladas. A época também assistiu à explosão das primeiras bombas atômicas em Hiroshima e

Nagasaki. Essas pessoas tiveram de lidar com uma energia feroz, de modo que temas como controle, sucesso e reconhecimento ganharam todos muita proeminência. Havia grande segregação racial e xenofobia. Os primeiros motins raciais em Detroit aconteceram durante esse período – as pessoas se expressaram e foram reprimidas com violência. Foi toda uma era de raiva expressa e reprimida. Os nativos de Plutão em Leão não foram responsáveis por essas viradas culturais, mas foram criados durante essa época – incentivados pela geração que os precedeu. Devido a avanços tecnológicos no âmbito doméstico e ao maior acesso à educação, as mulheres ganharam mais poder e autonomia durante esse período.

O que isso significa para ficar e namorar: os que têm este posicionamento anseiam por boa dose de atenção e reconhecimento. Trata-se de uma geração que sofreu grande pressão para ter filhos, o que significava que o namoro casual era voltado ao objetivo final do casamento. A donzela em apuros e a mulher fatal eram os dois únicos ideais românticos no mundo ocidental.

PLUTÃO EM VIRGEM (1957-1972)
Esta geração foi criada por pais de Plutão em Leão e tem muito mais consciência social que as gerações imediatamente anteriores. Muitas mudanças significativas em leis e na medicina ocorreram nesse período. Plutão em Virgem tem a compulsão de mudar de foco com frequência, buscando a verdade mais perfeita – mas, como não há verdade perfeita, pessoas com esse posicionamento podem ficar presas em sua rotina e hábitos. Esta geração pode apresentar problemas de abandono.

O que isso significa para ficar e namorar: os movimentos sociais da época e as novas liberdades sexuais aproximaram as pessoas, por um lado, e afastaram-nas ainda mais, por outro. A liberação sexual alcançou novo patamar, e houve mais acesso às drogas, além da expansão dos papéis de gênero masculino e feminino. As formalidades do cortejo amoroso afrouxaram-se nessa época.

PLUTÃO EM LIBRA (1971-1984)
Após o fim da Guerra do Vietnã, em 1975, houve retorno a um período de relativa prosperidade e paz. Esta geração não precisou se concentrar tanto na sobrevivência prática como as gerações imediatamente anteriores, por isso houve mais espaço para que as artes e a justiça social se tornassem elementos culturais de mais relevância. As amizades assumiram papel muito maior. A geração X tem muita consciência sobre romance, justiça social e equidade. Quando havia injustiça, essas pessoas a levavam para o lado pessoal. O número de crianças que voltavam da escola para uma casa vazia, pois ambos os pais estavam trabalhando, atingiu o ápice. À medida que o mundo ia se tornando cada vez maior, a ideia de que desconhecidos representavam perigo ganhou peso, e tornou-se regra confiar apenas em conhecidos. O movimento dos Panteras Negras ganhou preponderância nesse período, apesar de ter começado com Plutão em Virgem. A rigidez dos papéis de gênero que se via com Plutão em Leão já havia se suavizado quando Plutão em Libra surgiu com a era da discoteca e mudanças na indústria cinematográfica.

O que isso significa para ficar e namorar: esta geração abraçou a androginia, e houve expansão dos papéis de gênero. Começou, nesse momento, a tendência a adiar o casamento e a chegada dos filhos. Essa geração buscou maneiras experimentais e criativas de se conectar nos relacionamentos.

PLUTÃO EM ESCORPIÃO (1984-1995)

Esta foi a primeira geração a crescer com um computador em casa. A sensação de conexão com um mundo maior pode tê-la feito se sentir exausta ou tornado cínica. Foram expostos a tudo; nada era tabu. Houve mais androginia – essas crianças foram expostas a identidades de gênero e a sexualidades mais nuançadas e complexas, por exemplo, as de estrelas *pop* como David Bowie e Annie Lennox. Imagens sexualizadas já permeavam a cultura *mainstream*. Essa geração assistiu a personagens *gays* na TV e expandiu ainda mais as noções de gênero e sexualidade.

O que isso significa para ficar e namorar: as pessoas desta geração querem experiências intensas e transformadoras, mas não sabem até que ponto estão dispostas a correr riscos pessoais. O desejo de fusão é forte, mas isso não significa que esse seja sempre o impulso mais saudável a seguir.

PLUTÃO EM SAGITÁRIO (1995-2008)

Este posicionamento também ocorreu entre 1746 e 1762. Pessoas nascidas durante esses períodos foram educadas com compreensão paradoxal do mundo. Por um lado, foram tempos de prosperidade; por outro, as tensões políticas chegavam ao ponto da ruptura. No caso da era mais recente, os oprimidos e pobres foram ficando cada vez mais impacientes com a classe dominante. A consciência da necessidade de mudança cresceu, e essas pessoas tenderam a desenvolver interesse pela reforma política e pela revolução.

Souberam inspirar os outros com seu carisma e sua personalidade enérgica. Houve expansão dos papéis e normas de gênero, e crescente aceitação das diferentes apresentações de gênero. As mídias sociais e a autopublicação tornaram-se mais disponíveis, possibilitando que todo um grupo de pessoas antes marginalizadas contornassem as barreiras tradicionais e fizessem valer sua voz.

O que isso significa para ficar e namorar: a autoexpressão é essencial para essas pessoas, assim como a autonomia e a autoridade sobre a própria vida. Elas gostam de mergulhar em experiências íntimas e estão abertas às diversas maneiras de se conectar intimamente.

PLUTÃO EM CAPRICÓRNIO (2008-2024)

O Massacre de Boston, a Tea Party de Boston, a Revolução Americana e a assinatura da Declaração de Independência ocorreram durante o período anterior em que Plutão esteve em Capricórnio (1762 a 1778). A geração atual veio desfazer muitas das restrições estabelecidas durante a fase de Plutão em Sagitário – em particular, no que se refere à falta de privacidade e ao controle corporativo. Trata-se de uma geração muito comprometida com a mudança, sendo, por vezes, bastante cética acerca do estado do mundo. Abordará a tarefa de melhorar o mundo com determinação sombria, dedicada às suas causas, com moral e ambições sólidas; mas também utilizará o panorama da opressão em seu benefício. Em vez de pregar o poder ou abordá-lo de forma didática, essa geração encarnará esse poder. Essas pessoas podem ter mais estima por questões práticas ou externas que por questões pessoais; podem ser capazes de grande maturidade emocional ou, em contrapartida, ter forte tendência à introversão. Serão muito capazes, embora impiedosas.

O que isso significa para ficar e namorar: como Capricórnio está associado à repressão, a combinação de Plutão e Capricórnio pode criar uma geração que ou se abre para a exploração dos tabus ou os evita por completo. Veremos ou um fortalecimento significativo dos costumes e papéis tradicionais ou uma redefinição radical destes.

PLUTÃO NAS CASAS

PLUTÃO NA PRIMEIRA CASA

As pessoas com Plutão na primeira casa ou alardeiam de maneira aberta sua sexualidade ou são intensamente reservadas em relação a ela. A sexualidade pode ser algo que recebeu muita atenção, positiva ou negativa, nos primeiros anos de vida desses indivíduos. Eles podem ficar mais preocupados em ser apreciados que em saber se gostam da pessoa em questão ou proscrever as pessoas, sem cerimônia, por infrações menores. Quando os nativos com este posicionamento se sentem abandonados ou rejeitados, sua resposta é rápida e intensa. Interações despreocupadas não são seu forte.

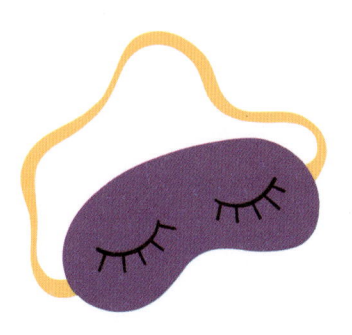

PLUTÃO NA SEGUNDA CASA

O dinheiro e o poder que lhes conferem determinam, de forma significativa, quem essas pessoas querem namorar. Elas têm ideias bem fixas em torno do que é certo, quer essas ideias estejam corretas ou não; por isso, o cultivo da flexibilidade e da disposição à investigação é uma estratégia inteligente. Este posicionamento denota forte necessidade de atenção, e estas pessoas podem atrair indivíduos que não lhes dão o tipo de atenção de que precisam, até aprenderem a se defender.

PLUTÃO NA TERCEIRA CASA

Estes nativos têm intensos problemas de comunicação, ou seja, possuem talento para a paquera, sabem tecer comentários espirituosos e têm capacidade cognitiva profunda, mas nem sempre optam por se expressar de maneira direta. Embora prefiram saber em que pé estão com as pessoas com as quais namoram, não querem iniciar esse tipo de conversa. Aprender a manter a simplicidade sem perder a honestidade é uma ferramenta inestimável, em especial quando estão conhecendo os outros pela primeira vez.

PLUTÃO NA QUARTA CASA

Estas pessoas se apegam com facilidade e têm forte impulso para a segurança – tanto emocional quanto física. Uma vez que começam a namorar alguém e a manter uma vida sexual agradável com essa pessoa, é muito difícil se desapegarem dela, mesmo que fique claro que a situação não está funcionando bem. Precisam trabalhar para entender as diferenças entre apego, compatibilidade e felicidade.

PLUTÃO NA QUINTA CASA

O sexo e os casos amorosos têm significado especialmente profundo para as pessoas com Plutão nesta casa. Elas são movidas pelo desejo de atenção e reconhecimento e podem se ver às voltas com um dilema: o desejo de ter uma vida criativa contra o de mergulhar em relacionamentos românticos. São capazes de desfrutar profundamente do sexo e usá-lo como estratégia para ganhar intimidade e manter as pessoas ao redor.

PLUTÃO NA SEXTA CASA

Pessoas com este posicionamento costumam ser viciadas em trabalho, e seu compromisso com ele pode distraí-las dos encontros e das intimidades pessoais. Podem se doar mais às pessoas com quem saem do que de fato eram capazes de fazer e depois sentir-se ressentidas. Se um relacionamento não parece ligado a algo real, sustentável ou duradouro, têm dificuldade de abrir a porta ou se mostrar vulneráveis. Muitas vezes querem começar do meio em vez de se darem ao trabalho inicial de conhecer alguém.

PLUTÃO NA SÉTIMA CASA

O amor, as parcerias e a conexão têm importância obsessiva para estas pessoas. Os temas controle, segurança e impotência podem ter valor exagerado para elas. Os relacionamentos podem ser ou um meio de transformação ou uma profecia autorrealizadora, para o bem ou para o mal. A intensidade de seus sentimentos pelos outros torna a fase inicial do namoro complicada e difícil, pois elas têm dificuldade de controlar o ritmo de avanço no relacionamento e manter certo distanciamento.

PLUTÃO NA OITAVA CASA

Esta é a colocação natural de Plutão, e a sexualidade é muito importante para estes nativos. Eles podem se entregar por completo à experiência transformadora do sexo, e sua capacidade de emoção e cura é profunda. Isso pode torná-los obcecados na busca pelo sexo ou aterrorizados com ele. De qualquer forma, a proporção que o sexo adquire em sua mente pode ser esmagadora e levar a sentimentos de vergonha. Seu impulso para se fundirem com o parceiro é realmente forte, por isso tendem à codependência. Podem separar os impulsos sexuais dos emocionais – ou não prestar atenção nas pessoas que de fato gostam deles.

PLUTÃO NA NONA CASA

Estas pessoas adoram entrar de cabeça nas coisas e têm dificuldade de ir devagar, tendendo a favorecer uma abordagem "oito ou oitenta" em detrimento de uma comedida. A possibilidade aqui é que estes nativos tenham experiências profundas com pessoas que vão lhes ensinar algo sobre si mesmos. O risco é de julgarem rápido demais seus relacionamentos ou se fixarem tanto na história que estão contando a si mesmos que parem de ver o que está realmente acontecendo numa situação de namoro.

PLUTÃO NA DÉCIMA CASA

A ambição é tão importante para estas pessoas que elas gastam grande quantidade de energia na busca de seus objetivos ou evitando-os todos e depois se lamentando por isso. Em relação ao namoro, isso pode incliná-las a saltar de pessoa em pessoa, procurando respostas que deveriam buscar dentro de si. Ou podem procurar parceiros que se encaixem na imagem de si mesmas que estão tentando criar. Aprender a ouvir os outros é uma habilidade que fariam bem em cultivar. Têm mais facilidade de manter relacionamentos convencionais, pois a segurança lhes é muito importante. Podem ser altamente perceptivas quando outras pessoas estão flertando com elas ou mostrar-se totalmente desligadas.

PLUTÃO NA DÉCIMA PRIMEIRA CASA

É possível que estas pessoas encontrem prováveis parceiros românticos nos círculos de amizade ou tenham sentimentos não correspondidos por amigos. Este posicionamento pode inspirá-las a passar todo tempo com amigos ou, por outro lado, a serem antissociais. Em ambos os casos, há certa tendência a entrar em um modo social que impede os demais de conhecê-las de fato; embora façam isso por questões de segurança, é difícil construir qualquer tipo de proximidade com essa atitude. A tensão sexual lhes provoca sentimentos mistos – às vezes pode fazê-las sentir-se sobrecarregados ou dar-lhes a sensação de que perderam o controle.

PLUTÃO NA DÉCIMA SEGUNDA CASA

Embora estes nativos possam se envolver em relacionamentos breves e casuais, no final das contas, o que querem é ser conhecidos mais a fundo e ter intimidade profunda. Precisam de muito tempo para se recuperar do contato com o mundo, pois são extremamente sensíveis. Têm a capacidade de ir fundo nas conexões íntimas, e, muitas vezes, atraem amantes que surgem por razão transformadora, sem que a relação necessariamente dure muito. Podem se sentir atraídos por situações de luta de poder oriundas da vitimização, como transtornos de raiva ou de dependência.

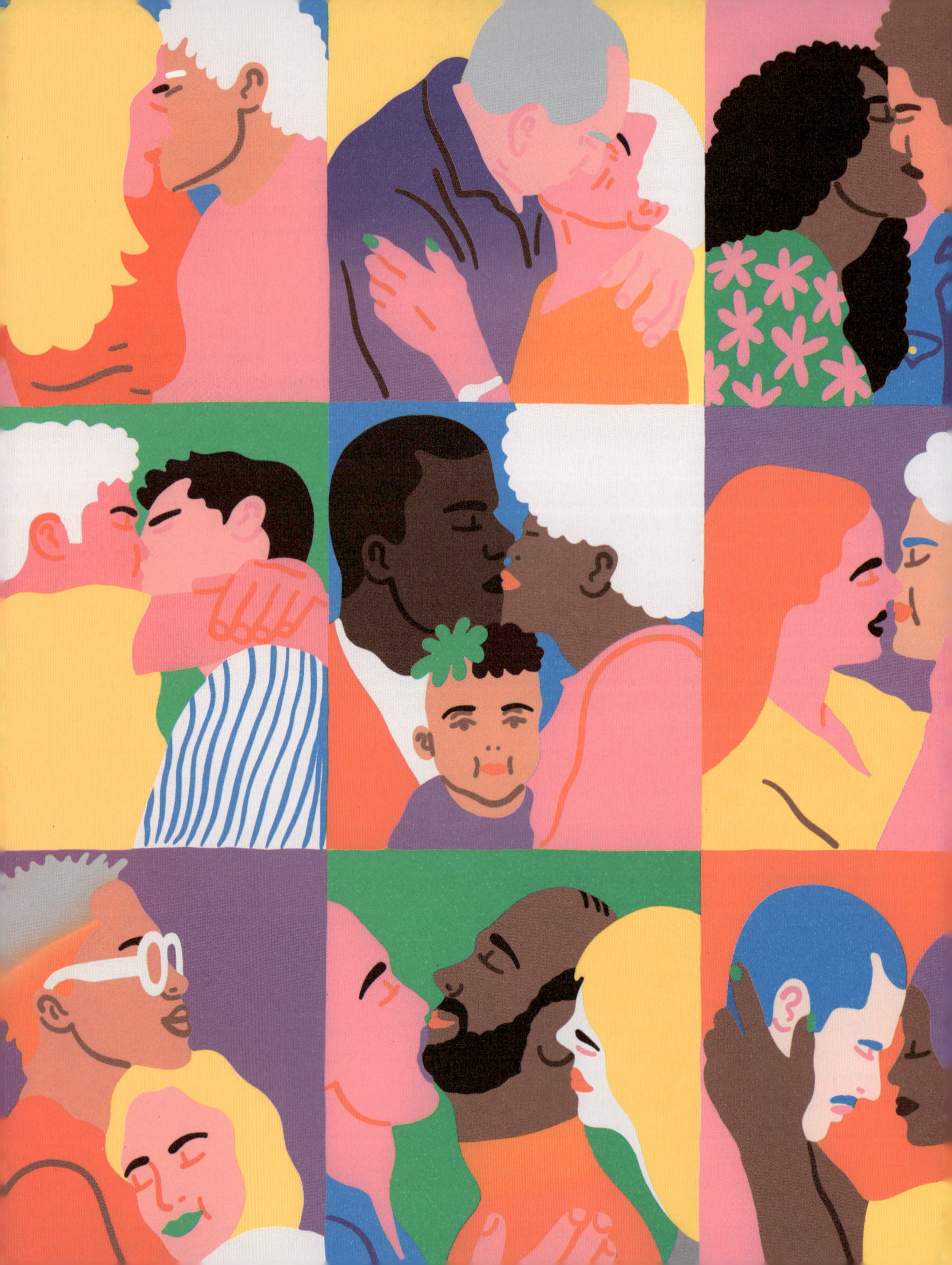

TRÊS

RELACIONAMENTOS DE LONGO PRAZO

Todos os planetas têm papéis a desempenhar na escolha de um ou mais parceiros e na construção de uma vida com eles – colocando-nos em situações em que as finanças, a vida doméstica, as escolhas de vida e a carreira de cada um impactam as do outro –, mas alguns se destacam mais.

FELIZES PARA SEMPRE?

A cultura *pop* gostaria de nos fazer acreditar que a pessoa pela qual temos os sentimentos mais românticos é aquela com quem vamos acabar formando uma parceria de longo prazo. Mas a história e a astrologia provam o contrário. Na realidade, as pessoas costumam se casar ou construir parcerias de longo prazo levando em conta segurança, estabilidade e família. E, pelo fato de os papéis de gênero estarem arraigados há tanto tempo, homens e mulheres, muitas vezes, uniram-se para se sentir em segurança – o reino de Saturno. Essas escolhas eram feitas à custa de Vênus (romance), de Urano (autonomia), do Sol (senso de identidade pessoal e individual) e de Marte (liberdade de movimento).

Para a maioria dos seres humanos no decorrer da história, a maioridade coincidia com casar-se e ter filhos. É fácil para as pessoas nascidas nos anos 1980 ou depois se esquecerem de quão recente é a soberania das mulheres e do impacto que ela teve nos relacionamentos. Até meados do século XX, no entanto, muitas mulheres não saíam da casa dos pais até a hora de se casarem, e apenas no final dos anos 1990 é que começamos a vivenciar certo progresso real em direção à igualdade para as pessoas LGBTQIA+.

SOBRE O AMOR ROMÂNTICO

A ideia de se casar ou de constituir uma parceria em função do amor romântico é bastante moderna, mas é também uma suposição inquestionável no mundo de hoje – pelo menos à primeira vista. Essa suposição raramente se alinha com a realidade. Os relacionamentos de longo prazo envolvem amar, apreciar e apoiar em nível profundo as pessoas que escolhemos, assim como conciliação, reflexão sobre opções e trabalho e criação colaborativos

Embora o mapa natal possa nos dizer quais tipos de relacionamento podemos buscar ou para os quais seremos atraídos, além do que funciona melhor para nós quando estamos neles, todos temos liberdade para decidir o que priorizar nos relacionamentos de longo prazo. Uma pessoa pode decidir formar uma parceria baseada no amor romântico e na paixão, mesmo que a comunicação seja deficiente ou que os parceiros não compartilhem os mesmos valores. Outra pessoa pode renunciar a uma vida sexual fantástica em troca de intimidade intelectual ou de uma vida doméstica segura.

APENAS O INÍCIO

Seja como for que os relacionamentos sejam retratados nos filmes românticos, encontrar o parceiro não é o fim da história. Na verdade, é o início, e cada história se expande e diminui, mergulha e torna a vir à tona. Se você ficar com alguém por tempo suficiente, haverá anos em que vocês não se darão bem e em que você vai querer matar o parceiro. Também haverá meses e anos em que se sentirá extremamente grato por terem unido suas vidas.

Certas pessoas permanecem nos relacionamentos até o final, mas muitos de nós acabamos procurando múltiplas parcerias de longo prazo no decorrer da vida. Por mais que gostemos de reclamar do divórcio e da separação – que, com certeza, não são nada divertidos –, a realidade é que as pessoas amadurecem e mudam. Temos a liberdade de sair de um relacionamento quando ele não está mais funcionando para nós – e essa liberdade é algo belíssimo.

A questão não é ter relações permanentes; é ter relações saudáveis. As questões específicas que surgem em uma parceria de longo prazo exigem que você seja seu eu mais saudável. Se deixar de assumir a responsabilidade pela própria felicidade, crescimento e bem-estar, inevitavelmente – ainda que de modo inconsciente – atrairá a mesma inação para o próprio relacionamento.

A MONOGAMIA NÃO É A ÚNICA OPÇÃO

Há muitas maneiras de estar em uma relação de longo prazo. O padrão nas relações heteronormativas, e nos relacionamentos em geral, é a monogamia, mas esse não é o único modo pelo qual os seres humanos podem prosperar numa parceria. Independentemente da estrutura, uma relação consentida de longo prazo entre adultos pode ser criada por dois ou mais parceiros das mais variadas formas. Ao longo desta seção, vamos falar de certos planetas que tendem a ter impacto no nosso interesse e no modo como abordamos a procura de alternativas à monogamia. Saturno nos inclina a ser monogâmicos; Urano rege as partes de nosso ser que podem estar inclinadas a manter relacionamentos não monogâmicos; Netuno rege o poliamor; e Plutão rege as partes de nós que se sentem profundamente possessivas (são os instintos de sobrevivência).

Embora todos nós tenhamos todos esses planetas no mapa, eles são mais fortes para alguns de nós que para outros. Pode haver parte do seu mapa onde você é bastante possessivo ou inseguro, enquanto outra parte talvez lhe permita se sentir de mente aberta e interessado em explorar. Além disso, o simples fato de você estar aberto a acordos alternativos não significa que seu parceiro esteja, ou vice-versa. Afinal, as relações são um trabalho em equipe. E há muitos outros fatores – culturais e religiosos, entre outros – que influenciam a maneira como uma pessoa experimenta diferentes partes de sua natureza.

OS PLANETAS NUM RELANCE

Eis um resumo do que os dez planetas têm a nos oferecer se e quando decidirmos embarcar em uma relação de longo prazo:

☉ **O SOL** rege o modo como ajudamos uns aos outros a brilhar, como nos sentimos vistos e como incentivamos uns aos outros como indivíduos plenos.

☽ **A LUA** rege a forma como cuidamos dos outros, a proximidade que sentimos com os outros e a intimidade que partilhamos.

☿ **MERCÚRIO** rege a maneira como nos comunicamos e ouvimos, e como nossos dias fluem e se encaixam uns nos outros.

♀ **VÊNUS** rege nosso senso de proximidade e como nos divertimos social, romântica e sensualmente.

♂ **MARTE** rege o modo como brigamos e fazemos sexo, e representa, literalmente, como nos movemos pelo mundo.

♃ **JÚPITER** rege nosso senso de aventura, a capacidade de crescer juntos e nosso potencial para compartilhar a mesma moralidade e visão de mundo.

♄ **SATURNO** rege a longevidade; é como nosso relacionamento envelhece e como envelhecemos juntos.

♅ **URANO** rege nossa autonomia e curiosidade sobre nós mesmos e nossas relações.

♆ **NETUNO** rege o amor romântico e a conexão espiritual.

♇ **PLUTÃO** rege nossa capacidade de mergulhar fundo e nos desapegarmos das coisas.

SOL ☉

Tempo que leva para percorrer o zodíaco: aproximadamente 1 ano

Signo que rege: Leão

Casa que rege: quinta

RELACIONAMENTOS DE LONGO PRAZO: O SOL

O Sol rege a noção do eu e da vontade. Trata, sobretudo, do que mostramos intencionalmente às pessoas. Todos nós precisamos nos sentir vistos como de fato somos – e é natural querer que nossos parceiros de longo prazo sejam grande fonte de reconhecimento.

Nossa vontade, e o modo como a usamos, é parte importante de todas as nossas relações íntimas. Mas o Sol não se resume a nós como indivíduos: reflete quem somos no contexto das circunstâncias, do passado e das pessoas ao redor. Representa o estilo que os outros veem em nós. Como seres humanos, tendemos a cuidar de parceiros e de outras pessoas que amamos de modo compatível com a forma como queremos ser tratados.

LUZ BRILHANTE

O Sol tem luz forte e brilhante, e, desde que uma pessoa não fique à sombra da outra, todos os parceiros podem crescer de formas complementares. Quando o Sol de uma pessoa se expressa de menos ou de mais em uma relação (quando uma pessoa ocupa mais espaço e brilha à custa da outra), pode ser difícil manter a satisfação e a felicidade. Nos relacionamentos de longo prazo, pode acontecer de uma pessoa fazer grandes sacrifícios de vida por outra – por exemplo, quando renuncia à sua vida para se mudar de cidade em razão de uma necessidade do parceiro. Desde que tais gestos acabem sendo retribuídos, os sacrifícios não acontecem em detrimento da própria expressão solar. Todos merecem o reconhecimento que os encoraja a crescer, mudar e ir atrás de seus sonhos, mesmo que, muitas vezes, isso aconteça de forma desequilibrada ou em diferentes momentos de uma relação.

O Sol tem tudo a ver com encontrar e priorizar a si próprio – e, nas parcerias de longo prazo, nem sempre todos têm sido capazes de fazê-lo. Historicamente, o casamento era baseado em um desequilíbrio – esperava-se que as mulheres ficassem em casa e cuidassem da família, enquanto os homens eram encorajados a ser ambiciosos e a ocupar espaço. Isso mudou nas últimas décadas, à medida que outras pessoas, além dos homens, foram explorando sua identidade e crescendo na sociedade e nas parcerias. Mas nem sempre é fácil construir relações em que todas as pessoas tenham igual oportunidade de brilhar. Para os casais que decidem ter filhos, há hoje uma negociação nunca antes vista sobre papéis, poder e autonomia nas parcerias.

Alguns textos de astrologia lhe dirão que o Sol está relacionado à masculinidade, em particular ao genitor do sexo masculino, porque rege a asserção, a força e a vitalidade. Enquanto isso, a feminilidade tem sido associada à passividade e à Lua, ou às nossas emoções. Mas essas ideias não estão mais de acordo com a vida moderna. Como as pessoas de todos os sexos têm cada vez mais liberdade de expressar todas as facetas de si mesmas – entre elas, a busca do poder –, é claro que esses princípios não podem mais estar ligados ao gênero.

O QUE SIGNIFICA ESTAR "NA CÚSPIDE"?

Astrologia é matemática! Cada signo do zodíaco é um duodécimo de uma roda de 360 graus, ou seja, tem 30 graus; e, com base nessa matemática, você é de um signo ou de outro; não pode ser de dois. Minha experiência tem mostrado que, para a maioria das pessoas que se sentem "na cúspide", isso ocorre porque têm planetas em dois signos adjacentes.

COMO LIDAR COM ESTE PLANETA

Com o passar do tempo, vocês crescerão e mudarão; parte do sucesso nos relacionamentos é sentir que você e o parceiro se conhecem e se veem como de fato são – em outras palavras, valorizando e validando o Sol um do outro. Pratique falar com franqueza sobre quem você é e quem está se tornando e dar espaço ao parceiro para fazer o mesmo.

O SOL NOS SIGNOS

SOL EM ÁRIES

Estas pessoas não são conhecidas pela capacidade inata de ouvir e colaborar, mas estes são traços que precisam cultivar para terem relacionamentos duradouros bem-sucedidos. Cabe a elas garantir que sua vida seja ativa e dinâmica fora do relacionamento, o que as ajudará a se fazer presentes para os parceiros sem se sentirem comprometidas. Para que o sexo íntimo seja sempre satisfatório, as pessoas com Sol em Áries precisam ter paisagens ativas de fantasia, que nem sempre envolvem os parceiros. Prosperam em conexões espontâneas.

SOL EM TOURO

Os nativos com este posicionamento podem, às vezes, interpretar como críticas os pedidos de algo novo ou diferente nos relacionamentos. Podem evitar a franqueza como forma de serem simpáticos, mas isso não é bom se os levar a ser desonestos. Embora corram o risco de cair numa rotina em relação ao que funciona no sexo e às vontades sexuais do parceiro, dispõem-se a trabalhar para agradar a ele. Tendem a guardar rancor e à teimosia; precisam cultivar a flexibilidade e saber que perdoar não significa ceder.

SOL EM GÊMEOS

O tédio fora do quarto pode levar os geminianos à morte na cama, mas a paixão pode ser reacendida se cultivarem o interesse pelas parcerias, iniciando uma conversa, fazendo perguntas e realizando atividades juntos fora de casa. Estas pessoas não devem se surpreender se o que gostam nos parceiros e de fazer com eles mudar com o tempo. O segredo consiste em estarem abertas à evolução das coisas e compartilhar o fardo do processo de mudança. A reciprocidade é especialmente valiosa para os geminianos, e o melhor para eles é que ela esteja viva na dinâmica relacional ao longo do tempo.

SOL EM CÂNCER

Os cancerianos são parceiros dedicados e amorosos, e sentirem-se valorizados e cuidados é importante para eles. Podem ficar presos à rotina no decorrer do tempo, porque são escravos dos hábitos – especialmente em assuntos do coração. Tratar os amantes como membros da família pode oprimir a vida sexual. O segredo está em continuar "namorando" os parceiros com os quais estão comprometidos. Se os cancerianos estiverem abertos a mudar e a continuar a descobrir coisas novas sobre o namoro, terão muito mais facilidade de se divertir romântica e sexualmente a longo prazo.

SOL EM LEÃO

Fator importante para a felicidade no longo prazo com os leoninos é o modo como eles se sentem em relação a si mesmos, e serem bastante adorados é, de fato, muito importante para eles. Se não gostarem de si mesmos na dinâmica da relação, sua sexualidade (e afeto) se tornará de mais difícil acesso. Essas pessoas têm a reputação de dançar sobre a mesa e festejar até altas horas – mas muitos leoninos podem ser mais reservados. Precisam de ampla gama de fantasia e de múltiplas fontes de engajamento criativo para manter aceso o fogo doméstico.

SOL EM VIRGEM

Os nativos com Sol em Virgem podem descobrir que sua vontade de se conectar fisicamente varia de modo cíclico; às vezes anseiam por contato, às vezes querem espaço. Virginianos em relacionamentos de longo prazo precisam se comunicar com os parceiros quando a falta de energia – não a falta de interesse neles – resulta de seu ciclo natural. Quando se trata de relacionamentos de longo prazo, é essencial ser honesto de modo geral, mas os virginianos se beneficiarão se adotarem uma abordagem menos crítica. A comunicação é essencial, mas compartilhar todos os detalhes, não.

SOL EM LIBRA

Libra é, de todos os signos do zodíaco, o mais centrado na parceria, e o desejo desses nativos em formar relacionamentos de longo prazo pode ser impulsivo e intenso. Os librianos acreditam profundamente no compromisso e estão dispostos a se esforçar para manter uma relação funcional. Entretanto, quando preferem fazer concessões aos parceiros a serem autênticos e honestos, o resultado pode ser um comportamento passivo-agressivo ou ressentimento no longo prazo. É importante que se lembrem de que os parceiros não podem satisfazer às suas necessidades se não souberem quais são.

SOL EM ESCORPIÃO

Os escorpianos tendem a criar ressentimentos e a se apegar a eles. Se estes forem reprimidos ou expressos em demasia, isso pode ocorrer à custa da intimidade, do desejo sexual, do trabalho em equipe e da disponibilidade emocional. Uma vida sexual dinâmica é especialmente importante para os escorpianos, que precisam de noites com data e hora reservadas para essa conexão. Sua intensidade resulta dos sentimentos profundos que têm pelas coisas, de modo que o uso de válvulas de escape para processar as emoções antes de apresentá-las aos parceiros é uma ótima estratégia para evitar dramas desnecessários.

SOL EM SAGITÁRIO

Os sagitarianos são entusiastas e otimistas, mas quando se deprimem podem cair depressa num lugar bem escuro. Querem que os relacionamentos sejam espaços onde possam ser autênticos e crescer. Podem se fixar em certo estado de coisas, e isso pode impedi-los de ouvir os parceiros quando estes os chamam à realidade. Se o sexo se esgota em uma relação de longo prazo, isso pode ser indício de que outras coisas também se esgotaram, como a sensação de liberdade ou o entusiasmo pelo futuro.

SOL EM CAPRICÓRNIO

Os capricornianos se levam muito a sério e não gostam de se sentir vulneráveis. Não é com leveza que abrem a porta para um parceiro, mas, uma vez que o fazem, tendem a ser muito leais. Quando a confiança é abalada ou quebrada em um relacionamento de longo prazo, a intimidade romântica e sexual também pode levar um golpe. Os capricornianos querem sempre a mesma coisa na cama – até que um dia passam a querer algo completamente diferente, entrando em uma nova rotina. A chave para uma boa relação sexual de longo prazo com um capricorniano é construir confiança e estar disposto a ser surpreendido.

SOL EM AQUÁRIO

Os aquarianos têm reputação de ser excêntricos e distantes, e isso pode ser verdade, mas eles podem prosperar em parcerias onde se sentem vistos. Como pessoas muito independentes, precisam de espaço para chegar às suas verdades a seu modo. Quando se trata de sexo, podem querer algo rápido e funcional – depois disso, seguirão em frente com o restante do dia. Se não houver mudança ou crescimento suficiente na parceria, os aquarianos se aborrecem.

SOL EM PEIXES

Pessoas com Sol em Peixes são muito sensíveis e precisam sentir que sua relação é um santuário. Necessitam se ligar com o próprio corpo de forma divertida e autônoma, de modo a poderem se abrir verdadeiramente aos parceiros. Como suas impressões sensoriais são fortes, podem descobrir que precisam de espaço para entender o que de fato sentem – e é importante que os parceiros sejam solidários e respeitosos com esse processo.

O SOL NAS CASAS

SOL NA PRIMEIRA CASA

Estas pessoas são assertivas e chamam a atenção quando entram em uma sala, quer queiram, quer não. São encorajadoras e dinâmicas para quem está por perto, mas precisam se lembrar de dar um passo atrás e deixar que os outros se revelem à própria maneira, para que possam colaborar no decurso dos relacionamentos.

SOL NA SEGUNDA CASA

Formas físicas e materiais de amor, atenção e segurança são todas muito importantes para estas pessoas. Elas gostam de dar e receber reconhecimento, seja por meio de abraços, presentes ou elogios. Nem sempre são francas com os parceiros e, diante de conflitos, podem cair em uma agressividade passiva. Tendem a ser fixas nas perspectivas, mas, se tiverem tempo, também podem ser bastante razoáveis.

SOL NA TERCEIRA CASA

Os que têm Sol na terceira casa são muito ativos e valorizam a comunicação, em parte porque são ótimos nisso. Podem se distrair com as pequenas coisas e precisam de um parceiro que não leve isso para o lado pessoal. Podem ter tantas personalidades diferentes que se torna difícil para eles permanecer casados com uma única ideia, o que os torna difíceis de prender. Têm apetite sexual bastante versátil e, dependendo de outros aspectos do mapa, em geral se dispõem a explorar as necessidades dos parceiros.

SOL NA QUARTA CASA

Voltadas à família, essas pessoas podem se apegar bastante ao passado, seja às próprias experiências de infância ou à maneira como as coisas eram nos relacionamentos. São leais e comprometidas e adoram construir a sensação de lar nos relacionamentos. Dispõem-se a fazer o trabalho necessário para caminhar ao lado de outra pessoa, e sua família de origem pode ser exigente ou muito importante para elas – o que, às vezes, pode ser um desafio para os parceiros.

SOL NA QUINTA CASA

Para estas pessoas, é fundamental a atenção dos demais para que se sintam desejadas e cuidadas. É importante que aprendam a diferença entre atenção e amor, para que não corram o risco de se comprometer a estar com parceiros que não as entendem ou de procurarem a atenção de outros em períodos de tédio. Ter válvulas de escape criativas – seja por meio de filhos, das artes ou de exercícios físicos – é fonte essencial de cuidados que vai dar apoio à sua felicidade final.

SOL NA SEXTA CASA

Pessoas com este posicionamento podem ser bastante exigentes na forma como cuidam de si próprias e do seu ambiente cotidiano. A vida profissional tende a ser importante para elas e, em geral, ou as energiza ou exige delas quantidade razoável de energia, dependendo das circunstâncias. Precisam se lembrar de desligar o telefone, desligar-se da tomada e se fazerem presentes aos entes queridos. Cultivar o equilíbrio entre a vida profissional e a vida pessoal só vai fortalecer seus relacionamentos.

SOL NA SÉTIMA CASA

A parceria é extremamente importante para estas pessoas, que tendem a prosperar quando estão em relações comprometidas. Precisam ter cuidado para não se tornarem codependentes nem idealistas em excesso em relação aos parceiros ou exagerar o valor das parcerias. É importante que tenham critério para fazer concessões, cedendo o suficiente, mas não em demasia.

SOL NA OITAVA CASA

Estas pessoas atraem parceiros que ou lhes dão vida ou absorvem muito de sua energia. O sexo é parte importante de como se relacionam e alcançam a intimidade, mas, se o ressentimento em torno de concessões menores se acumular, pode vir a atrapalhar uma vida sexual saudável. Qualquer tipo de fusão financeira com o parceiro exigirá transparência e disposição para resolução das próprias questões pessoais com o dinheiro – mas será de seu maior interesse fazer esse esforço.

SOL NA NONA CASA

Os indivíduos com Sol na nona casa têm visões de mundo incrivelmente importantes para sua natureza e, quando outros discordam delas, tendem a levar isso a sério. São generosos, tolerantes e sempre solidários. Se acham que os relacionamentos são injustos ou os parceiros não são tolerantes ou solícitos, podem ficar bastante desanimados. Férias e viagens são partes essenciais dos relacionamentos de longo prazo.

SOL NA DÉCIMA CASA

Pessoas com este posicionamento têm o impulso de dirigir o fluxo da própria vida. Por causa disso, podem se esquecer de fazer concessões enquanto fazem planos que afetam direta ou indiretamente os parceiros. São ambiciosas, trabalhadoras e apegadas ao status e não querem, de modo algum, que os parceiros as envergonhem em público. Também são empenhadas e se dispõem a trabalhar para que uma relação dure.

SOL NA DÉCIMA PRIMEIRA CASA

Estes nativos são muito sociáveis, movidos por um senso de propósito maior que os relacionamentos e precisam que os parceiros apoiem esses propósitos, seja participando deles de forma direta, seja dando-lhes espaço. Isso não quer dizer que não priorizem as parcerias, mas, quando se comprometem com alguém, não deixam de ter outras prioridades pessoais. Como resultado, não se dão bem em relacionamentos possessivos ou quando não há flexibilidade suficiente em torno de como usam seu tempo e sua energia.

SOL NA DÉCIMA SEGUNDA CASA

Os que têm o Sol nesta casa precisam de muito tempo para refletir e estar sozinhos. Nem sempre têm clareza de quem são e do que precisam, por isso podem acabar mantendo relacionamentos com parceiros dominadores. Cultivar a noção da própria identidade é, no fim, um investimento na longevidade da relação. Aprender a ser franco acerca das próprias necessidades e desejos e a se dar espaço para descobrir o que quer é essencial quando se trata de construir relações de longo prazo.

LUA ☾

Tempo que leva para percorrer o zodíaco: aproximadamente 29,5 dias

Signo que rege: Câncer

Casa que rege: quarta

RELACIONAMENTOS DE LONGO PRAZO: A LUA

Quando se trata de relações íntimas, a Lua é um planeta essencial a considerar. Rege nossos sentimentos, nossas necessidades e nosso senso de segurança, assim como o lar e a família. Rege a forma como expressamos afeto, amor e cuidado – e afeta o que queremos e precisamos de nossos parceiros em troca. A Lua também rege nossas reações e o passado, bem como nosso estilo pessoal de conexão íntima. As paisagens emocionais que começaram a tomar forma quando éramos crianças e que ainda revisitamos na idade adulta são território da Lua.

TANTOS SENTIMENTOS

A capacidade de confiar, de ser vulnerável, de partilhar emoções e estar perto do parceiro – tudo isso está ligado à Lua. Dessa forma, ela é, sem dúvida, o planeta mais importante a considerar em matéria de relacionamentos de longo prazo. Talvez também seja um dos territórios mais essenciais a serem explorados na busca pela maturidade e pela autoconsciência.

A Lua controla as marés; sua influência é de fluxo e refluxo. Nossos sentimentos também vêm e vão, e, quando conseguimos deixar que essa fluidez se desenvolva sem nos apegarmos, paradoxalmente nos sentimos mais seguros nos relacionamentos. A Lua percorre todos os graus de todos os signos num ciclo de aproximadamente 29 dias. Isso significa que nossos sentimentos, nossas necessidades e nosso senso de conexão íntima também são cíclicos: crescem e diminuem exatamente como a Lua. Em matéria de relacionamentos, a capacidade de mudança da Lua pode explicar por que ao meio-dia você sente que o parceiro é seu melhor amigo, mas às seis da tarde ele lhe parece ser o motivo de impedi-lo de ser feliz.

GATILHO *VERSUS* TRAUMA

A localização da Lua no mapa pode sinalizar o setor de sua vida em que talvez seja difícil identificar a diferença entre um trauma que está acontecendo agora e um gatilho do passado. Os gatilhos emocionais (algo que se assemelha a uma dor do passado ou nos faz lembrar dela) nem sempre precisam ser resolvidos; nem todos precisam ser corrigidos ou abordados de modo direto. No entanto, quando há algo em seu relacionamento que é de fato traumático (provoca danos ou é destrutivo), isso merece atenção e intervenção direta. O trabalho de autocuidado pode ajudá-lo a determinar o que você precisa mudar no relacionamento, distinguindo isso dos sentimentos que apenas precisa compartilhar.

O AUTOCUIDADO E OS RELACIONAMENTOS

Quando dependemos dos parceiros para nos proporcionar bem-estar emocional em vez de assumirmos a responsabilidade pelos nossos sentimentos, os relacionamentos podem tornar-se desiguais ou estáticos. Um erro comum que as pessoas cometem é tratar a Lua como tratam Mercúrio. Em outras palavras, muitas vezes pensamos demais, convertemos sentimentos em ideias e usamos a análise como principal ferramenta para lidar com os sentimentos. Estar presente para a Lua ou para as emoções do parceiro também nem sempre é fácil. Mas, se você e o parceiro estão no mesmo time, o trabalho consiste em ouvir, ser receptivos e demonstrarem gentileza com as experiências emocionais. Nada disso significa necessariamente que você concorda com ele. Contudo, nunca é bom oferecer argumentos apenas para discordar, nem é boa ideia oprimir ou policiar o comportamento do parceiro. A Lua exige que sejamos uma presença amorosa, mesmo em tempos turbulentos.

Quando os sentimentos de outra pessoa impedem a conversa, pode se tratar de manobra intencional ou não de manipulação, que não promove a proximidade. Para que a intimidade ocorra, esforce-se para compartilhar seus sentimentos – não como forma de controle, mas para estar próximo do parceiro e ser honesto com ele. Pratique abrir espaço para que os outros façam o mesmo à própria maneira e no próprio estilo. Os sentimentos não são um sinal de fraqueza, tampouco ferramentas para ganhar vantagem.

COMO LIDAR COM ESTE PLANETA

Trabalhar com a Lua é simples, mas não é fácil. Não há substituto para a responsabilidade emocional ou a bondade; são coisas que você tem de fazer. Tente ser receptivo aos próprios sentimentos e experiências no momento. É sempre bom deixar os parceiros saberem que você precisa de espaço antes de poder responder emocionalmente a eles. E, se estiver cuidando bem de si mesmo, poderá descobrir que trabalhar a intensidade da Lua é menos complicado do que pensa.

A LUA NOS SIGNOS

LUA EM ÁRIES

Este posicionamento dá às pessoas sentimentos penetrantes e apaixonados. Suas emoções são ardorosas, podendo ser ainda impulsivas e reativas, mas estes indivíduos têm resiliência emocional e força interior que podem invocar quando necessário. Precisam ter cuidado para não apressar ou atropelar os parceiros, especialmente se já fizeram parcerias com pessoas de natureza emocional mais contida. Podem ser bastante assertivos e decididos, por isso vale lembrar que os parceiros precisam fazer parte do processo de tomada de decisões.

LUA EM TOURO

Estes nativos podem ser leais – às vezes até demais – e precisam aprender que a discordância não compromete, necessariamente, a lealdade. Aqueles com este posicionamento correm o risco de ser insinceros quando as coisas se complicam, num esforço para manter a paz. São ótimos parceiros por causa do quanto valorizam relações íntimas mutuamente benéficas. Mas precisam tomar cuidado com a possessividade e se lembrar de trabalhar para construir e refinar a confiança nos parceiros, em parte sendo eles mesmos confiáveis.

LUA EM GÊMEOS

Porque podem se perder em pensamentos e têm forma especialmente cerebral de processar as emoções, estas pessoas podem parecer desatentas. Preferem se relacionar com os parceiros de maneira divertida, descontraída e bem-humorada e anseiam por grande variedade no dia a dia. Se não mantiverem estilo de vida dinâmico e interessante, é provável que fiquem bastante frustradas com os parceiros. Por isso, é fundamental que assumam a responsabilidade de tornar a própria vida interessante e cultivem a habilidade de ouvir ativamente (dando sinais verbais ou físicos de que estão prestando atenção).

LUA EM CÂNCER

Estas pessoas podem ser muito solidárias, leais e dispostas a fazer o trabalho emocional de manter a proximidade ao longo do tempo. São profundamente voltadas à família e valorizam a transformação das parcerias em família, quer isso inclua filhos, gatos ou cabras. Este posicionamento pode inclinar o indivíduo a ser bastante sensível e autoprotetor; por isso, talvez se torne um pouco reservado se se sentir magoado ou rejeitado de alguma forma. O caranguejo não apenas se desloca de lado como também se o faz com as garras; por isso, estas pessoas precisam ter cuidado para não ser demasiado passivo-agressivas.

LUA EM LEÃO

Quem tem a Lua em Leão gosta de ser o chefe. Adora dar e receber atenção e amor e pode ser feroz protetor das pessoas e coisas a quem ama, além de se sentir movido a criar algo que seja reflexo do seu amor, seja um filho, seja um lar. É importante que essas pessoas peçam aos parceiros o que precisam e atuem de maneira a manter vivas a paixão e a aventura, atendendo às necessidades básicas de todos. Mesmo que possam ser orgulhosas, com dose saudável de humildade, essas pessoas vão até os confins da Terra em prol daqueles que amam.

LUA EM VIRGEM

Essas pessoas valorizam a estabilidade e a consistência emocionais. São parceiros firmes e cuidadosos, mas podem ser rígidos quanto ao que querem e precisam. Porque tendem a colocar os hábitos acima dos relacionamentos ou das pessoas, a flexibilidade com sua rotina de autocuidado lhes trará mais intimidade e felicidade. O acesso aos seus corpos nem sempre é simples e direto; por isso, é provável que passem tanto por fases sexuais como assexuadas. O segredo está em não ficarem tão presos à razão a ponto de perderem a noção do coração. É importante que se lembrem de priorizar a felicidade e só busquem a perfeição nos esforços para atingir esse objetivo.

LUA EM LIBRA

Estas pessoas valorizam os relacionamentos e se preocupam profundamente com a justiça. Estão dispostas a fazer concessões para os parceiros e seus relacionamentos, embora corram o risco de serem conciliadoras demais. Na verdade, querem companheiros de atividade com os quais possam crescer. Em geral, desejam relacionamentos de longo prazo que se convertam em casamento, porque anseiam por segurança e promessas. Seu desejo de garantia pode, às vezes, mantê-las prisioneiras, mas sua vida será mais fácil se conseguirem se lembrar de usar a felicidade para criar estabilidade, não o contrário.

LUA EM ESCORPIÃO
Emocionalmente intensas e profundas, estas pessoas demoram a confiar, mas, uma vez que o deixarem entrar na vida delas, podem ter expectativas bastante altas. Podem ser temperamentais, possessivas e ter profundo magnetismo sexual, dispondo-se a trabalhar para crescer com os parceiros ao longo do tempo, sobretudo quando se sentem respeitadas e valorizadas. Os que têm este posicionamento se dão melhor quando podem passar tempo suficiente sozinhos para vivenciar e elaborar seus sentimentos. Tendem a ser brutalmente francos ou a comprometer a verdade como forma de evitar discordâncias, e farão bem em aprender a expressar, de forma clara e eficaz, o que precisam do parceiro.

LUA EM SAGITÁRIO
Estas pessoas têm o coração grande e querem parcerias focadas no crescimento – não apenas na própria vida, mas igualmente na dos parceiros. Prezam a justiça e a compaixão, mas também podem cair no dogmatismo e no farisaísmo, se não tomarem cuidado. São espontâneas e podem ficar tão absortas em outras coisas pelas quais são apaixonadas que precisam se lembrar de priorizar os parceiros e a vida familiar. Felizmente, tendem a ser sensíveis a esses lembretes.

LUA EM CAPRICÓRNIO
Estas pessoas tendem a se sentir pouco à vontade com a vulnerabilidade, o que pode torná-las reservadas, emocionalmente arredias e difíceis de interpretar. Uma vez que se aproximam o suficiente para forjar ligações íntimas, é provável que exijam dos parceiros os mesmos padrões que exigem de si próprias – o que pode configurar um grau bem alto de exigência. Embora sejam leais, comprometidas e atenciosas em termos práticos, podem guardar rancor por muito tempo. Por outro lado, com paciência e clareza de intenção, podem trazer a responsabilidade emocional aos relacionamentos.

LUA EM AQUÁRIO
Por serem tão astuciosos, estes nativos correm o risco de não se assentarem totalmente com seus sentimentos. Tendem a ser distantes e ágeis no processamento emocional, porque fazem uma abordagem analítica dos sentimentos. Embora possam se apressar a compreender ou corrigir os sentimentos, isso pode levar a dificuldades crônicas de ansiedade ou à ausência emocional. Quando ficam presos à razão, podem ser vistos como frios, então é importante que desenvolvam relacionamentos em que os parceiros se sintam confortáveis com seu estilo de expressão emocional.

LUA EM PEIXES
Estas pessoas são tão sensíveis aos ambientes e aos sentimentos que às vezes pode ser difícil analisar o que estão sentindo; precisam de um tempo de repouso – com ou sem os parceiros – para se recuperarem do mundo. Podem ser românticas e sentimentais e ter uma forma devocional de lealdade. Se não tomarem cuidado, podem usar as necessidades ou os desejos dos parceiros para evitar cuidar de si mesmas. Embora talvez sejam um pouco inconsistentes ou fugidias, são empáticas, emocionalmente generosas e dispostas a fazer concessões.

A LUA NAS CASAS

LUA NA PRIMEIRA CASA

Estas pessoas são corajosas e calorosas e querem que seus sentimentos sejam reconhecidos. Desejam construir um relacionamento no qual possam compartilhar uma rica conexão emocional ao longo do tempo. Como são emocionalmente transparentes, podem parecer bastante reativas. Aprender a assumir a responsabilidade sobre o modo como suas emoções impactam os outros é a chave para evitar dramas desnecessários e priorizar o que importa. Podem ser bastante sentimentais e se esforçam muito para ajudar os parceiros.

LUA NA SEGUNDA CASA

Estas pessoas se dão melhor quando as ligações emocionais se aninham em uma sensação de valores partilhados. Anseiam por uma prova do lugar que ocupam no coração e na vida dos parceiros. O toque físico é parte importante de como elas dão e recebem amor. Estes indivíduos podem, por vezes, priorizar a sensação de segurança em detrimento da felicidade real, por isso precisam ter cuidado para não darem tiros no pé na tentativa de satisfazer às suas necessidades.

LUA NA TERCEIRA CASA

Estes nativos processam as emoções intelectualmente; tendem a querer falar muito sobre seus sentimentos. Precisam ser capazes de verbalizar várias ideias e sentimentos que talvez não sejam, de fato, sua verdade. O segredo está em falar com amigos ou escrever em um diário antes de processar os sentimentos com o parceiro, pois esses sentimentos precisam primeiro ser recapitulados.

LUA NA QUARTA CASA

Este posicionamento da Lua indica amor ao lar e forte desejo de construir uma base sólida com outra pessoa. Pessoas com a Lua na quarta casa são solidárias, amorosas e expressivas. Por outro lado, suas emoções falam tão alto e esses indivíduos podem ficar tão envolvidos nos sentimentos que deixam de colaborar com os parceiros ou realmente escutá-los. Quer tenham ou não filhos, a vida multigeracional é importante para essas pessoas.

LUA NA QUINTA CASA

Estas pessoas precisam de paixão e diversão. O sexo é uma importante expressão de amor, e é fundamental que alimentem o desejo na dinâmica de parceria, bem como no próprio corpo. Os sentimentos tendem a vir fortes, por isso essas pessoas precisam aprender a tolerar as emoções por tempo suficiente para se desviarem das reações, a fim de expressarem suas necessidades reais.

LUA NA SEXTA CASA

Os hábitos cotidianos podem ser fonte significativa de autocuidado para estas pessoas, e elas se dão melhor quando podem estabelecer (e manter) rituais para se conservarem emocionalmente presentes e ligadas aos parceiros. Quando não assumem a responsabilidade de criar e manter tais rituais, aqueles que têm a Lua na sexta casa podem acabar se sentindo isolados ou sendo inacessíveis.

LUA NA SÉTIMA CASA

Essas pessoas sentem o forte desejo de estar ligadas a outros de quem gostam. Atingem sua melhor forma quando mantêm um relacionamento de longo prazo e têm grandes amigos nos quais possam confiar. Exigem muito dos parceiros do ponto de vista emocional, mas também estão dispostas a dar muito de si. A codependência é algo a que precisam estar atentas; devem encontrar maneiras de estar emocionalmente presentes que não sejam meras reações aos demais.

LUA NA OITAVA CASA

Essas pessoas tendem a ter um poço emocional profundo; por outro lado, podem ser bastante fechadas ou sigilosas. Quando o ressentimento ou a dor se acumulam, correm o risco de se isolarem dos parceiros; fariam bem em se acostumar a encarar as coisas de frente, para que os problemas não apodreçam com o decorrer do tempo. Podem ser profundamente sexuais e, às vezes, acham mais fácil se conectar intimamente, sem palavras.

LUA NA NONA CASA

Este posicionamento tende a determinar em seus nativos uma abordagem devocional ao amor. Sua natureza emocional corre a passos largos, o que significa que seu coração pode galopar na direção das pessoas ou afastar-se delas. Fazer viagens ou compartilhar filosofias espirituais com os parceiros pode ajudá-los a conservar o entusiasmo e a intimidade. A comunicação direta pode refrear a tendência a criar histórias baseadas em seus sentimentos antes de se certificar de que sejam objetivamente verdadeiras.

LUA NA DÉCIMA CASA

A carreira é muito importante para estas pessoas, e elas precisam de parceiros que apoiem sua visão de mundo, mesmo que esta mude ao longo do tempo. São socialmente sensíveis e podem se sentir desconfortáveis quando acreditam que os parceiros não são bem-vistos. Não se sentem muito à vontade com a vulnerabilidade e podem ser um pouco autoritárias, e sua capacidade de lealdade e trabalho é muito forte.

LUA NA DÉCIMA PRIMEIRA CASA

Essas pessoas se consideram muito abertas, e talvez o sejam, mas também podem ser dogmáticas sobre o que consideram correto. Por causa disso, talvez tenham que se lembrar de que estar certo não é mais importante que estar perto. Prosperam quando podem estar próximas de mais de uma pessoa ao mesmo tempo, o que lhes oferece múltiplas válvulas de escape para seus sentimentos, e suas necessidades e sua curiosidade infinita. Observar o futuro e tentar adivinhar os sentimentos e as ações dos parceiros são duas coisas que devem tentar evitar.

LUA NA DÉCIMA SEGUNDA CASA

É necessário muito espaço para que essas pessoas reflitam sobre o que sentem e precisam. Devem ter cuidado para não se sacrificar demais nem se martirizar por aqueles que amam. São muito dedicadas aos parceiros, e é importante que tenham limites saudáveis, começando por identificar suas necessidades e seus sentimentos e validar o direito de tê-los e expressá-los.

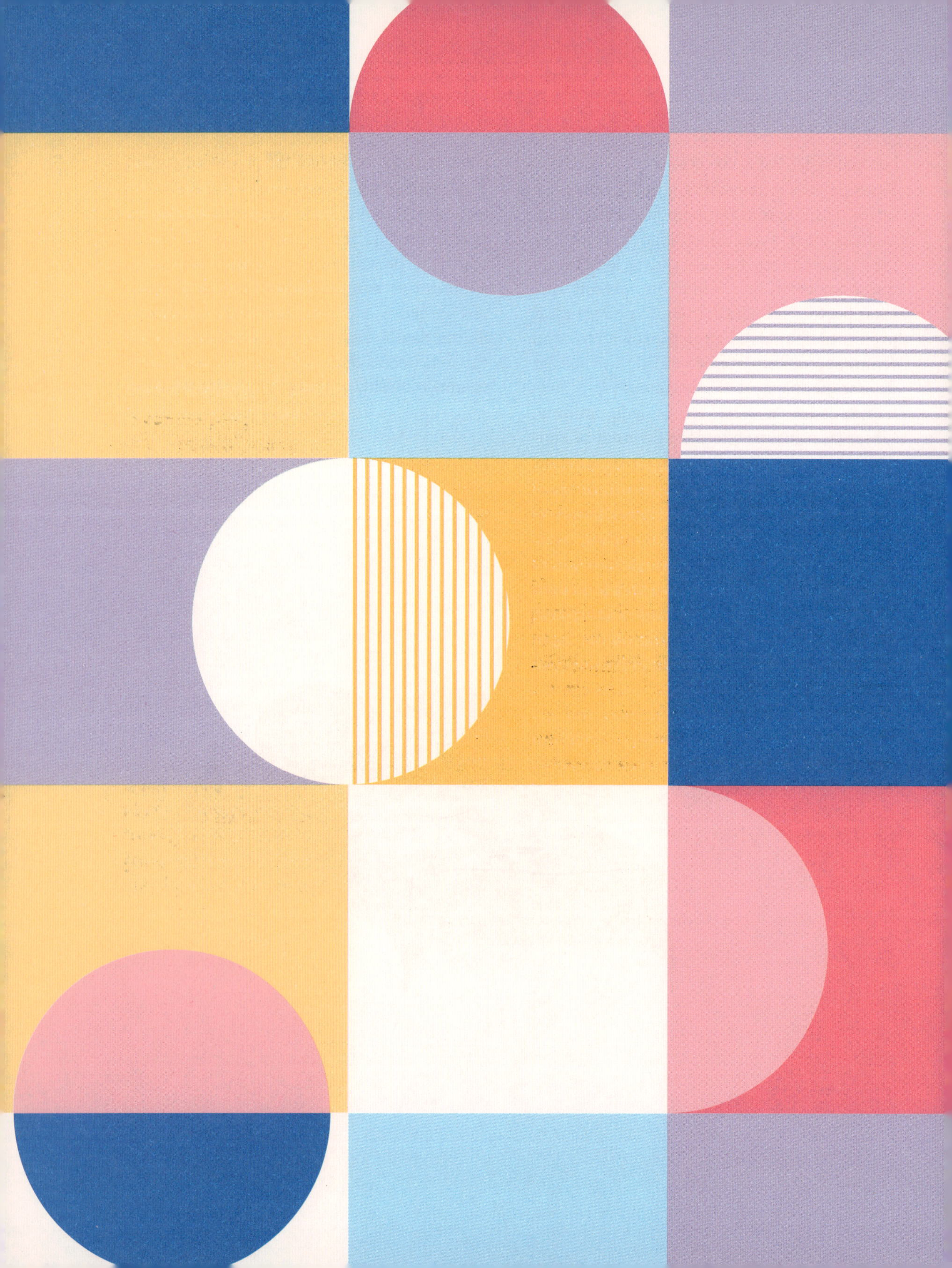

MERCÚRIO ☿

Tempo que leva para percorrer o zodíaco: aproximadamente 1 ano

Signos que rege: Gêmeos, Virgem

Casas que rege: terceira, sexta

RELACIONAMENTOS DE LONGO PRAZO: MERCÚRIO

Mercúrio rege a comunicação, tornando-se ator fundamental quando se procuram compreender as relações de longo prazo. Rege nossas atitudes, nossos pensamentos, o que e como dizemos – as palavras e o tom. Em um relacionamento, quando sentimos que estamos no mesmo time, isso nos dá a sensação de unidade, mesmo durante desentendimentos ou mal-entendidos. Quando nós ou nossos parceiros ficamos na defensiva, ou apenas distraídos, pode ser fácil esquecer que somos colegas de equipe; podemos deixar de ouvir e partilhar verdadeiramente, o que cria dinâmica de oposição. No contexto de Mercúrio, a ferramenta que temos para reparar esse tipo de ruptura é a troca de ideias e informações, e isso requer confiança e prática.

cendo com você no íntimo. Mercúrio, além disso, desempenha papel significativo na forma como discordamos dos parceiros e aprendemos com eles. Quando insistimos que nossas atitudes, crenças ou ideias estão certas, tendemos a parar de ouvir e só respondemos quando temos a oportunidade de afirmar uma opinião.

Tecnicamente, é Marte quem rege o ego, mas Mercúrio rege o que acreditamos sobre nós mesmos. Em um mundo cada vez mais mercurial, as ideias sobre nós podem suplantar nossa experiência real. Em vez de ouvir a perspectiva da outra pessoa, podemos manter firme nossa versão dos acontecimentos e defender pontos de vista em lugar de trabalharmos juntos, de verdade. Esse é o lado negativo de Mercúrio nos relacionamentos. Quando ficamos impacientes, tornamo-nos menos capazes de enfrentar os desafios inevitáveis em qualquer relacionamento. É importante não gerar narrativas que combinem com nossas teorias. Quando aplicadas aos relacionamentos, as histórias que contamos para nós a nos mostram apenas o que queremos ver sobre os parceiros, não o que estão revelando de fato. Sob esse aspecto, Mercúrio é bastante egoísta, porque nossas ideias podem substituir e encobrir as experiências reais e o potencial inerente a um relacionamento.

ESCUTAR É AMOR

Independentemente de quanto tempo você esteja com seu ente querido, é sua responsabilidade fazer perguntas e de fato ouvir as respostas antes de formular uma reação; em outras palavras, envolva seu Mercúrio de modo intencional. Também é sua responsabilidade compartilhar o que está aconte-

RITMO E PARCERIA

Quando se trata de compatibilidade, é importante ter em mente que cada um tem um ritmo diferente de processamento, compreensão e verbalização das ideias. Conhecer e aceitar tanto o próprio ritmo mental como o do parceiro é fundamental, sobretudo quando se trata de falar sobre coisas difíceis ou de tomar decisões importantes na vida em conjunto. Entender onde Mercúrio está no mapa natal pode ajudar nisso.

Mercúrio rege o alicerce de amizade que se desenvolve quando você conhece alguém por muitos anos, sendo esta, talvez, uma das melhores partes de uma relação de longo prazo. A maioria das amizades tem fases de maior ou menor compatibilidade, e todas as amizades requerem trabalho de ambas as partes. Não precisamos concordar em tudo com os parceiros (isso seria entediante), mas precisamos ser capazes de compartilhar ideias de forma que promova reciprocidade e conexão.

COMO LIDAR COM ESTE PLANETA

Ouça... ouça verdadeiramente o parceiro e faça perguntas que partam de interesses autênticos. Isso não pode acontecer todos os dias da semana. Haverá períodos em que você estará menos interessado no parceiro, mas, quando isso se prolonga por muito tempo, dissemina as sementes do descontentamento. Se tiver dificuldade, não há problema em recorrer a ferramentas como perguntas de múltipla escolha (os jogos de palavras também são muito mercuriais) para saber o que realmente se passa com o parceiro.

MERCÚRIO NOS SIGNOS

MERCÚRIO EM ÁRIES

Estas pessoas são entusiásticas e diretas, além de propensas a interromper o parceiro. Podem ter pensamento egocêntrico e não são muito capazes de fazer concessões, o que não é exatamente cativante para os parceiros. Por outro lado, são corajosas, protetoras daqueles que amam e dispostas a trabalhar para levar o relacionamento adiante.

MERCÚRIO EM TOURO

Teimosas, diplomáticas e engenhosas, estas pessoas tendem a ter formas metódicas de processar informações, o que fazem por meio dos sentidos. Se não tiverem tempo suficiente para fazê-lo, podem se tornar um pouco apressadas e ficar na defensiva. Isso significa que precisam de tempo extra para, de fato, absorverem informações, sobretudo quando o tempo esquenta ou a situação com os parceiros se torna desagradável. Podem vivenciar períodos de inércia, em que precisam encontrar formas de recarregar as baterias.

MERCÚRIO EM GÊMEOS

Este posicionamento dá a seus nativos natureza rápida e lógica. São capazes de captar ideias e expressá-las com eficiência, mas se distraem facilmente ou mantêm as coisas superficiais. Tendem à duplicidade se não tiverem cuidado; não porque mintam intencionalmente, mas porque falam verdades diferentes em momentos distintos. Nos relacionamentos, é importante que honrem a palavra e não confiem demais na própria capacidade de convencer ou enrolar os parceiros.

MERCÚRIO EM CÂNCER

Os nativos de Mercúrio em Câncer expressam-se de forma indireta, mas o tom de voz, muitas vezes, trai suas emoções – sobretudo quando falam de coisas difíceis. Isto pode lhes dar a reputação de serem passivo-agressivos. Em contrapartida, são leais e tendem a ser solidários e receptivos às necessidades dos parceiros. Como Câncer é um signo muito emocional, podem mudar de ponto de vista com frequência.

MERCÚRIO EM LEÃO

Este posicionamento inclina as pessoas a serem entusiasmadas e divertidas e a manterem um quê de dramaticidade ao contarem histórias, se expressarem e se relacionarem com aqueles que lhes são próximos. Também podem ser um pouco autocomplacentes. Têm jeito autoritário de falar e podem ter certa tendência ao "faça o que digo, não o que faço". A teimosia pode se tornar um desafio nos relacionamentos, sobretudo se elas perderem de vista a intenção de estarem criativamente ligadas aos parceiros.

MERCÚRIO EM VIRGEM

Estas pessoas podem ser muito críticas ou cuidadosamente perspicazes. Podem se fixar no que acreditam ser a verdade e não descansarão enquanto esta não for verificada ou validada. Há certa tendência a se perderem nos detalhes e a se distraírem com pequenas coisas. Por outro lado, os nativos deste posicionamento podem ter reserva infinita de curiosidade amorosa sobre os parceiros, sobretudo quando são capazes de permanecer curiosos em relação à própria vida.

MERCÚRIO EM LIBRA

Este posicionamento leva à indecisão, que, com o tempo, pode se tornar incerteza e insegurança, se essas pessoas não tiverem cuidado. A vontade de conciliação é útil em uma parceria, mas, quando chega a um ponto em que a pessoa não toma as próprias decisões nem assume a responsabilidade pelo que faz, a indecisão pode se tornar um problema real. Embora admirável, o desejo de ser simpático pode, por vezes, levar o indivíduo de Mercúrio em Libra a não ser plenamente honesto no que comunica.

MERCÚRIO EM ESCORPIÃO

Este não é um dos posicionamentos mais francos, pois Escorpião tende a ser um signo reservado, às vezes até afeito ao segredo. Isso não se deve à falta de integridade, mas, sim, à profundidade emocional que acompanha as ideias desses nativos, que são bastante veementes e têm atitudes e opiniões muito fortes sobre as pessoas e as situações. São excelentes para captar sutilezas e precisam aprender a resistir ao impulso de observar cada movimento dos parceiros ou trazer o passado à tona quando discutem assuntos mais pesados.

MERCÚRIO EM SAGITÁRIO

Estas pessoas têm de tomar cuidado para não emitir cheques com palavras que não possam descontar com ações. São bastante capazes e honestas, e conseguem justificar quase tudo. Adoram compartilhar histórias e, por mais que valorizem a sinceridade, tendem a exagerar um pouco para tornar as coisas mais interessantes. Seus relacionamentos funcionarão melhor quando aprenderem a ouvir os parceiros e não sentirem que estão sendo arrastadas para onde não querem ir.

MERCÚRIO EM CAPRICÓRNIO

Literalistas até os ossos, estes nativos podem ser difíceis de prever, e suas atitudes oscilam entre a tensão e a rusticidade. Podem ter mentalidade rígida sobre como as coisas devem ser e ideias fixas sobre o passado. Têm compleição mental bastante séria, o que os capacita a fazer o trabalho que os relacionamentos requerem; isso, no entanto, nem sempre faz deles os comunicadores mais românticos ou sentimentais que se pode encontrar.

MERCÚRIO EM AQUÁRIO

São pessoas muito voltadas a detalhes, tendendo a fazer tudo ao mesmo tempo. São dadas a ter ideias excêntricas e padrões de discurso inventivos. Atentos ao simbolismo, podem ser ouvintes ativos ou, em contrapartida, projetar suas ideias nos outros. Devem ter cuidado para não interromper os interlocutores, pois, mesmo que pensem que podem prever as palavras do parceiro, todos merecem espaço para se expressar à sua maneira.

MERCÚRIO EM PEIXES

Esta é uma colocação muito sensível para Mercúrio. Estas pessoas são solidárias, sentimentais e têm empatia genuína pelos outros, mas podem ser um pouco passivas quando as coisas se tornam difíceis no relacionamento. Detestam a ideia de ferir sentimentos ou de estar erradas. Como a sensibilidade pode torná-las bastante temperamentais, é importante que ocupem o espaço de que precisam para assumir papel ativo nas parcerias.

MERCÚRIO NAS CASAS

MERCÚRIO NA PRIMEIRA CASA

Pessoas com este posicionamento são rápidas, mas seus pensamentos tendem a transparecer no semblante, o que as torna alvos fáceis, por exemplo, em jogos como o pôquer. Identificam-se muito com as próprias opiniões, o que não as torna flexíveis, mas bastante francas. Experientes na arte da conversa, interessam-se de verdade pelos outros, mas a tagarelice também pode colocá-las em apuros, se não tomarem cuidado.

MERCÚRIO NA SEGUNDA CASA

Pelo fato de não quererem se aprofundar em detalhes, estes nativos podem tentar encontrar a solução de um problema antes de entenderem por completo sua complexidade. Valorizam a comunicação, mas tendem a manter as coisas na superficialidade ou têm dificuldade de se desapegar. Querem se sentir seguras nos relacionamentos e estão dispostos a trabalhar para chegar lá, mesmo que, às vezes, o façam a contragosto.

MERCÚRIO NA TERCEIRA CASA

Estas pessoas são excelentes para manter contato e partilhar informações e, desde que seus interesses estejam garantidos, são grandes ouvintes. São rápidas, inteligentes e engraçadas, mas o maior desafio é que se distraem demais e são tão ocupadas que nem sempre dão às relações a atenção que merecem.

MERCÚRIO NA QUARTA CASA

Pessoas com este posicionamento podem ser bastante autoprotetoras e nem sempre são francas até descobrirem o que sentem sobre o que pensam. Às vezes se apegam bastante às suas crenças ou à sua versão dos acontecimentos, o que pode se tornar um bloqueio para a resolução de conflitos. Tendem a ter forte sensação de que somos "nós contra eles", o que pode incliná-las a ser bastante leais ou defensivas, dependendo das circunstâncias.

MERCÚRIO NA QUINTA CASA

Este é um aspecto criativo, e os filhos – e outros empreendimentos criativos – podem ser muito importantes para estes nativos. Eles apreciam atenção, adoram flertar e gostam que os parceiros se mantenham em contato como forma de intimidade. São dinâmicos e animados e precisam sentir que suas ideias têm influência sobre os parceiros. Como são um pouco atrapalhados com os fatos e detalhes, tendem a seguir seus sentimentos mais fortes, muito embora priorizem a lealdade.

MERCÚRIO NA SEXTA CASA

Este posicionamento dá às pessoas inteligência prática e detalhista. São bastante versáteis no modo como gostam de viver e no que gostam de fazer no dia a dia; em termos de parceria, têm a capacidade de fomentar conversas colaborativas saudáveis quando conseguem aprender a se desapegar das pequenas coisas. Se resistirem ao impulso de ser controladoras ou de encontrar pelo em ovo, darão espaço para que os parceiros abordem as coisas de maneira diferente e, portanto, para que as relações prosperem.

MERCÚRIO NA SÉTIMA CASA

Estas pessoas são tagarelas e precisam de parceiros com quem possam falar. Podem dar mais ênfase ao falar que ao ouvir, ou priorizar o falar em vez do agir. Trata-se de um posicionamento diplomático, e seus nativos não se sentem à vontade com brigas e gritos. Podem namorar pessoas mais novas ou mais velhas. A parceria é muito importante para elas, que se sentem completas quando estão em um relacionamento de compromisso.

MERCÚRIO NA OITAVA CASA

Os que têm Mercúrio na oitava casa podem ser um pouco reservados ou afeitos ao segredo. Têm forma profundamente emocional de processar ideias e informações, bem como a capacidade de chegar ao fundo de muitas camadas de informação e ruído e identificar a verdade, mas correm o risco de serem obsessivos e de se distraírem com detalhes mesquinhos. A proximidade e a intimidade são essenciais para eles, e precisam que os parceiros sejam confidentes para garantir a compatibilidade no longo prazo.

MERCÚRIO NA NONA CASA

Rápidos, engraçados e aventureiros, os nativos deste posicionamento gostam de falar e partilhar histórias. São muito filosóficos e tendem a ter atitudes vigorosas sobre o ensino superior ou a religião, o que vem especialmente ao caso para estudantes ou pais. Em geral, são bastante visionários e expansivos nos processos cognitivos. Podem desdenhar das coisas que os aborrecem ou que não correspondem à sua visão de mundo.

MERCÚRIO NA DÉCIMA CASA

Estas pessoas são altamente identificadas com seus objetivos e planos e podem ser um pouco exigentes com os parceiros. Tendem a ser literais no pensamento e podem ter de refinar da arte de fazer concessões. A parceria é uma colaboração contínua; os nativos deste posicionamento têm de tomar cuidado para não fazerem planos de vida por si próprios e depois tentarem encaixar neles as outras pessoas.

MERCÚRIO NA DÉCIMA PRIMEIRA CASA

Pessoas com este posicionamento tendem a ser muito ocupadas; são argutas, perspicazes e inteligentes. Precisam de uma vida social vibrante para se sentirem verdadeiramente satisfeitas nos relacionamentos. Têm preocupação profunda com questões de justiça social e tendem a fazer parte de comunidades em que as pessoas trocam ideias sobre o mundo. É importante para elas que os parceiros compartilhem desses interesses.

MERCÚRIO NA DÉCIMA SEGUNDA CASA

Estas pessoas nem sempre se sentem confortáveis em afirmar suas preferências ou necessidades, em parte porque podem levar algum tempo para perceber o que pensam ou querem. Isso pode levá-las a ser vistas como passivas ou passivo-agressivas. É importante que aprendam a pôr em palavras sua necessidade de certo distanciamento para perceberem as coisas. Precisam ter alguns segredos, mesmo que pequenos. Se dão melhor com parceiros que saibam deixá-las à vontade para se expressar.

VÊNUS ♀

Tempo que leva para percorrer o zodíaco: aproximadamente 1 ano

Signos que rege: Touro, Libra

Casas que rege: segunda, sétima

RELACIONAMENTOS DE LONGO PRAZO: VÊNUS

Vênus rege as partes da nossa vida em que queremos ligação, proximidade, expressão sensorial, estabilidade, segurança e facilidade. Rege o romance, a sensualidade e as conexões que envolvem ternura; afeta o modo como flertamos, fazemos amor e nos tocamos. Determina o valor que damos aos relacionamentos e às pessoas, o compromisso que assumimos de cuidar dos parceiros e nossas promessas de criar estabilidade. Vênus também rege as finanças pessoais.

Esse planeta é considerado o "planeta do amor", mas, como este livro esclarece, amor e compromisso têm uma miríade de outras facetas. Por isso, é importante não colocarmos todos os nossos ovos na cesta de Vênus.

Vênus está historicamente ligado às mulheres e ao gênero feminino. Seu glifo é usado convencionalmente como símbolo da mulher, mas todos têm esse planeta no mapa. Nos últimos anos, as fronteiras entre a feminilidade e a masculinidade têm se afrouxado, e pessoas de todos os sexos são cada vez mais capazes de vivenciar sua Vênus de maneira apropriada, mesmo que fora das expectativas convencionais relacionadas ao gênero que lhes foi designado ao nascerem.

TRANSIGÊNCIA *VERSUS* AUTENTICIDADE

O posicionamento de Vênus na carta natal pode nos dizer em que áreas da vida tendemos a ser diplomáticos e a fazer concessões. Todos os relacionamentos de longo prazo requerem alto grau de compromisso, e Vênus é especialmente bom nisso. O problema são aquelas concessões que vão contra os nossos valores. Se permitirmos que os parceiros saibam quando estamos fazendo concessões, poderemos construir a intimidade e compreender e apreciar melhor o que nossos amados fazem por nós – e eles passarão a fazer o mesmo.

TERNURA

Esse planeta rege a intimidade sexual – não tanto a relação sexual em si, mas coisas como dar as mãos, beijar e aconchegar-se um ao outro. A intimidade sensual é a base da proximidade no longo prazo; em muitos relacionamentos de longo prazo, essa parte da conexão pode desaparecer com o passar do tempo, seja porque as pessoas ficam preguiçosas ou porque, às vezes, é difícil manter a intimidade com a mesma pessoa ano após ano, sobretudo quando o dia a dia – questões de saúde, filhos – assume o controle.

Vênus tem papel importante em nossa relação com o dinheiro e em que valorizamos. Em um relacionamento de longo prazo, isso inclui a propriedade conjunta de certas coisas – sem mencionar a possibilidade de criar filhos ou animais de estimação juntos. Quando as pessoas decidem se fundir financeiramente, é preciso que tenham alguns valores comuns relacionados ao dinheiro. É de nosso interesse sermos capazes de nos comunicar honesta e diplomaticamente com nossos parceiros sobre o significado e o valor que o dinheiro tem para nós e no que isso se traduz em termos práticos.

COMO LIDAR COM ESTE PLANETA

Se o sexo e a intimidade não estão fluindo, passem alguns meses sem tentar manter relações sexuais e comprometam-se a se aconchegar mais, a se beijar e a dançar juntos. A ideia é fazer uma pausa nos encontros exclusivamente voltados ao sexo. Dessa forma, vocês talvez sejam capazes de se reconectar e reacender o vínculo sensual.

VÊNUS NOS SIGNOS

VÊNUS EM ÁRIES

Os que têm Vênus em Áries são muito expressivos nos relacionamentos; podem demonstrar afeto de maneira bastante enfática. Não são especialistas em fazer concessões, mas têm a energia necessária para fazer as coisas acontecerem. Podem se esquecer de perguntar a opinião do parceiro ou de incluí-lo nas tomadas de decisão; saem-se melhor nas parcerias quando se lembram de trabalhar com o parceiro.

VÊNUS EM TOURO

Protetoras ferozes e leais das relações nas quais investiram, estas pessoas podem ser bastante teimosas. Não apreciam situações indefinidas e correm o risco de se prenderem à rotina para não saírem dos trilhos. Por outro lado, são motivadas a obter o que querem. São mais felizes naqueles relacionamentos em que os parceiros se lembram de lhes dar presentes, boa comida e muito toque físico.

VÊNUS EM GÊMEOS

Como são capazes de ver todos os ângulos de uma situação, estas pessoas podem acabar mudando de ideia no último minuto ou dizendo uma coisa e fazendo outra. Tendem a ser generosas e de mente aberta, e têm interesse genuíno pelos parceiros. Quando estão felizes, podem ser sedutoras; por isso, é importante que os parceiros não sejam muito invejosos nem possessivos.

VÊNUS EM CÂNCER

Estas pessoas investem tanto nos parceiros que precisam ter cuidado para não serem demasiado carentes. Têm forte vontade de se ligar ao outro e de se sentirem seguras com ele, mas essa vontade pode se tornar problemática caso não se sintam à vontade consigo mesmas, antes de tudo. A segurança é incrivelmente importante para quem tem este posicionamento. São pessoas leais e carinhosas e tendem a valorizar o tempo passado em comum como a melhor prova de amor.

VÊNUS EM LEÃO

As pessoas com este posicionamento adoram ser mimadas e elogiadas; querem, de fato, que os parceiros pensem que são o centro do mundo. Preocupam-se com o capital social e gostam que os parceiros pareçam belos ou as façam se sentir belas. São calorosas e entusiásticas e adoram dar e receber amor. Para estes indivíduos, ser brincalhão e sair juntos são elementos importantes para manter o romance vivo.

VÊNUS EM VIRGEM

Como são bastante exigentes quanto ao modo como gostam de que o relacionamento funcione, estes indivíduos podem agir de maneira aparentemente egoísta – mas não é isso que pensam que estão fazendo, de fato. Pessoas com este posicionamento exigem igualdade tangível nos relacionamentos; por isso, a reciprocidade é importantíssima para elas. Mesmo em relacionamentos felizes, precisam de tempo para ficar sozinhas com seus pensamentos.

VÊNUS EM LIBRA

Estes nativos tendem a ser muito diplomáticas e se dão bem em parcerias, mesmo que nem sempre sejam muito francos ou decididos. Podem manter relacionamentos em que se concentram mais nas necessidades dos parceiros que nas suas. Por esta razão, precisam continuar a desenvolver a própria vida e a afirmar suas necessidades e preferências.

VÊNUS EM ESCORPIÃO

Estas pessoas podem ser bastante possessivas e muito afeitas a manter sigilo sobre as coisas; é importante que façam sua parte para manter a honestidade e a transparência nas relações de longo prazo. Têm sentimentos sensuais, emocionais e sexuais muito profundos, por isso precisam passar momentos realmente especiais com os parceiros. Quando ocupam espaço para si mesmas, isso também as ajuda a atender às necessidades dos parceiros.

VÊNUS EM SAGITÁRIO

Propensos à inquietação ou ao tédio, estes indivíduos precisam que os relacionamentos tenham sentido lúdico. Ter a sensação de que continuam a descobrir coisas novas sobre os parceiros enquanto criam com eles uma vida é grande parte do que os faz felizes. São naturalmente sedutores e tendem a ter natureza romântica e idealista, o que colabora para manter vivas as relações.

VÊNUS EM CAPRICÓRNIO

Pelo fato de não serem especialmente românticos, estes nativos tendem a fazer parcerias com aqueles com quem podem trabalhar bem. Estão dispostos a fazer o esforço que os relacionamentos exigem ao longo do tempo. Podem ser autoritários e literalistas e ter alto padrão de exigência em relação aos parceiros; por isso, precisam se lembrar de se comunicar verbalmente sobre os problemas antes que estes se tornem questões importantes.

VÊNUS EM AQUÁRIO

Pessoas com este posicionamento podem ser bastante distantes e se distrair com facilidade – não apenas dos parceiros, mas dos relacionamentos. É importante que tenham forte base de amizade em qualquer relacionamento de longo prazo, porque precisam de sentido de camaradagem e equanimidade em que possam se apoiar. Estes nativos podem ser um tanto peculiares e imprevisíveis e precisam de boa dose de liberdade e autonomia.

VÊNUS EM PEIXES

Aqueles com Vênus em Peixes são românticos e sentimentais. São muito sensíveis e empáticos e tendem a fazer parcerias com pessoas de personalidade forte. Sua capacidade de amor e romance é alta, e podem ser muito solidários, mas é importante que se lembrem de identificar e proteger as próprias necessidades para que não se sintam usados.

VÊNUS NAS CASAS

VÊNUS NA PRIMEIRA CASA

Pessoas com este posicionamento tendem a ter grandes habilidades sociais, mas estas podem, às vezes, impedi-las de falar a verdade ou ir ao fundo com os parceiros. São pessoas que, às vezes, tomam decisões fazendo que os outros pensem que estas são ideias deles – ou seja, são dominantes mesmo quando parecem submissas. Também podem se concentrar demais nas aparências, tendo dificuldade de manter o interesse romântico no longo prazo quando os parceiros deixam de lhes parecer atraentes.

VÊNUS NA SEGUNDA CASA

A segurança financeira é importante para os que têm Vênus na segunda casa, mas estes nativos podem ser muito esbanjadores, preferindo o conforto à boa poupança. Gostam de conforto físico em geral, e boa parte do relacionamento com os parceiros se dá por meio dos sentidos. Tendem a avaliar a estabilidade e a segurança pela forma como convivem no cotidiano com os parceiros – e isso pode torná-los bastante adversos ao conflito.

VÊNUS NA TERCEIRA CASA

Estas pessoas sabem como se comunicar de forma que não põem o parceiro em guarda, mas tendem a ser tão prolixas que nem sempre se refreiam. Gostam de se manter ocupadas e, muitas vezes, fazem malabarismos com várias atividades ao mesmo tempo, o que pode fazê-las parecer um pouco dispersas. Num esforço de manter a paz, podem dizer "sim" mesmo quando sabem que a resposta correta seria "não" – estratégia que acaba sendo um tiro pela culatra.

VÊNUS NA QUARTA CASA

A vida doméstica e receber pessoas em casa são duas coisas muito importantes para os nativos de Vênus na quarta casa, e eles querem que seu espaço tenha aspecto adorável e passe uma sensação agradável. O processo criativo de construir uma casa com o parceiro fomenta a proximidade nas relações. Tendem a ser leais e profundamente investidas nas parcerias e dão-lhes prioridade na vida.

VÊNUS NA QUINTA CASA

Essas pessoas precisam se sentir criativamente atraídas pelo parceiro, e tanto o romance quanto a diversão precisam ser partes consistentes dos relacionamentos para que possam se manter verdadeiramente engajadas no longo prazo. Têm forte desejo de que os relacionamentos gerem algo novo – quer isso signifique ter filhos, criar animais de estimação ou colaborar em projetos.

VÊNUS NA SEXTA CASA

Comprometer-se com as escolhas do dia a dia é relativamente fácil para estas pessoas, e elas gostam de mostrar os cuidados com os parceiros de forma habitual. Não gostam de aborrecimentos no ambiente e preferem ter conversas e interações pesadas em particular. Tendem a ter sentimentos fortes sobre como as coisas devem ser feitas, mas em geral estão dispostas a fazer concessões àqueles com os quais se preocupam.

VÊNUS NA SÉTIMA CASA

Estas pessoas têm espírito de parceria e tendem a ter natureza especialmente afeita a fazer concessões. Gostam de parceiros atentos, que se esforçam em manter o romantismo, mas, às vezes, deixam de lado essa necessidade em troca de segurança. Um tanto inclinadas à codependência, precisam se manter atentas à própria autonomia.

VÊNUS NA OITAVA CASA

É importante que estes indivíduos formem parcerias com pessoas que lhes possam dar certo tipo de ajuda – social ou financeira. Sexo e sensualidade são partes essenciais de sua natureza, não coisas sem as quais possam aceitar viver com facilidade. Com sentimentos bastante profundos, podem ser um pouco lentos para entender o que querem do parceiro ou da dinâmica geral do relacionamento.

VÊNUS NA NONA CASA

Estas pessoas podem ser idealistas e tendem a pensar o melhor sobre os parceiros, a menos que tenham provas claras do contrário. São aventureiras e filosóficas e podem ser bastante razoáveis quando bem tratadas na relação. Embora este posicionamento não represente um Vênus dos mais materialistas, seus nativos podem fazer compras por impulso.

VÊNUS NA DÉCIMA CASA

Uma vez decididos a permanecer com alguém, os nativos com Vênus na décima casa são muito leais, mas também precisam se lembrar de incluir os parceiros no planejamento de vida. Estão acostumados a tirar de letra questões do âmbito profissional, de modo que são apanhados desprevenidos quando as coisas saem do controle nos relacionamentos. Em outras palavras, podem se ver em dificuldades quando o mero charme não for suficiente.

VÊNUS NA DÉCIMA PRIMEIRA CASA

Estas pessoas precisam de muitos relacionamentos e conexões vibrantes para se sentirem felizes. Por isso, se o relacionamento primário for completamente fechado a terceiros, elas podem se sentir presas. Podem ser um pouco rígidas quando se apegam a uma ideia, mas têm a mente muito aberta, em geral. Se derem valor ao dinheiro, terão o dom do planejamento financeiro.

VÊNUS NA DÉCIMA SEGUNDA CASA

Os ressentimentos e transtornos que se acumulam ao longo dos anos podem inclinar estas pessoas a se fecharem para os parceiros se esses problemas não forem resolvidos. É imperativo que os nativos deste posicionamento aprendam a impor limites saudáveis; do contrário, podem acabar se sentindo pouco apreciados. Também podem ser muito sensíveis, românticos e devotados na forma de amar.

MARTE ♂

Tempo que leva para percorrer o zodíaco: aproximadamente 2 anos

Signo que rege: Áries

Casa que rege: primeira

RELACIONAMENTOS DE LONGO PRAZO: MARTE

Marte é um planeta essencial a considerar quando se trata de relações de longo prazo. Rege o sexo e o embate, assim como a energia e o ritmo com que nos aproximamos de nossos objetivos. Esse planeta rege o que nos apaixona, o que estamos dispostos a fazer para obter o que desejamos e como fazê-lo. Todos esses elementos são essenciais à compatibilidade no longo prazo e à viabilidade de parcerias ou casamentos.

O SEXO

Quando formamos uma parceria com alguém, essencialmente concordamos em manter um relacionamento romântico e sexual no longo prazo. Marte é caçador, não coletor (Vênus), e, quando somos parceiros, a caçada está cancelada.

Quando sentimos que alguém faz parte da família, às vezes é difícil sexualizar essa pessoa e sentirmos excitação por ela. É aí que o sexo de manutenção entra em cena.

Há três chaves marcianas para a satisfação sexual no longo prazo com a mesma pessoa. A primeira é ter fantasias particulares ilimitadas, em meio às quais podemos pensar em sexo, nos excitar, explorar e desfrutar de nosso corpo (separado dos parceiros). Dessa maneira, a sexualidade é nossa, não apenas algo que partilhamos com o outro. A segunda chave é falar com sinceridade sobre o que gostamos ou não, expressando-o não somente por meio de dicas e indícios. Quando estamos em um relacionamento duradouro, é inevitável que façamos algumas concessões sexuais – e isso varia de relacionamento para relacionamento. Mas, quando tudo o que temos são concessões, ou quando os parceiros não sabem que as estamos fazendo, teremos dificuldade de permanecer sexualmente satisfeitos (e, portanto, ativos) ao longo dos anos. Por fim, para ter Marte em mente num relacionamento, também é preciso criar um tempo livre na cama – ou em qualquer lugar que faça sentido ao relacionamento – onde a conexão sexual possa fluir.

DISCUSSÕES

Marte rege o combate em geral: lutar e conseguir o que se quer. É o valentão, o soldado, o atleta. Nas relações, as discussões são importantes, desde que o façamos com justiça e pelas coisas certas. Isso requer introspecção, controle de impulsos, honestidade, coragem e clareza de intenções.

Dependendo da sua natureza, pode acontecer de você se ver sempre brigando por causa de coisas superficiais que o incomodam – não pelas razões pelas quais elas acontecem. Ou pode tentar resistir ao impulso de discutir a fim de evitar o conflito, mesmo quando algo está realmente errado. A maioria de nós erra de um lado ou do outro, e a maioria dos relacionamentos funciona de uma dessas formas ou de outra.

Temos de expressar a dissensão – o domínio de Marte – para levarmos uma vida saudável. É importante sermos capazes de trabalhar com a energia de Marte no mapa e incorporá-la de modo a nos dar resultados, não apenas usá-la para o drama. Por exemplo, casais discutem com frequência sobre o trabalho doméstico, mas o que estamos discutindo, de fato, é se nos sentimos respeitados, se existe equidade nas tarefas chatas da vida, se temos a liberdade de viver da maneira que queremos e se o acordo entre o casal é claro. Brigar pelos sintomas do problema em vez de pelo problema em si tende a produzir mais brigas. Então, o que significa brigar de forma saudável?

Os sentimentos e comportamentos de raiva são regidos por Marte. Não deveria ser necessário dizê-lo, mas chegar às vias de fato não é aceitável em hipótese nenhuma. (Não vou falar de relacionamentos abusivos neste livro, mas violência física, humilhação, violência psicológica pela distorção de informações, obrigar o parceiro a cortar relações com todas as outras pessoas, não respeitar limites físicos, controlar o dinheiro da casa ou ameaçar o parceiro são todos comportamentos inadmissíveis. Podem, em geral, ser relacionados às funções de Marte e da maioria dos planetas exteriores.) Gritar é algo aceito por certas pessoas, não por outras – por isso é necessário que haja acordo na relação sobre o que se pode fazer quando as paixões se inflamam. Não é justo lançar insultos, humilhar o parceiro ou dar-lhe as costas durante um conflito, mas todas essas coisas inevitavelmente acontecem e não apoiam o crescimento da relação. A hora do nervosismo é o pior momento para brigar, mas também é um momento importante para encontrarmos uma válvula de escape visceral saudável para nossos sentimentos, para que possamos identificar o que os está motivando.

Se você não quer ou não consegue expressar as próprias vontades no relacionamento, pode acabar se juntando com alguém que assuma a expressão de Marte em seu lugar – e provavelmente fará um mau negócio. Num relacionamento saudável, é importante que ambas as partes expressem suas vontades.

AMBIÇÃO

Ter ambições comuns – pois a ambição também é regida por Marte – pode ser muito importante quando partilharmos a vida com alguém. Quer a questão seja morar juntos, mudar de casa ou de carreira, voltar à escola ou decidir ter filhos, as grandes decisões da vida exigem que cada indivíduo expresse sua vontade e possa dar sua colaboração. Quando determinada escolha exige coragem individual, às vezes é difícil se lembrar de consultar o parceiro. Por outro lado, pode ser que você se apoie muito nessa pessoa para ajudá-la a tomar decisões. É aqui que lançar mão de Marte com consciência tem valor inestimável ao relacionamento. Esse planeta rege o ritmo com que você executa seus objetivos, e é provável que este seja diferente do parceiro. Embora possa ajustar seu comportamento, seu Marte é só seu, e você não pode se tornar outra pessoa. O relacionamento é uma dança a dois que se desenvolve ao longo do tempo, e o que mais importa é que os envolvidos estejam de acordo quanto ao ritmo.

COMO LIDAR COM ESTE PLANETA

Ao brigar com o parceiro, procure descobrir com que está realmente chateado, para que possa expressar isso de modo que a outra pessoa seja capaz de ouvir. Quando estiver aborrecido com alguma coisa, chegar a um pedido claro o deixará mais forte e tornará a discussão mais produtiva. Investindo na própria capacidade de iniciativa, você pode se pôr diante do parceiro em uma postura mais consciente, o que é essencial tanto para o combate justo quanto para manter uma vida sexual ardente.

MARTE NOS SIGNOS

MARTE EM ÁRIES

Para estas pessoas, pedir perdão é preferível a pedir permissão. Elas podem se sentir como se o parceiro estivesse tentando atrasá-las ou impedi-las de seguir em frente. Em geral, precisam aprender o valor das concessões e da colaboração nas parcerias. Boas no que fazem, podem sentir que têm direitos especiais e atropelar os parceiros sem perceber. São amantes motivadas, mas que se entediam e se distraem com facilidade.

MARTE EM TOURO

Para as pessoas com este posicionamento, manter uma ligação sensual é importantíssimo para desfrutar de uma parceria sexual no longo prazo. São nativos bastante teimosos, mas intensamente leais. No esforço para permanecerem em segurança ou fazer o que julgam correto, podem sacrificar a verdadeira escuta dos parceiros. Se forem capazes de cultivar a flexibilidade e maior resiliência, isso lhes servirá bem em qualquer relacionamento duradouro.

MARTE EM GÊMEOS

Estas pessoas precisam estar interessadas nos pensamentos dos parceiros – sobre o mundo, sobre a vida e assim por diante – a fim de sustentar o interesse sexual. Tendem a levar uma vida tão ocupada que suas energias podem se dispersar, levando-as a quebrar promessas e a omitir informações. Sua vida pode se tornar mais simples, e seu comportamento, mais confiável, se aprenderem a ir mais devagar.

MARTE EM CÂNCER

O sexo é uma forma de intimidade para pessoas com Marte em Câncer. Por isso, quando não há proximidade genuína em uma relação de longo prazo, a atração sexual pelos parceiros também pode desaparecer. Estes nativos podem ser bastante passivo-agressivos quando estão bravos ou sentem que seus planos foram frustrados. É importante que aprendam a gerir as emoções para que possam se afirmar de forma que os parceiros de fato consigam ouvir.

MARTE EM LEÃO

Estas pessoas querem ser valorizadas pelo que estão fazendo, e a atenção e o reforço dos parceiros lhes é essencial. Tendem a gostar muito de sexo, mas, se não sentirem que estão tão bonitas quanto deveriam estar (ou se os parceiros não derem prioridade à própria aparência), isso pode ter impacto no desejo sexual. Leão não está associado à humildade; por isso, os nativos de Marte em Leão farão bem em aprender a compartilhar o trono com os parceiros.

MARTE EM VIRGEM

As pessoas de Marte em Virgem podem ser muito ligadas aos hábitos; por isso, criar e manter hábitos sexuais saudáveis e abrir tempo e espaço para que a intimidade floresça são passos cruciais para a vida sexual no longo prazo. Por serem tão metódicas, podem se fixar no que estão fazendo, esquecendo o romance ou a parceria. Precisam ter cuidado para não se acostumarem a estar sempre resmungando ou criticando; em vez disso, devem se comunicar sobre os problemas reais que as irritam.

MARTE EM LIBRA

Estas pessoas tendem a ser um pouco passivas em termos sexuais. Podem desfrutar mais processo de conexão e troca de desejos do que do ato sexual. Nem sempre se sentem à vontade para falar sobre suas necessidades, sobretudo quando estão com raiva, mas aprender a expressar essas necessidades com clareza as ajudará a serem atendidas com o tempo, dentro e fora do quarto.

MARTE EM ESCORPIÃO

Este é um posicionamento profundamente sexual para Marte, mas isso não significa que essas pessoas queiram fazer sexo o tempo todo. Ao contrário, podem ter exigências de controle ou segurança quando se trata de sexo, e, se sua confiança for traída de alguma maneira, seu desejo pelos parceiros vai diminuir. É importante que mantenham fantasias particulares, para que possam proteger a autonomia sexual. Nas brigas, tendem a ficar aborrecidas de modo muito intenso ou compulsivo. Também podem brigar projetando seus sentimentos sombrios em vez de comunicar o que está errado. O autocuidado é uma ferramenta fundamental para evitar que se tornem vingativas.

MARTE EM SAGITÁRIO

Estas pessoas adoram uma boa caçada, mas não são conhecidas pela resistência. Tendem a ter fases de alta sexualidade seguidas de fases durante as quais focam menos nos parceiros e saem em busca de outras paixões. Nas brigas, se não tomarem cuidado, podem agir antes de pensar e acabar dizendo ou fazendo coisas que não queriam dizer de verdade. Tendem a fazer planos antes de falar com os parceiros; manter uma linha aberta de comunicação é importantíssimo para seus relacionamentos.

MARTE EM CAPRICÓRNIO
São pessoas com muita resistência; ou possuem muita energia sexual, ou tendem a não priorizar o sexo nos relacionamentos de longo prazo. Ou gostam de sexo convencional, ou têm gostos peculiares. Os nativos deste posicionamento não primam especialmente por um comportamento caloroso ou carinhoso, mas têm grande disciplina e autocontrole. Se não tiverem cuidado, podem desenvolver certa rigidez e postura de superioridade com os parceiros.

MARTE EM AQUÁRIO
A rotina representa a morte para estas pessoas, que precisam de alguma variedade ou surpresa para manter o interesse no longo prazo na intimidade sexual. Os nativos deste posicionamento podem ficar tão presos ao brilho da própria abordagem que se esquecem de trabalhar com os parceiros em torno das grandes decisões de vida. Quando se trata de brigar, muitas vezes adotam abordagem racional, o que lhes dá certo ar de frieza.

MARTE EM PEIXES
Pessoas com este posicionamento oscilam entre períodos carregados de sexualidade e fases em que o sexo se torna insignificante. Podem ter dificuldade de permanecer ligadas ao corpo. Ter a certeza de estar falando a verdade sobre suas necessidades e limites é essencial para as relações de longo prazo; se isso não acontecer, essas pessoas podem cair numa dinâmica desigual. Nem sempre conseguem determinar o rumo da própria vida e às vezes, podem vir a contar demais com os parceiros para obter direção.

MARTE NAS CASAS

MARTE NA PRIMEIRA CASA
Estas pessoas são apaixonadas e proativas, mesmo que não sejam conciliadoras ou sutis. Podem ser vistas como tirânicas se não tiverem cuidado e devem fazer esforço consciente para desacelerar e respeitar o ritmo do parceiro. É-lhes dificílimo esconder a irritação, mas, pelo lado positivo, isso tende a levá-las a assumir a responsabilidade de aprender a brigar de forma justa.

MARTE NA SEGUNDA CASA
Estas pessoas estão dispostas a se esforçar pelos relacionamentos de longo prazo. A segurança financeira é importante para elas, embora nem sempre tenham bom plano para ganhar ou administrar o dinheiro. Quando compreendem verdadeiramente as motivações dos parceiros, tornam-se mais dispostas a fazer concessões, mas são um pouco lentas para entender dicas sutis.

MARTE NA TERCEIRA CASA
Este posicionamento indica que seus nativos tendem a viver muito ocupados. Precisam se sentir conectados com os parceiros, mesmo que nem sempre se lembrem de fomentar isso. Para eles, flertar, enviar mensagens de texto e manter contato emocional são questões essenciais para manter viva a química do relacionamento. Podem ser bastante inquietos e se distrair com paixões ocasionais – mas, enquanto houver consentimento no relacionamento primário, o flerte pode ajudá-los a permanecer sexualmente presentes no próprio corpo.

MARTE NA QUARTA CASA
Estas pessoas têm motivação necessária para manter uma parceria e se dispõem a fazer o esforço exigido pelos relacionamentos duradouros. Por outro lado, podem ser teimosas em relação ao que pensam que precisa acontecer. Anseiam por uma vida doméstica estável, movimentada e calorosa. Acolher amigos em casa pode ser bom para a longevidade das parcerias no longo prazo.

MARTE NA QUINTA CASA
Este posicionamento leva as pessoas a serem bastante charmosas e motivadoras, e elas adoram que as coisas sejam feitas do seu jeito. Ao longo do relacionamento, no entanto, se beneficiarão de aprender que o trabalho em conjunto é, às vezes, a melhor maneira de conseguir o que querem. Ter uma vida sexual ativa é importantíssimo para sua felicidade no longo prazo, e essas pessoas adoram o romance e a diversão, mesmo que, às vezes, se esqueçam de priorizá-los nas próprias ações. Também podem ser um pouco maldosas nas brigas.

MARTE NA SEXTA CASA
Os nativos deste posicionamento tendem a ter dificuldade em fazer concessões ou ceder à vontade dos parceiros. Seu impulso é o de cuidar do que é necessário, e têm dificuldade em manter o interesse ou o respeito por quem não faz o mesmo. É importante que tenham tempo para atividades sexuais solitárias; isso as ajudará a se manter fisicamente ligadas aos parceiros.

MARTE NA SÉTIMA CASA

A sétima casa é o espaço da conciliação, ao passo que Marte é o planeta da imposição da própria vontade. Por isso, quem tem este posicionamento muitas vezes se vê em um relacionamento no qual uma única pessoa guia o fluxo da dinâmica. Seus relacionamentos implicam, tipicamente, certa tensão, que pode ser fonte de paixão e criatividade ou levar a constantes agitações e brigas.

MARTE NA OITAVA CASA

As pessoas com Marte na oitava casa tendem a precisar de boa dose de privacidade e sigilo, mesmo nas parcerias íntimas. Nas brigas, podem remoer aborrecimentos e insultos por muito tempo. Costumam se dar melhor com parceiros que aceitam sua necessidade de introspecção. De modo ideal, deverão se sentir muito seguros ao lado de parceiros de longo prazo, sendo a conexão sexual parte importante da intimidade e da proximidade.

MARTE NA NONA CASA

Este posicionamento inclina as pessoas a quererem converter, com entusiasmo, os outros à sua maneira de ver o mundo e de fazer as coisas. Muitas vezes, tentam apressar os parceiros ou obrigá-los a algo, mas, por outro lado, são excelentes para trabalhar em equipe nas relações de longo prazo quando se dão ao trabalho de ouvir o que o parceiro tem a dizer. Podem voltar o olhar para outras pessoas e também se ofender com rapidez (suas paixões são vigorosas), mas honram os compromissos e não são dados a ressentimentos.

MARTE NA DÉCIMA CASA

Estas pessoas são bastante movidas pelo que querem da vida e tendem a agir como patrões onde quer que estejam. Podem ser bastante exigentes, pois sentem-se seguras de suas versões de certo e errado. Ou, ao contrário, podem ficar à espera de que os outros tomem todas as decisões, o que pode ser difícil nos relacionamentos. São bastante moralistas e tendem a exigir de si o mesmo que exigem dos parceiros.

MARTE NA DÉCIMA PRIMEIRA CASA

Estas pessoas tendem a ser bastante ativas; têm muitas atividades e projetos e precisam que os parceiros lhes deem autonomia para realizá-los. Gostam de sexo rápido e direto. Sentem-se super motivadas a estar em grupo, mas nem sempre sabem brincar. É importante que priorizem tempo e energia para as relações.

MARTE NA DÉCIMA SEGUNDA CASA

Estes nativos podem precisar de bastante disciplina para manter a energia física e a presença no próprio corpo. São muito motivados, tanto externa quanto internamente, e como resultado podem ficar paralisados de tempos em tempos ou evoluir e deixar para trás a dinâmica de um relacionamento. É importante, em contrapartida, que não se tornem excessivamente dependentes dos parceiros para obter orientação; precisam tomar cuidado para não se apegar a pessoas violentas.

JÚPITER ♃

Tempo que leva para percorrer o zodíaco: aproximadamente 12 anos

Signo que rege: Sagitário

Casa que rege: nona

RELACIONAMENTOS DE LONGO PRAZO: JÚPITER

Júpiter come o último pedaço de bolo e o acha delicioso; inspira-nos a ser egoístas ou muito generosos. Esse planeta rege a diversão e a aventura, além das partes de nós que precisam se sentir livres. É o planeta da expansão; rege as filosofias e atitudes que adotamos para facilitar o crescimento e a união em um relacionamento. Aspirações e compreensão compartilhadas são ambas necessárias para que as relações de longo prazo possam prosperar.

EMPENHO E TRABALHO EM EQUIPE

Júpiter nos dá a sensação de sair em uma aventura com as pessoas em cuja companhia podemos crescer e explorar a vida. Não é um planeta de conciliação, pois rege as partes de nós que desejam ter opções. Não se dá bem com limitações ou regras. Não está necessariamente associado a relações não monogâmicas (Urano) ou poliamorosas (Netuno), mas pode estar ligado à infidelidade. Isso não significa que todas as pessoas que têm Júpiter forte no mapa estejam destinadas a enganar os parceiros – a traição acontece por muitas razões e pode ter origens variadas no mapa. Mas esse planeta rege o senso que temos dos nossos direitos. Aqueles que têm Júpiter forte no mapa podem acreditar que o que estão fazendo com outras pessoas não tem nada a ver com os parceiros.

Esse planeta também rege a tendência a dizer às pessoas o que querem ouvir. Suas energias nos mantêm focados no panorama geral, não nos detalhes da convivência cotidiana. Júpiter nos inclina a pensar: "Estamos aqui, estamos juntos, e só quero que tudo dê certo". Na área em que temos esse planeta no mapa, tendemos a ser otimistas, autossuficientes e resilientes – mas também podemos ser incomodados pela sensação persistente de que a vida não é só isso. Essa tensão pode levar à insatisfação com as escolhas de vida, a sentimentos de depressão ou à dependência excessiva das circunstâncias para que tragam aventura e crescimento à nossa vida. O lugar onde temos Júpiter no mapa é também onde precisamos abrir espaço para processar e transmutar, por completo, nossas limitações ou problemas em elementos que nos ajudem a crescer.

VIAGEM E BEBIDA

Para conhecer os outros e estar perto deles, nada melhor que viajar juntos. Quando saímos da nossa zona de conforto com outra pessoa, entramos no domínio de Júpiter. Esse é o planeta da fuga e da diversão. Também está relacionado ao álcool, a chave para relaxar no caso de muitas pessoas e um dos modos mais acessíveis e socialmente aceitáveis de automedicação. Nas parcerias de longo prazo, é importante que nos questionemos sobre o papel que o álcool desempenha em nossa capacidade de socializar e relaxar, porque, ao contrário do vinho, as relações construídas em torno da bebida não melhoram, necessariamente, com o tempo.

COMO LIDAR COM ESTE PLANETA

Júpiter precisa ter sensação de crescimento e impulso; a menos que esteja em desequilíbrio, não necessita de muita atenção nossa, pois é resiliente. Esse planeta só causa problemas quando sua influência assume importância desigual em nossa vida – quando jogamos apostando dinheiro, somos desonestos ou tratamos os sentimentos ou necessidades alheios com leviandade. Portanto, este é um bom lugar para afirmar a regra de ouro de tratar os outros como gostaríamos de ser tratados.

JÚPITER NOS SIGNOS

JÚPITER EM ÁRIES

Assertivas e progressistas, estas pessoas têm em si um senso de propósito e de dinamismo que pode torná-las ou inspiradoras ou um pouco arrogantes. Precisam seguir o próprio caminho; por isso, aprender quais concessões estão ou não dispostos a fazer – e como comunicar eficazmente esses limites – é importante para os nativos deste posicionamento. Lembrar-se de fazer perguntas aos parceiros é fundamental; mesmo "Como foi seu dia?" ou "Como posso ajudar?" podem ir muito longe na construção de um bom relacionamento.

JÚPITER EM TOURO

Estas pessoas têm valores decorrentes de sentimentos profundos e que podem fazê-las muito felizes – se elas, de fato, os aplicarem à vida. Podem ser bastante teimosas e avessas ao risco, mas sua capacidade de demonstrar ternura e amor é bastante forte. Gastar dinheiro e receber presentes as faz felizes, mas o ideal é que tenham uma conta bancária pessoal, pelo menos para gastar em diversões.

JÚPITER EM GÊMEOS

Interesses em demasia e a busca de vários tipos de potencial na vida podem dar a impressão, às vezes, de que estas pessoas são um pouco dispersas. São rápidas e dinâmicas, no entanto, e têm boa habilidade social, embora tendam a ser bastante inquietas, o que pode criar transtornos na parceria se a vida se tornar muito rotineira.

JÚPITER EM CÂNCER

Pessoas com Júpiter em Câncer gostam de fazer que os outros se sintam cuidados e atendidos. São nostálgicas e podem ser bastante amorosas com os parceiros. Gostam da sensação de rotina em casa, como ler o jornal tomando café todas as manhãs. Têm forte impulso de constituir família, mas o que exatamente isso significa depende muito do indivíduo.

JÚPITER EM LEÃO

Estes indivíduos podem ser bastante exagerados. Adoram o contato com os outros, as brincadeiras e a atenção alheia, e seu entusiasmo é contagiante. Podem ser dramáticos, gregários e profundamente leais, até que se sintam injustiçados – caso em que sua lealdade evapora com rapidez. Quando se trata de relacionamentos de longo prazo, é essencial que se sintam importantes e valorizados.

JÚPITER EM VIRGEM

As pessoas com este posicionamento são boas em lidar com as pequenas coisas, se decidirem se fixar nelas. São atentas aos parceiros quando têm tempo suficiente de se dedicar ao próprio autocuidado. É importante que construam relações com aqueles com quem sentem que podem conversar ao longo do tempo. Devem cuidar para não mergulhar demais nos próprios pensamentos ou desconsiderar as pequenas coisas e sucumbir à procrastinação.

JÚPITER EM LIBRA

O simples prazer de passar o tempo com os outros é de que estas pessoas mais gostam. Este posicionamento indica diplomacia, simpatia e priorização da parceria, embora também possa significar preguiça (e, às vezes, fugir de conversas difíceis), uma vez escolhido o parceiro. Estes indivíduos se sentem muito incomodados com as injustiças. Investem no que é real e podem suavizar a verdade para não passar a impressão de maldade.

JÚPITER EM ESCORPIÃO

Pessoas com Júpiter em Escorpião adoram ir fundo e explorar o funcionamento interno de uma situação ou relacionamento. Podem ser bastante intensas, mas também são tolerantes e compreensivas com os parceiros. Precisam de conexões profundas para se sentirem saciadas e gostam muito da ligação sexual. Podem ser um pouco exageradas, em especial quando se trata de boa comida, bebida e outros luxos.

JÚPITER EM SAGITÁRIO

Esta é a colocação natural deste planeta. Seus nativos são resilientes, magnânimos e otimistas. Podem ser inspiradores e úteis aos parceiros. O único problema é quando não ouvem antes de falar – ou tentam empurrar suas melhores ideias goela abaixo dos entes queridos, mesmo que estes não estejam receptivos a isso. Têm a mente aberta e tolerante, mas, se não forem cuidadosos, essa tendência pode levá-los a ignorar os sinais de alerta nos relacionamentos.

JÚPITER EM CAPRICÓRNIO

Estes nativos põem-se à altura da ocasião diante das dificuldades, em parte porque têm a visão necessária para chegar lá. São honrados, pensam grande e estão dispostos a trabalhar. Podem alternar entre retardar suas gratificações e dar livre curso a todos os prazeres. Podem ser pacientes, mas, em geral, apenas quando os parceiros lhes tiverem explicado os planos com antecedência.

JÚPITER EM AQUÁRIO

Quem tem este posicionamento possui grande capacidade de compreender o simbolismo das situações e ler as entrelinhas. Seus nativos têm a mente aberta e tolerante e precisam acreditar que os parceiros estão fazendo o bem. Para exercitar sua inquietação e curiosidade, ou seu intelecto de mente aberta, precisam ter amizades e interesses fora dos relacionamentos; dessa forma, afastar-se de um relacionamento pode ser uma maneira de proteger e alimentar a conexão.

JÚPITER EM PEIXES

Estas pessoas são muito tolerantes, compassivas e empáticas, o que as torna generosas em uma parceria. Precisam de tempo para recarregar as baterias longe das pessoas. Há o risco de se envolverem numa dinâmica na qual a outra parte tira proveito de sua generosidade. É importante que desenvolvam o senso dos próprios limites e os vejam como oportunidades para o autocuidado.

JÚPITER NAS CASAS

JÚPITER NA PRIMEIRA CASA
Os nativos deste posicionamento têm muita personalidade – tendem a ser divertidos e inspiradores, além de um pouco ruidosos. Ocupam bastante espaço, mas são generosos e magnânimos com ele. Os grandes pontos cegos nos relacionamentos de longo prazo são a incapacidade de aceitar um não como resposta e a forte vontade de que os parceiros concordem com eles, mesmo quando pode ser mais saudável manter perspectivas distintas.

JÚPITER NA SEGUNDA CASA
Estas pessoas podem ser bastante generosas financeiramente ou sortudas, mas têm um sistema único para administrar seus recursos, o que pode dificultar o trabalho em equipe. Têm atitudes muito tolerantes em relação às diferenças de valores ou opiniões – pelo menos no que diz respeito a tudo aquilo em que não são obstinadas. Tendem a ter boas habilidades sociais, mas podem ser muito diferentes com as pessoas que conhecem bem em relação às que conhecem de maneira superficial.

JÚPITER NA TERCEIRA CASA
Estas pessoas são ótimas para falar e podem ser bastante convincentes. Têm senso de oportunidade inato, além de vontade e capacidade de permanecerem interessadas nos parceiros, na vida em comum e no mundo imediato à sua volta. Há o risco, no entanto, de serem coercitivas quanto ao entusiasmo e de tomarem as diferenças de opinião como afrontas pessoais.

JÚPITER NA QUARTA CASA
O lar e a família escolhida são muito importantes para estas pessoas, que se sentem bastante felizes em compartilhar seu espaço com aqueles que se preocupam com elas. São calorosas e farão o necessário para que os membros da família se sintam incluídos. Casas espaçosas e vistas agradáveis fazem-nas felizes.

JÚPITER NA QUINTA CASA
Este posicionamento é, muitas vezes, indício de fertilidade e virilidade em termos de procriação, e o sexo é muito importante para estas pessoas. Elas adoram flertar e brincar; quando esses aspectos dos relacionamentos começam a minguar, podem ficar inquietas. Às vezes querem uma família grande, mas, às vezes, optam por projetos criativos em vez de ter filhos.

JÚPITER NA SEXTA CASA
Estas pessoas têm fortes preferências em torno do que funciona ou não para elas em termos de cotidiano. Por outro lado, costumam estar abertas e dispostas a fazer concessões nos relacionamentos, em um esforço de manter felizes aqueles com quem se preocupam. São mentalmente resilientes e podem colocar os sentimentos e as necessidades de lado, quando necessário.

JÚPITER NA SÉTIMA CASA
Parceria e casamento são muito importantes para estes indivíduos. Eles sabem ser complacentes quando necessário e tendem a atrair as pessoas com facilidade. No entanto,

na hora H, gostam de se sentir livres. Se tiverem a sensação de que estão presos, podem se distrair ou se aborrecer, o que pode corroer os relacionamentos.

JÚPITER NA OITAVA CASA

Estas pessoas costumam ganhar dinheiro de forma inesperada ou têm parceiros que partilham seus recursos. Gostam de sexo, e a frequência com que este ocorre pode ser muito importante para elas. Tendem a guardar rancor até serem capazes de esquecê-lo por completo. Acham difícil saber quando terminar um relacionamento e podem ficar obcecados, por longos períodos, com questões de intimidade.

JÚPITER NA NONA CASA

Este posicionamento pode indicar natureza muito tolerante, bem como aventureira e infinitamente curiosa. Há aqui certo pendor para a religião ou o estudo perene. Aqueles com este posicionamento não se aborrecem, mas, se os parceiros pararem de evoluir ou de se interessar pelo mundo, isso poderá ter sérias implicações na relação. Têm que ter cuidado para não falar sem considerar as consequências das palavras.

JÚPITER NA DÉCIMA CASA

Estas pessoas apresentam-se e preservam-se naturalmente bem. Têm grandes planos para a vida, querem ter sucesso e estão dispostas a trabalhar para que isso aconteça. Podem ter postura bastante diretiva com os parceiros – não são exatamente controladoras, mas também estão longe de ser conciliadoras. Se aprenderem a pedir *feedback* sobre seus planos, os parceiros se sentirão mais ouvidos.

JÚPITER NA DÉCIMA PRIMEIRA CASA

É importante para aqueles com este posicionamento ter diversos tipos de pessoa na vida. Quanto mais generosos são com a energia social, mais têm a sensação de abundância, o que, inevitavelmente, se transfere para as parcerias. A família é importante para eles, mas sua definição de família não tende a ser muito tradicional.

JÚPITER NA DÉCIMA SEGUNDA CASA

Este posicionamento dá às pessoas grande resiliência psicológica e espiritual. No entanto, requer que se lembrem de refletir sobre sua vida, pois o lado negativo dessa resiliência pode ser o de voar muito perto do sol, queimando-se, ou ser uma espécie de Poliana. Podem ser muito generosas e amáveis ou banir os outros de sua vida sem nem sequer perceberem. Para elas, o tempo passado a sós ao lado dos parceiros, com tranquilidade, é importante para a proximidade no longo prazo.

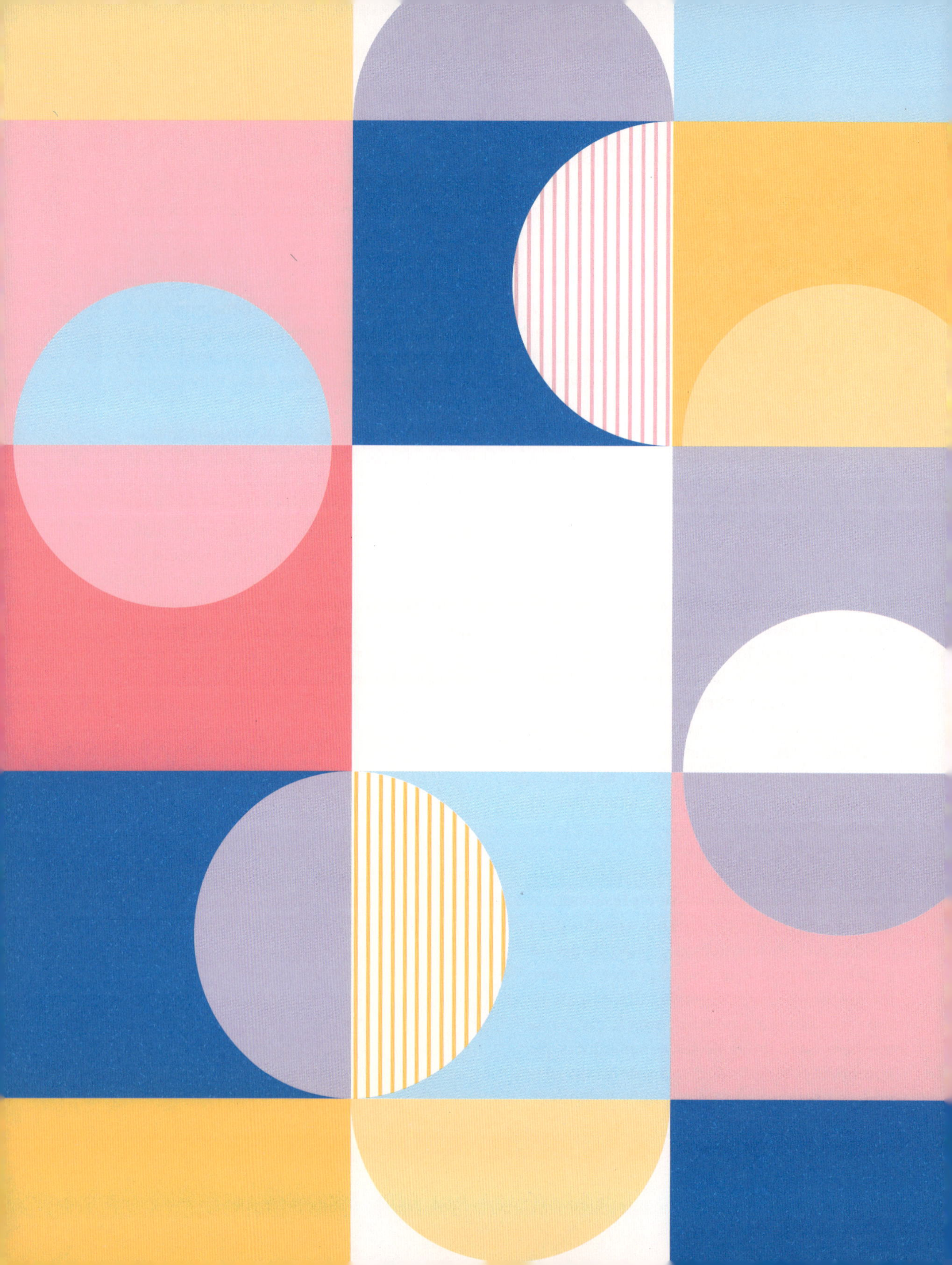

SATURNO ♄

Tempo que leva para percorrer o zodíaco: aproximadamente 29,5 anos

Signo que rege: Capricórnio

Casa que rege: décima

RELACIONAMENTOS DE LONGO PRAZO: SATURNO

Saturno não deve ser negligenciado quando se trata das questões de intimidade dos nossos relacionamentos de longo prazo. Esse planeta rege o que acreditamos ser possível e real, e até que ponto estamos dispostos a assumir a responsabilidade pelo que fazemos. Também expressa as áreas onde temos a sensação de escassez na vida ou uma questão de infância que sempre torna a surgir.

DEDICAÇÃO

Este planeta rege o tempo e o compromisso, tornando-os essenciais para a longevidade de qualquer relacionamento. Saturno está relacionado ao envelhecimento e pode nos ajudar a entender como envelhecer com nossos parceiros. Rege o medo, a escassez, a monogamia e muitas questões que surgem quando nos comprometemos a passar a vida com alguém. Nossas parcerias de vida costumam ser profundamente impactadas pelo nosso desejo de nos sentirmos seguros, acompanhados e protegidos (econômica, física e emocionalmente).

Saturno é o planeta da maioridade. Rege a responsabilidade que assumimos pelas próprias escolhas de vida, intrincadamente tecidas na trama de qualquer parceria de longo prazo. Também rege as limitações que enfrentamos quando lidamos com responsabilidades e o modo como estas tendem a cair diretamente nas costas dos nossos parceiros – e vice-versa. Esse planeta tem consequências na vida real que podem ser sentidas ao longo do tempo.

Da mesma maneira, o Saturno de nosso parceiro pode fazer que nossa vida siga um rumo totalmente diferente do planejado. Nossos caminhos são, muitas vezes, guiados por nossos parceiros, que, pela simples presença, modelam o que é ou não possível. Quer o objetivo do relacionamento inclua ter filhos, morar na mesma casa ou unir as finanças, escolher se relacionar com alguém a longo prazo significa que a forma como o parceiro assume a responsabilidade de orientar sua vida – de agora até você ficar velho – tem impacto direto sobre vocês dois. Se a relação com Saturno no próprio mapa natal não estiver especialmente integrada, pode ser difícil formar parcerias saudáveis em torno desses temas.

SATURNO E A DEPRESSÃO

Saturno também está relacionado a ciclos ou surtos de depressão que impactam as relações. Se você tem a sorte de estar em uma parceria ao longo da vida, é inevitável que circunstâncias ou sentimentos deprimentes se manifestem de vez em quando. Como indivíduo, você precisa ser capaz de assumir a responsabilidade por suas necessidades; às vezes, isso significa pedir espaço, e outras, ajuda. Permitir que o parceiro o apoie e cuide de você é tão importante quanto fazer o mesmo por ele. As parcerias mais bem-sucedidas são construídas com aqueles com quem podemos conviver confortavelmente, e essa compatibilidade estrutural tem tudo a ver com Saturno.

COMO LIDAR COM ESTE PLANETA

Na área em que temos Saturno no mapa astrológico, queremos controlar as coisas – ou sentimos que perdemos o controle. Independentemente das adversidades ou circunstâncias difíceis, a chave aqui é assumir seu papel e entender que suas ações (ou inação) se acumulam ao longo do tempo. Esforce-se por atingir um equilíbrio entre apoiar o parceiro e permitir que ele aprenda à sua maneira, mesmo que para tanto tenha de cometer erros.

SATURNO NOS SIGNOS

SATURNO EM ÁRIES

O trabalho destas pessoas consiste em construir o sentido do eu e uma identidade única. O risco é cair na codependência – na esperança de que o parceiro responda no lugar deles às grandes perguntas da vida – ou na teimosia e na não cooperação. Quando se zangam, podem ter dificuldade de não se expressarem de forma julgadora ou condicional. Aprender a brigar de maneira justa é importante para a felicidade a longo prazo.

SATURNO EM TOURO

Estas pessoas podem ser perseverantes nas parcerias e, uma vez que se fixam numa pessoa ou num objetivo nos relacionamentos, ficam bastante obstinadas até conseguirem o que querem. Nem sempre se sentem confiantes em relação ao amor, então podem ser excessivamente apegadas a manifestações de carinho. São excelentes em criar senso de segurança nos relacionamentos, mesmo que também sejam teimosas em resistir à mudança.

SATURNO EM GÊMEOS

Essas pessoas não gostam de se entediar com os parceiros, mas pode acontecer de elas mesmas ficarem presas a uma rotina, o que pode corroer o relacionamento. São racionais, mas têm lições a aprender sobre como se expressar e ouvir com eficácia. Os nativos deste posicionamento podem estar tão ocupados em desenvolver contra-argumentos ou em bancar o advogado do diabo que acabam se impedindo de permanecer verdadeiramente presentes à troca de ideias com os entes queridos. Precisam entender que os relacionamentos não se desenvolvem por contagem de pontos.

SATURNO EM CÂNCER

Estas pessoas não se sentem muito à vontade em demonstrar suas emoções, evidenciar a própria vulnerabilidade ou pedir o apoio de terceiros. Sentem-se motivadas a constituir uma família com o parceiro, quer sejam próximas da família de origem, quer não. Apoiam os parceiros e gostam de mostrar seu apoio e carinho por meio de atos concretos. Embora possam ser emocionalmente sensíveis, nem sempre são muito gentis na forma como expressam suas expectativas em relação ao parceiro.

SATURNO EM LEÃO

Aproveitar a vida não é natural para estas pessoas, apesar de serem leais, trabalhadoras e carismáticas. O desejo de ter filhos pode ser forte, mas elas têm algumas lições complexas a aprender sobre tê-los e cuidar deles. Podem desejar obediência, o que nem sempre é bem recebido pelos parceiros. Não são muito resistentes aos transtornos nos relacionamentos; podem guardar rancor e devem ter cuidado para não fazer mal a si mesmos na tentativa de fazer mal aos outros.

SATURNO EM VIRGEM

Essas pessoas são altamente perspicazes, a ponto de parecerem julgadoras se não tomarem cuidado. Podem ficar presas na rotina, mas precisam fazer um balanço para ter certeza de que há espaço nos relacionamentos para os hábitos e o estilo de vida de que precisam. A conciliação faz parte da vida, mas, quando não sentem que ela é possível ou não sabem como pedi-la, os nativos de Saturno em Virgem podem ser bastante controladores ou querer administrar os menores detalhes da vida em comum.

SATURNO EM LIBRA

O papel da diplomacia é algo que estas pessoas não sabem definir ao certo. Querem ao mesmo tempo tomar as rédeas da situação e ser diplomáticas, de modo que é o restante do mapa que vai ajudar a decidir para qual extremo penderão. A parceria é tão importante para elas que têm a tendência a ir depressa demais ou a adiar os relacionamentos. O potencial aqui é de maturidade na união, enquanto o risco é de confiar demasiado nos papéis nas relações.

SATURNO EM ESCORPIÃO

A relação com o sexo e o poder é de importância vital para estas pessoas. Uma vez que o parceiro se torne parte de seu santuário interior, sua lealdade e seu compromisso não conhecem limites – mas são lentas para confiar e, de fato, abrir a porta para o outro. Podem ser possessivas e ter dificuldade de esquecer e perdoar. Quem tem este posicionamento tende a não gostar de surpresas; por isso, seus parceiros farão bem em lhes comunicar os planos com a maior frequência possível.

SATURNO EM SAGITÁRIO

Os que têm Saturno em Sagitário estão dispostos a trabalhar para que sua visão de vida se manifeste. Tendo visão de mundo global, são sinceros sobre assuntos de espiritualidade, justiça e ciência. Nos relacionamentos de longo prazo, podem ser um pouco rígidos nas crenças e no senso de certo e errado. Trata-se de um signo receptivo e progressivo combinado com um planeta voltado à escassez e ao medo; assim, estas pessoas podem ser bastante autoritárias, seja de modo que leve a um planejamento de vida bem-sucedido, que envolva valores espirituais, seja de forma diametralmente oposta.

SATURNO EM CAPRICÓRNIO

Estas pessoas preocupam-se profundamente em serem vistas como eficazes, capazes e responsáveis. Muitas vezes, podem se fixar no que *acham* que funciona melhor em vez de naquilo que funciona de verdade para elas. A necessidade de construir algo duradouro as inclina a levar as parcerias muito a sério. Por outro lado, tendem a levar tudo a sério, e essa atitude pode dificultar a obtenção de equilíbrio na vida e nos relacionamentos. Tendem a atribuir grande importância a como as parcerias se encaixam nos planos gerais de vida, tanto espiritual como materialmente.

SATURNO EM AQUÁRIO

Quando estas pessoas se dispõem a seguir o próprio caminho, podem adotar uma abordagem inovadora à família e às parcerias. Se isso não funcionar, podem isolar-se, o que pode levá-las a deixar de priorizar a intimidade emocional. Tendem a ser racionais e razoáveis, mas é claro que os relacionamentos são tudo, menos isso. Aprender a abrir a porta para os parceiros – e deixá-los fazer as coisas no próprio ritmo – é essencial para o sucesso nos relacionamentos de longo prazo.

SATURNO EM PEIXES

Enquanto este posicionamento inclina as pessoas a serem compassivas e empáticas, se não tomarem cuidado, isso poderá acontecer à custa da própria autoestima ou de limites saudáveis. Para elas, aprender a dizer "não" é essencial para poderem dizer "sim" verdadeiramente. Também precisam de boa quantidade de tempo para cuidarem de si, de modo que possam atuar nos relacionamentos sem pender para o autossacrifício ou para o excesso de exigências.

SATURNO NAS CASAS

SATURNO NA PRIMEIRA CASA

Os nativos deste posicionamento são leais, mas podem ser considerados bastante severos ou austeros quando se sentem vulneráveis ou sobrecarregados. Saturno na primeira casa, em especial quando situado a menos de 7 graus do Ascendente (quer na décima segunda casa, quer na primeira), é chamado de "máscara de madeira", porque estas pessoas são muito difíceis de interpretar. Podem alternar entre arrogância e humildade. Há certa rigidez em sua natureza, e, se elas não tiverem cuidado, poderão passar a impressão de que têm direitos especiais. É bom para elas aprender a compartilhar seus processos e a pedir ajuda aos parceiros.

SATURNO NA SEGUNDA CASA

Uma sensação de escassez de recursos torna estas pessoas um pouco controladoras em relação a bens. Podem ser financeiramente generosas ou tender à mesquinhez. O trabalho que devem realizar é agir de modo a refletir seus valores, o que é difícil quando são estimuladas pelo medo ou pela insegurança. Compartilhar seus processos com o parceiro pode ajudar a remediar o medo.

SATURNO NA TERCEIRA CASA

Este posicionamento pode inclinar as pessoas a serem muito meticulosas no modo de falar ou a não se comunicar com os parceiros. Em um relacionamento saudável, podem efetuar uma comunicação construtiva, mas, quando a confiança é traída, têm dificuldade de se abrir. Precisam aprender a perguntar e a, de fato, ouvir as respostas, mesmo que não gostem delas.

SATURNO NA QUARTA CASA

Casa e família são muito importantes para estas pessoas e, uma vez que deixam alguém entrar em sua vida, odeiam vê-lo sair. Tendem a pensar muito em segurança, o que, às vezes, pode levá-las a fazer escolhas com base em um pressuposto de escassez e inflexibilidade. Depois de investirem em um relacionamento, é mais provável que o mantenham e o suportem do que se separarem – mesmo que isso não seja saudável.

SATURNO NA QUINTA CASA

É pouco provável que as pessoas com este posicionamento sejam muito espontâneas na expressão sexual ou criativa. Tendem a procurar parceiros confiáveis e maduros. Embora possam ser muito leais, também podem se fechar sexualmente quando não têm sensação de segurança e trabalho em equipe nos relacionamentos.

SATURNO NA SEXTA CASA

Estas pessoas tendem a ter um jeito todo particular de fazer as coisas; querem que a vida diária seja confiável e consistente. Como esta é a casa dos hábitos, este posicionamento as leva a ansiar por consistência por parte dos parceiros, e podem ser bastante controladoras num esforço de garantir isso. No mínimo, querem saber onde o parceiro está e anseiam por comunicação regular.

SATURNO NA SÉTIMA CASA

A parceria é importante para estes nativos, mas nem sempre é fácil; há o perigo de codependência ou de uma dinâmica de controle. Também podem sentir um impulso para apressar as coisas e forçar uma estabilidade antes que o relacionamento esteja maduro. Pelo lado positivo, dispõem-se a trabalhar em prol da parceria de longo prazo e, contanto que consigam se expressar com franqueza sobre assuntos difíceis, são parceiros estáveis e dedicados.

SATURNO NA OITAVA CASA

Estas pessoas podem ter problemas de escassez que complicam sua capacidade de compartilhar as finanças com os parceiros, mas trabalhar para uma comunicação aberta em torno do dinheiro é algo que pode ajudar. Podem ter muito magnetismo sexual ou serem bastante contidas nesse aspecto, além de terem necessidade de explorar papéis ou fetiches sexuais com os parceiros, a fim de manterem a paixão no longo prazo. Saturno neste posicionamento pode produzir rigidez e repressão sexual ou, em contrapartida, facilitar vivências arriscadas.

SATURNO NA NONA CASA

Saturno na nona casa tende a indicar um código moral rigoroso. Se estas pessoas conseguirem manter uma aura de receptividade, provavelmente serão capazes de ter uma relação pautada pelo trabalho em equipe. Se forem moralistas e julgadoras, no entanto, poderão tornar-se punitivas ou habituadas a censurar. Precisam aprender o valor da conciliação ao tomarem grandes decisões de vida na parceria.

SATURNO NA DÉCIMA CASA

Os indivíduos com este posicionamento têm senso de dever que os inclina a assumir demasiadas responsabilidades no mundo, podendo levá-los a negligenciar as responsabilidades pessoais. Quando podem esclarecer o que querem, são muito bons no planejamento da vida. Correm o risco de se esquecer de priorizar a intimidade, o que pode acontecer à custa da proximidade com o parceiro e levar à solidão.

SATURNO NA DÉCIMA PRIMEIRA CASA

Estar ligada à comunidade em geral é mesmo muito importante para o senso de identidade dessas pessoas, mas elas podem se esquecer de manter as amizades quando em relacionamentos sérios. Mesmo que desejem reconhecimento, podem achar um pouco difícil aceitar o afeto do parceiro. Têm dificuldade de sentir que pertencem a um grupo (ou a uma parceria) e precisam ter certeza de não estar projetando essa necessidade nos parceiros.

SATURNO NA DÉCIMA SEGUNDA CASA

Os indivíduos com este posicionamento são parceiros solidários, mas tendem a buscar orientação, respostas e estrutura fora de si; isso pode levá-los a manter relações unilaterais ou de codependência. Precisam cultivar seus princípios e responsabilidades em vez de se sentirem culpados. Aprender a ocupar o espaço e o tempo de que precisam para se cuidar é fundamental para que tenham uma participação equitativa nas parcerias.

URANO ⛢

Tempo que leva para percorrer o zodíaco: aproximadamente 84 anos

Signo que rege: Aquário

Casa que rege: décima primeira

RELACIONAMENTOS DE LONGO PRAZO: URANO

Urano rege a individualidade e a autonomia e não tem muito gosto pela proximidade e pela intimidade, mas ainda desempenha papel importante nas relações duradouras. A área em que encontramos Urano no mapa é onde precisamos ter a sensação de liberdade. Ele rege a parte de nós que quer fazer as próprias escolhas, no nosso próprio ritmo, sem termos de transigir ou consultar nossos parceiros. Para criar parcerias saudáveis, é importante sentir que podemos ser donos do próprio nariz, tendo senso de identidade próprio. Quando alcançamos a autenticidade e a liberdade nos relacionamentos, é muito mais fácil fazer concessões. A autonomia de Urano é uma das forças em ação implícitas na sensação de mistério existente nos relacionamentos de longo prazo – a sensação de que nunca saberemos tudo sobre o parceiro, mesmo que tenhamos vontade de sabê-lo.

INDIVIDUALIDADE E INDEPENDÊNCIA

Muitos de nós abrimos mão do que queremos, de quem somos e até de nossa liberdade de movimento em prol de um casamento ou de uma parceria. E, embora isso possa, às vezes, ser necessário, não deveria acontecer à custa de nossa criatividade e paixão, ou da verdade de nossa natureza. A autenticidade é muito importante; para sermos parceiros atentos, temos de ser pessoas íntegras. No entanto, muitas vezes, deixamos que a vida gire em torno do parceiro, da família ou dos filhos, à custa de nós mesmos. Quando nada mais nos resta, a autonomia se esvai, e os aspectos mais negativos de Urano – a inquietação, a distração ou o distanciamento – manifestam-se nas relações.

Urano rege tanto a obstinação quanto a teimosia – os aspectos de nosso ser sobre os quais pensamos ter a mente aberta, quando, na realidade, só temos a mente aberta para coisas nas quais não estamos totalmente fixados. Urano também se preocupa, antes de tudo, com o futuro; quando o relacionamento depende da nostalgia, de uma história em comum ou de ideias ultrapassadas, esse planeta tende a ficar descontente. Em um relacionamento, precisamos viver no presente e sentir que temos um futuro com o qual estamos entusiasmados.

Este é, igualmente, o planeta da estranheza e da singularidade, de tudo o que é incomum e escapa às convenções. Todos nós temos Urano no mapa, mas, para muitos, Saturno e Júpiter – os planetas que regem nossas ideias sobre o que é "normal" ou convencional – têm mais influência sobre quão mais à vontade nos sentimos em mostrar ao mundo nosso eu único. Assim, Urano está associado às relações não monogâmicas; uma pessoa fortemente uraniana é capaz de captar o mérito e o valor de acordos sexuais que englobem mais de uma pessoa. No entanto, as energias desse planeta têm menos a ver com a multiplicidade de relações íntimas que com a liberdade de flertar, fazer sexo casual ou explorar outras opções. Vale dizer, ainda, que o simples fato de certas pessoas terem uma natureza que lhes permite se sentir capazes de se envolver em relações não monogâmicas de forma saudável não significa, necessariamente, que sua educação cultural e familiar ou suas circunstâncias de vida a apoiarão.

TECNOLOGIA

A forma como nos relacionamos com nossos aparelhos e o tempo que passamos *on-line* são uma questão muito importante no contexto das relações e da intimidade modernas. Urano rege a tecnologia; estabelecer acordos claros sobre quanto tempo você passa *on-line* é essencial – e, dependendo de onde você e o parceiro tenham Urano no mapa, é provável que tenham ideias diferentes sobre esse limite. A imersão em nossos dispositivos e constituir relacionamentos que não têm lastro nenhum na vida real podem ser regidos por Netuno ou Urano (o primeiro é escapista, e o segundo é, perturbador). Quando os pensamentos são mais interessantes do que o que se passa ao redor, podemos ser vistos como egoístas. Se ignorarmos as pessoas sentadas à mesa conosco, prestaremos um desserviço a nós mesmos e aos nossos parceiros.

COMO LIDAR COM ESTE PLANETA

Faça um balanço de suas necessidades de espaço, autonomia e desenvolvimento pessoal e não se esqueça de partilhar o resultado com o parceiro. A área em que você tem Urano no mapa se caracterizará pela concentração no futuro; por isso, aprender a permanecer presente e receptivo é fundamental. Lembre-se de ouvir o parceiro e de investir em quem ele é em tempo real.

URANO NOS SIGNOS

Consulte as páginas 78 e 154 para mais informações.

URANO EM ÁRIES (1927-1934 E 2010-2019)

Quando Urano esteve em Áries no início do século XX, os Estados Unidos sofreram queda maciça da bolsa de valores, e a Grande Depressão teve início. A época exigia que as pessoas tivessem mais vontade própria, originalidade e assertividade para sobreviver.

A combinação de Urano e Áries pode criar bastante singularidade, voluntariedade e ousadia, mas essa energia é bem bruta e imprevisível. Esse planeta se junta a esse signo para criar períodos de atividade e individuação, o que pode produzir pensamentos e comportamentos obstinados e egoístas, ou, por outro lado, o tipo de manifestação do eu que torna possível o encontro entre os indivíduos por meio de maior consciência de sua capacidade de ação.

O que isso significa para os relacionamentos de longo prazo: estas pessoas precisam ter cuidado para não fazerem mal a si mesmas na tentativa de fazer mal aos outros, pois este posicionamento não é dos mais flexíveis. Os nascidos nessa época podem estar em busca de algo perfeito, tendo, por isso, dificuldade de se comprometer.

URANO EM TOURO (1934-1942 E 2018-2026)

O posicionamento no século passado coincidiu com os anos em que a Grande Depressão realmente se instalou. O racismo e a xenofobia ganharam novo recrudescimento global com o advento da Segunda Guerra

Mundial. Este período obrigou os indivíduos a tomar posição sobre quem eram e o que priorizavam. O impulso coletivo foi uma mudança no debate global sobre valores. Esses mesmos temas vêm surgindo de novo e provavelmente vão se desenvolver ao longo deste ciclo.

O que isso significa para os relacionamentos de longo prazo: os que têm este posicionamento sofrem a tensão entre segurança e autonomia. É provável que assumam fortes papéis de gênero nos relacionamentos ou formem relacionamentos de longo prazo que quebrem as convenções e incluam papéis mais flexíveis.

URANO EM GÊMEOS (1941-1949 E 2020-2025)

Urano esteve antes em Gêmeos durante um período em que assistimos a avanços tanto na psicologia quanto na metafísica. Essa geração produziu estudantes que foram a juventude radical dos anos 1960, pessoas capazes de fazer uso inventivo das informações recebidas sobre liberdade, autonomia e independência.

O que isso significa para os relacionamentos de longo prazo: Urano é o signo da revolução, e Gêmeos, da comunicação. Pessoas em relacionamentos de compromisso ficarão presas nos próprios pensamentos (passando o tempo todo ao telefone) ou terão curiosidade autêntica sobre quem são os parceiros, desejando compartilhar a magia da vida diária.

URANO EM CÂNCER (1949-1956; ACONTECERÁ NOVAMENTE EM 2033-2039)

A última vez que vimos este posicionamento foi durante a era do macartismo. Toda uma geração de artistas e livres-pensadores foi banida em nome da proteção e do patriotismo (elementos fundamentais para o signo de Câncer). Houve a expansão dos meios de comunicação e a chegada da televisão (e dos jantares em que a família assistia à TV, que foram o início, também, dos alimentos processados, proporcionando às pessoas mais liberdade, embora com menos qualidade). A chave aqui é encontrar um modo de equilibrar autoproteção e liberdade, sem escolher uma em detrimento da outra.

O que isso significa para os relacionamentos de longo prazo: este posicionamento pode dotar as pessoas de profundo senso de proteção de sua singularidade, bem como de forte senso de nacionalismo. Elas também têm potencial para redefinir radicalmente o que é família e os limites emocionais que ocorrem nas relações íntimas.

URANO EM LEÃO (1956-1962; ACONTECERÁ NOVAMENTE EM 2039-2046)

Esta foi uma época em que o entretenimento se tornou parte muito maior da sociedade ocidental. A Guerra do Vietnã ainda estava no início; Urano em Leão fala de uma época de vigoroso engajamento. Esta é uma geração de pessoas autoconfiantes e muito criativas, com forte necessidade de reconhecimento por parte de forças externas.

O que isso significa para os relacionamentos de longo prazo: na última vez em que se deu esse posicionamento, muita gente explorou o sentido da vida tendo filhos. Quando acontecer novamente, poderemos ver isso mais uma vez, ou assistir a uma mudança cultural em que as pessoas priorizem a autonomia sobre a reprodução.

URANO EM VIRGEM (1962-1969; ACONTECERÁ NOVAMENTE EM 2046-2053)

Neste período começou a convocação obrigatória nos Estados Unidos para a guerra do Vietnã, e as pessoas protestaram em resistência. Muitos procuraram construir uma sociedade alternativa. Houve ênfase no aperfeiçoamento pessoal como caminho para a transformação social. Foi aí que os cuidados de saúde alternativos começaram a desempenhar papel maior na cultura ocidental. Virgem representa os processos práticos, a realidade prática e a vida cotidiana. Assim, quando combinado a Urano, também estimulou uma segunda onda de feminismo, que girou em torno da escrita, da expressão verbal e de análises públicas. Urano em Virgem criou uma geração que deu nova ênfase à atividade pessoal e teve novo acesso a técnicas de aprimoramento no estilo de vida.

O que isso significa para os relacionamentos de longo prazo: essas pessoas precisam de senso de privacidade e autonomia enquanto partilham a vida com os parceiros. Este posicionamento produz pessoas de natureza contemplativa e autorreflexiva.

URANO EM LIBRA (1968-1975; ACONTECERÁ NOVAMENTE EM 2053-2059)

Esta geração centrou-se nas mudanças em prol da justiça social, na diplomacia e nas artes. Foi um tempo em que as parcerias e os papéis alternativos em sociedade se tornaram mais ecléticos e diversificados, e as mulheres ganharam mais autonomia nas relações. Foi também quando o divórcio se tornou mais disseminado, e as parcerias românticas de longo prazo deixaram de ser vistas como a única forma de avanço nos relacionamentos.

O que isso significa para os relacionamentos de longo prazo: este posicionamento dá ênfase à justiça e à liberdade, que podem tornar as relações mais bem fundamentadas. Mas também cria muita sensibilidade, resultando, talvez, na sensação de que estamos sempre pisando em ovos.

URANO EM ESCORPIÃO (1975-1981; ACONTECERÁ NOVAMENTE EM 2059-2066)

Esta combinação produziu uma geração corajosa, embora reservada. Teve mais influência de grandes empresas, da publicidade e da mídia que qualquer geração anterior. O ocultismo e a cultura da Nova Era expandiram-se nesse período. A androginia também veio à tona, com a ascensão das artes e da música *new wave*. Houve avanço jurídico de ações afirmativas, à medida que mais vozes alternativas foram ocupando os espaços públicos.

O que isso significa para os relacionamentos de longo prazo: Escorpião é um signo relacionado ao poder, à privacidade e a experiências intensas, enquanto Urano representa os impulsos excêntricos, estranhos e individualistas. Pessoas nascidas nesse tempo têm o forte desejo de serem reconhecidas como indivíduos, mesmo que tenham dificuldade de valorizar a individualidade dos parceiros.

URANO EM SAGITÁRIO (1981-1988; ACONTECERÁ NOVAMENTE EM 2066-2072)

Os anos 1980 foram os da corrida armamentista. Essa época assistiu ao aumento do interesse humanitário, bem como do fundamentalismo. Crianças foram encorajadas a se corresponder com outras de outros países, e as ligações entre indivíduos em prol da criação de uma sociedade global representaram um elemento importante dessa fase.

O que isso significa para os relacionamentos de longo prazo: Sagitário rege a abertura de espírito e a expansão; é também um signo transcultural. Mas o problema está nos detalhes, e este posicionamento inclina as pessoas a serem avessas às pequenas concessões necessárias em qualquer relacionamento.

URANO EM CAPRICÓRNIO (1987-1996; O ÚLTIMO OCORREU EM 1904-1912)

Nesses tempos, o governo e as grandes empresas assumiram posição de maior força na sociedade. Foi uma época em que pudemos partir do caos individual e dos problemas pessoais para chegar a soluções sistêmicas. Em contrapartida, houve grandes transtornos em relação às normas acordadas e à "forma correta" de fazer as coisas. A crise causada pela aids acarretou grandes mudanças quando as empresas farmacêuticas entraram em cena para "nos proteger" da epidemia. A criminalidade adolescente teve crescimento significativo.

O que isso significa para os relacionamentos de longo prazo: pessoas com este posicionamento podem criar um senso de autonomia e autoafirmação em antigas estruturas de relacionamento. Ou derrubar por completo as instituições heteronormativas e refazê-las em um novo formato.

URANO EM AQUÁRIO (1996-2003; O ÚLTIMO OCORREU EM 1912-1920)

Aquário é regido por Urano – este é seu signo natural –; assim, há tanto a intensidade do humanitarismo quanto a sensação de interconexão e confiança nos demais.

Este foi um tempo de grande avanço científico e tecnológico. O Google surgiu em 1998, e este e outros avanços no compartilhamento de dados e informações foram a marca de uma mudança maciça e global. Os computadores entraram nas salas de aula, por isso esta geração cresceu tendo acesso regular a outras pessoas do mundo todo.

O que isso significa para os relacionamentos de longo prazo: com a expansão dos papéis de gênero e a liberação sexual, há o potencial para maior igualdade ou equidade nas relações de longo prazo. Mas, com essa abertura de espírito, as pessoas dessa geração podem ter dificuldade de tolerar a vulnerabilidade emocional inerente à conexão humana. Também pensam livremente, possuem mente aberta e estão dispostas a fazer as coisas de uma nova maneira.

URANO EM PEIXES (2003-2011; O ÚLTIMO OCORREU EM 1920-1928)

Quando este posicionamento se deu na estrondosa década de 1920, houve mudança nas questões de moralidade e mais ênfase no prazer e na dissociação. Mais recentemente, os medicamentos passaram a desempenhar papel importante, ocorrendo crescente dependência deles para gerir nosso estado de espírito. Urano é um planeta que causa perturbação com facilidade, sinalizando aumento tanto na sensibilidade quanto no desejo de se sentir bem. Esta geração é mais consciente que as precedentes, mas também tem tendências escapistas mais vigorosas.

O que isso significa para os relacionamentos de longo prazo: os que têm este posicionamento podem ter imensa dificuldade de se comprometer em uma união. Podem tentar se moldar àquilo que acham que o parceiro quer, como meio de autopreservação. Precisam de períodos de descanso para poderem voltar íntegros à vida e aos parceiros.

URANO NAS CASAS

URANO NA PRIMEIRA CASA
Estas pessoas são impulsivas e tendem a viver muito concentradas em si mesmas. Por isso, um esforço consciente para envolver os seus parceiros servirá bem às relações no longo prazo. Podem ter um jeito bastante brusco e não são as melhores ouvintes. Como tendem a levar uma vida muito ocupada, estes indivíduos podem perder a noção dos detalhes e dos acordos feitos. Por sorte, sua natureza inovadora e criativa ajuda a manter os parceiros entretidos.

URANO NA SEGUNDA CASA
As pessoas com Urano na segunda casa têm valores muito particulares e precisam descobrir, por si mesmas, a melhor maneira de viver a vida. Tendem a ter relação pouco confiável com o dinheiro, já que seu comportamento nem sempre é consistente, e os gastos podem ser impulsivos. Apreciam a ideia de relacionamentos e parcerias, mas podem se sentir facilmente presas quando assumem um compromisso real com outra pessoa.

URANO NA TERCEIRA CASA
O tédio representa a morte para estes nativos. Tendem a ter pensamento inovador, o que pode ser ótimo para conversas interessantes e interações sociais, mas também podem ter dificuldade com as rotinas envolvidas na manutenção de parcerias de longo prazo. Devem se lembrar de fazer perguntas sobre a vida dos parceiros e demonstrar interesse por eles, em vez de partir do princípio de que já têm todas as informações ou de que só eles devem falar.

URANO NA QUARTA CASA
A instabilidade doméstica tende a ser um tema comum para estas pessoas. Pode se manifestar em mudanças frequentes ou em muita atividade e ausência de rotina na vida doméstica; elas se beneficiarão se encontrarem parceiros capazes de conviver com a imprevisibilidade. Para que estes nativos não se sintam tão fora de controle, o segredo consiste em desenvolver a noção de serem os responsáveis pelas próprias ações – e assumir que precisam de configurações de vida únicas e mais mudanças que o restante das pessoas.

URANO NA QUINTA CASA
Estas pessoas precisam de variedade na vida sexual para se sentirem satisfeitas nos relacionamentos de longo prazo. A rotina entre quatro paredes não lhes serve bem. Devido à grande quantidade de concessões que as crianças demandam, é bem provável que precisem de parceiros que lhes proporcionem igualdade na criação dos filhos.

URANO NA SEXTA CASA
Estas pessoas tendem a ter o sistema nervoso muito sensível. Podem ser impacientes e é provável que sempre tenham um milhão de coisas para fazer. Embora tendam a ser mais flexíveis que a maioria dos parceiros, têm de tomar cuidado para não tratar o relacionamento como algo secundário. Precisam de muitas surpresas, intrigas e variedade na vida, que serão expressas ou no trabalho ou em alguma outra atividade diária.

URANO NA SÉTIMA CASA

Este posicionamento indica a necessidade de configurações alternativas de relacionamento, pois inclina seus nativos a serem independentes. Se não quiserem ou não puderem ter essa independência, eles podem acabar se relacionando com pessoas indisponíveis ou instáveis para obter passivamente o espaço de que precisam. Podem até ter relacionamentos bem-sucedidos, mas é improvável que isso ocorra à custa de sua autonomia.

URANO NA OITAVA CASA

Estes indivíduos podem ter um apetite sexual incomum ou muito variável. Mudam ao longo do tempo, por isso precisam de parcerias flexíveis e que lhes abram espaço para o crescimento e a singularidade. O humor, as brincadeiras e as intrigas são essenciais para que se sintam conectados com os parceiros no longo prazo. Essas pessoas podem precisar de períodos de solidão para se recuperar dos efeitos dos relacionamentos e do mundo ao redor.

URANO NA NONA CASA

Estas pessoas têm visão de mundo excêntrica, por isso precisam encontrar relações que abram espaço para diferenças de opinião e de abordagens de vida. Aventureiras, podem precisar viajar (sozinhas ou com amigos), de vez em quando, para conhecer culturas diferentes, como forma de expandir a vida.

URANO NA DÉCIMA CASA

Estas pessoas podem mudar de rumo com bastante frequência e precisam fazê-lo, independentemente dos parceiros. Quando não têm clareza sobre a direção de sua vida, podem se tornar dependentes dos parceiros para esquecer a necessidade de maior liberdade na carreira. São pessoas que podem abordar seus objetivos de forma singular até mudarem espontaneamente de rumo.

URANO NA DÉCIMA PRIMEIRA CASA

Quando essas pessoas têm forte senso de quem são fora do relacionamento – sobretudo quando trabalham para beneficiar a humanidade –, isso lhes permite assumir papel mais ativo na própria parceria. Para elas, o sexo não está necessariamente associado à intimidade. Por isso, para permanecer sexualmente centradas em si mesmas, podem decidir não ser monogâmicas ou apreciar cenários de fantasia fora do compromisso primário.

URANO NA DÉCIMA SEGUNDA CASA

Aprender a ser fiel a si mesmos e a expressar sua singularidade no relacionamento é uma das grandes lições de vida a ser aprendida pelos nativos de Urano na décima segunda casa. Estas pessoas tendem a se comprometer em demasia ou a não fazê-lo de jeito nenhum. No geral, têm dificuldade de se afirmar, o que pode levar a uma postura muito defensiva nos relacionamentos.

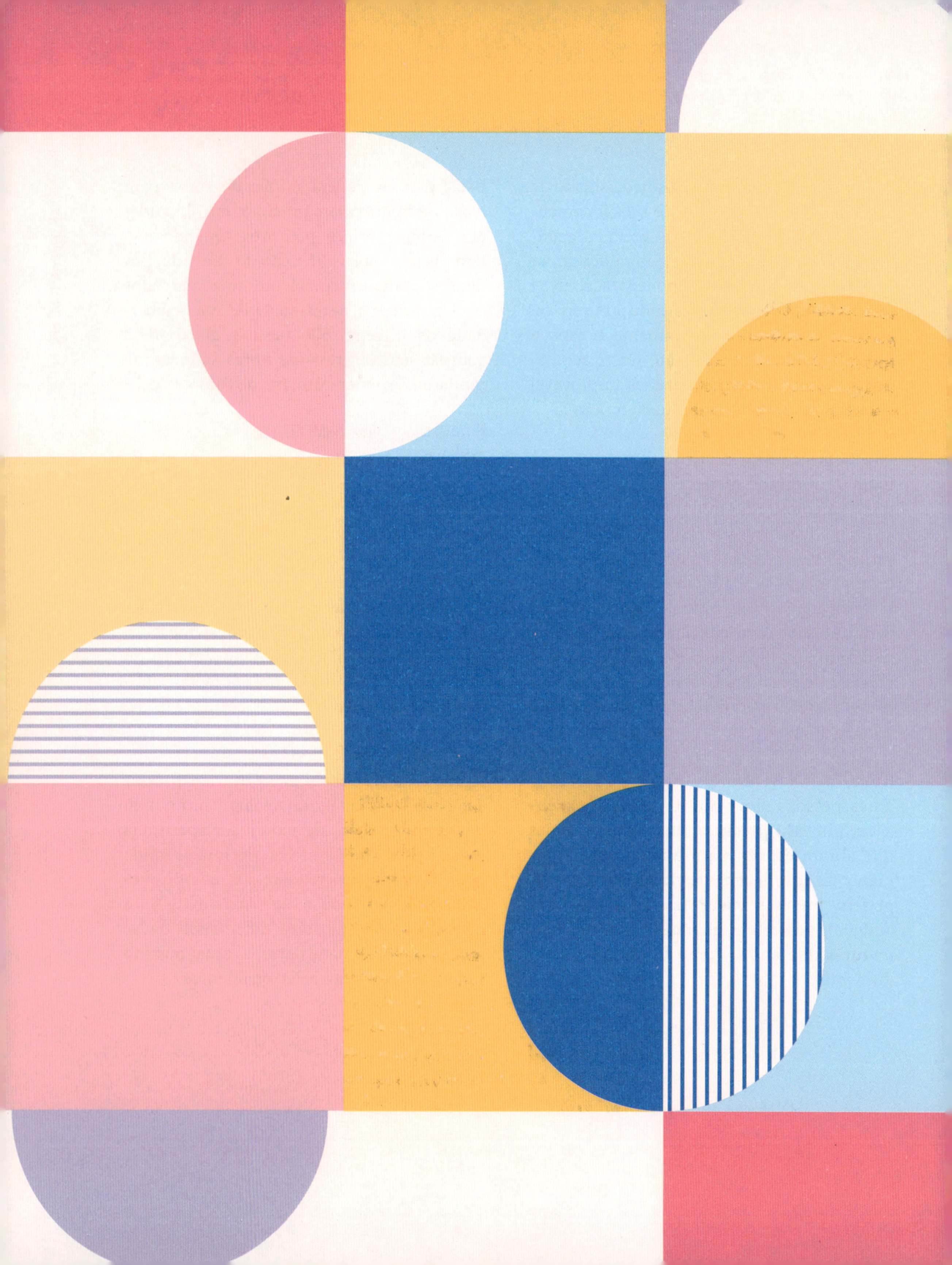

NETUNO ♆

Tempo que leva para percorrer o zodíaco: aproximadamente 165 anos

Signo que rege: Peixes

Casa que rege: décima segunda

RELACIONAMENTOS DE LONGO PRAZO: NETUNO

Todos temos momentos em que preferiríamos não ter de explicar tudo ao parceiro – eles deveriam "captar" nosso estado e instintivamente saber, com exatidão, o que está acontecendo conosco. Esse sentimento é regido por Netuno. Esse planeta rege nossos elementos de concentração, romance e idealismo. Seus efeitos são, ao mesmo tempo, altamente espirituais e profundamente psicológicos. Na área em que temos Netuno no mapa, tendemos a nos fazer espiritualmente presentes com nosso eu superior ou, ao contrário, bastante dissociados pelo uso de coisas como televisão, videogames ou drogas. Quando essas atividades são feitas de maneira equilibrada, podem não apresentar problema nenhum; contudo, quando feitas em excesso, podem ser um modo de excluir os parceiros e de nos isolar da vida.

ESTRELAS E LUZES

Netuno rege nossos ideais, algo muito diferente dos nossos valores. Os ideais são como estrelas – iluminam o céu noturno, mas estão fora de alcance. Os valores são mais como postes de luz. Também iluminam o céu, mas de vez em quando queimam e têm de ser substituídos (e, embora seja difícil alcançá-los, isso é possível com certo esforço). Nas parcerias, Netuno nos desafia a mantermos nossos valores para não dependermos muito dos ideais para iluminar o caminho a ser seguido.

Esse planeta rege a parte de nós que deseja uma alma gêmea – um parceiro idealizado e perfeito. Na realidade, porém, todas as parcerias, casamentos e relacionamentos de longo prazo estão, sob certo aspecto, aquém do ideal. E, embora nossa ideia de parceria perfeita e imaginária possa envolver telepatia e coincidências mágicas, a vida real exige que expressemos nossas necessidades e prestemos atenção quando nossos parceiros expressam as deles. Netuno não sabe fazer nenhuma dessas duas coisas. Esse planeta entra em jogo quando não temos certeza do que pensamos ou precisamos. Assim, em vez de nos envolvermos em conflitos, comportamo-nos de modo passivo com os parceiros. Podemos até sentir que estamos tentando manter a calma e ser conciliadores, mas, se houver um fundo de ressentimento ou raiva não expressos, nosso comportamento será visto como agressivo-passivo. Da mesma forma, quando optamos pela conciliação em questões em relação às quais, na verdade, temos sentimentos muito vigorosos, podemos acabar enganando os parceiros, sem querer.

DEVOÇÃO

Os netunianos tendem a pensar muito nos sentimentos e nas necessidades das outras pessoas; são motivados pela conexão, pela devoção e pela intimidade em muitos níveis e em profundidade. Na área em que temos Netuno no mapa natal, tendemos a querer prestar serviços aos outros, evitar todo tipo de mesquinharia e viver imersos em nossos sentimentos e impressões sensoriais, na medida em que se opõem à nossa mente lógica. Isso pode nos levar a viver com a cabeça nas nuvens. Às vezes, podemos sentir que temos tanto direito a ter nossa perspectiva pessoal que inadvertidamente deixamos de ouvir os outros. É difícil estar presente ou ouvir o parceiro se estivermos tão envolvidos com nossos próprios sentimentos.

As pessoas com Netuno forte no mapa marcham ao ritmo dos próprios tambores; nem sempre percebem o tempo de forma linear, de modo que podem correr o risco de decepcionar os parceiros e causar estresse nos relacionamentos.

Netuno não gosta de linhas binárias, tanto em relação às estruturas de relacionamento quanto no tocante a outros domínios, e pessoas inclinadas ao poliamor, muitas vezes, têm esse planeta em destaque no mapa: não querem limitar sua capacidade de amar. Por outro lado, a menos que uma pessoa na dinâmica tenha Saturno ou Urano fortes no mapa para fornecer estrutura, os acordos de poliamor tendem a ter os limites confusos, o que pode incapacitar uma ou mais pessoas a consentir plenamente com o que está acontecendo. Netuno não gosta de se comprometer com "sim" ou "não".

COMO LIDAR COM ESTE PLANETA

Netuno lhe pede que reconheça o potencial que vê em sua parceria. Você consegue manter o romantismo enquanto observa os indícios claros do que acontece de verdade entre você e o parceiro? Pergunte a si mesmo: Qual é a contribuição que tem a dar? Está sendo honesto e franco sobre seus sentimentos e comportamento? Está ouvindo de verdade e deixando clara para o parceiro sua posição emocional?

NETUNO NOS SIGNOS

Você vai notar que alguns dos anos a seguir se sobrepõem. Isso ocorre porque todos os planetas exteriores se tornam retrógrados (ou seja, parecem retroceder no zodíaco) e entram e saem de um signo ao longo de um ano. Por isso, muitas vezes, ocorre de um planeta estar em dois signos diferentes em um mesmo ano. Netuno leva 165 anos para completar seu ciclo pelos signos e passa 14 anos em cada um deles. Marca os ideais, as convicções e os ideais espirituais de uma geração. Por essa razão, concentrei-me nos signos que provavelmente refletirão meus leitores (e seus pais).

NETUNO EM VIRGEM (1928-1942)

Estes foram os bebês da época da Depressão. Nascidos em um período de escassez, tiveram de se contentar com pouco, deixando-se guiar pelos valores espirituais para encontrar sentido para a vida quando tudo mais parecia terrível. Essa geração teve de deixar de cuidar de si mesma para lidar com a sobrevivência cotidiana. Pessoas nascidas nessa era tiveram de aprender a cuidar do corpo como forma de cuidar da mente, e vice-versa. O mundo tornou-se maior com o advento da Segunda Guerra Mundial, mas havia muito medo do que não era compreendido. Essa geração se viu às voltas com um aterrador monstro cultural.

O que isso significa para os relacionamentos de longo prazo: estas pessoas precisam se preocupar menos e cuidar mais da relação, para não fazerem tempestade em copo d'água. É provável que, de vez em quando, precisem passar algum tempo longe do parceiro para poderem filtrar a montanha de pensamentos e sentimentos, até chegarem à verdade.

NETUNO EM LIBRA (1942-1956)

Essa fase coincidiu com o fim da Segunda Guerra Mundial, quando surgiram ideais de amor e senso de conexão global (as Nações Unidas foram fundadas nessa época). As nações se juntaram com ideal netuniano de unidade e vontade comum de proteger a humanidade. Crianças nascidas nessa era cresceram para ser a geração do "faça amor, não faça guerra". Libra é um signo relacional – preocupa-se com a justiça e a igualdade e se expressa em contexto pessoal. Combinado com o jeito idealista, romântico e bastante espiritual de Netuno, ele moldou toda uma geração que quis aprender a estabelecer parcerias genuínas e se esforçou para ter mais empatia interpessoal.

O que isso significa para os relacionamentos de longo prazo: Netuno em Libra é idealista, glamoroso e espiritual. As pessoas dessa geração – também conhecidas como *baby boomers* – querem formar parcerias muito românticas e se esforçam para ter mais empatia interpessoal.

NETUNO EM ESCORPIÃO (1956-1970)

A geração nascida nessa época enfrentou – e absorveu – acontecimentos de grande proporção. São pessoas que expandiram o senso de comunidade, encontrando novas maneiras de compartilhar e se relacionar além da escola, das forças armadas e da igreja. Isso está de acordo com a energia netuniana, que rege a conectividade universal. Escorpião, por outro lado, tem tudo a ver com o ato de total desapego – por isso vive profundamente preocupado com a morte e o sexo. É o signo que abrange os aspectos ocultos da sociedade. Essa combinação planetária pode favorecer o vício, o escapismo e os excessos ligados ao sexo e à sexualidade – o que explica por que muitas pessoas nascidas nessa época tiveram de lidar com essas questões depois de adultas. O sexo tornou-se mais livre, mas houve consequências. Essas crianças cresceram na crise da aids e foram a primeira geração moderna a sofrer consequências de saúde tão terríveis por causa da sexualidade.

O que isso significa para os relacionamentos de longo prazo: as pessoas desta geração foram criadas em um esquema religioso organizado, mas trocaram-no pela espiritualidade. A dinâmica dos relacionamentos mudou à medida que o movimento pelos direitos das mulheres as capacitou a terem mais escolha no estilo de vida e de parceria.

NETUNO EM SAGITÁRIO (1970-1984)

Na infância, esta geração vivenciou um senso de conectividade maior do que nunca. O mundo se tornou muito menor à medida que as viagens internacionais passaram a ser mais comuns para a classe média. Foi um tempo de unidade e conexão global. A cultura ocidental tornou-se menos monoteísta, e tanto a religião alternativa como a espiritualidade foram normalizadas nessa época. Outra barreira cultural foi derrubada durante essa era, depois de Loving *vs.* Virginia, disputa judicial sobre direitos civis que se tornou um marco histórico ao declarar a nulidade das leis que proibiam o casamento inter-racial em 1967, tornando a geração X a primeira a nascer de casamentos inter-raciais legalizados nos Estados Unidos. A geração X tem consciência do romance, da justiça social e da equidade; valoriza a liberdade em escala social.

O que isso significa para os relacionamentos de longo prazo: os membros da geração X buscaram a liberdade por meio dos relacionamentos. A ampla interconexão e o excesso de alternativas que vieram com a internet lhes deram mais opções para conhecer as pessoas. Anseiam por amor e romance e estão dispostos a explorar suas opções por mais tempo que as gerações anteriores.

NETUNO EM CAPRICÓRNIO (1984-1998)

Netuno em Capricórnio é o posicionamento de uma geração propensa a questionar os poderes instituídos. No entanto, devido à onipresença da TV, dos anúncios e de filmes e jogos, essa geração também se distrai com facilidade. Capricórnio está associado ao capitalismo, às hierarquias e ao poder estrutural. A combinação de Capricórnio e Netuno refere-se à noção idealizada de autoridade – e à transição rumo a uma relação não binária com ela. O ideal aqui é a dissolução de velhos governos e fronteiras nacionais e a transformação do capitalismo. Essa geração foi a primeira a crescer em meio ao uso de medicamentos psicotrópicos no dia a dia. São pessoas que sofreram a investida de grandes corporações, que empenharam todo seu poder para criar uma cultura voltada ao consumo. Nessa época, o meio ambiente e a estrutura social ganharam lugar de maior destaque na consciência cotidiana.

O que isso significa para os relacionamentos de longo prazo: estas pessoas sentem tensão entre o desejo de estabilidade e segurança e o desejo de se perderem na intimidade. Têm dificuldade de identificar o lugar saudável de conciliação entre esses dois desejos.

NETUNO EM AQUÁRIO (1998-2012)

Netuno em Aquário rege a conexão com a consciência coletiva. É nesse posicionamento que a intelectualização dos ideais se concretiza. A tecnologia criou sentido de interconexão sem precedentes para essa geração. Crianças nascidas nessa época puderam ter acesso a qualquer pessoa mundo afora, o que gerou a sensação de que tudo era possível. A astrologia dessa geração é simbolizada pela Black Lives Matter e pelo ativismo contra a violência armada – de Ferguson, no Missouri, a Parkland, na Flórida. Foi a primeira geração a crescer com acesso às redes sociais e tem a sensação de que compartilha certos ideais.

O que isso significa para os relacionamentos de longo prazo: esta geração precisa de relacionamentos que reflitam sua noção de autonomia e independência; há maior ênfase na colaboração e na inovação em comparação às gerações anteriores. Aprender a permanecer presente para o outro é importante para o sucesso em relacionamentos de longo prazo.

NETUNO EM PEIXES (2012-2026)

Este é o posicionamento natural de Netuno, que se torna particularmente poderoso nesse local (suas funções são reforçadas tanto para o bem quanto para o mal). A combinação de Netuno e Peixes é marcada por sentimentos significativos de incerteza e confusão. Peixes é o signo do inconsciente, do que está escondido – o que significa que essas crianças estão sendo criadas em um momento em que as coisas estão se ocultando de nossa vista e, ao mesmo tempo, emergindo para a luz. Mais uma vez: o uso maciço de medicamentos e a presença avassaladora dos meios de comunicação facilitam a dissociação. (Peixes pode ser um signo muito dissociativo; as pessoas dessa geração podem se perder no uso de drogas, videogames e mídia em geral.) Essa geração está crescendo em uma época de crise humanitária e ambiental, mas também em uma era artística, de mais democracia nas artes: as pessoas podem publicar os próprios livros e projetar sua voz sem o apoio das artes tradicionais nem da indústria do entretenimento.

O que isso significa para os relacionamentos de longo prazo: esta geração se afasta ainda mais do elemento institucional do amor e do casamento, ou da idealização dessa instituição. Seus membros são dedicados aos parceiros e se sentem chamados ao romance e ao sentido de unidade.

NETUNO NAS CASAS

NETUNO NA PRIMEIRA CASA

É fácil para os outros projetar sentimentos e ideias nas pessoas com esse posicionamento; elas nem sempre aparentam o que são. Os indivíduos com Netuno na primeira casa precisam se esforçar para compartilhar verbalmente com os parceiros a verdade do que está acontecendo, em vez de apenas lhes dar pistas. São românticos e idealistas e, mesmo que possam ser bastante dispersos ou se distraiam com facilidade, farão quase tudo pelas pessoas que amam.

NETUNO NA SEGUNDA CASA

Essas pessoas tendem a ter problemas com dinheiro; costumam ser um pouco esbanjadoras ou desorganizadas, o que pode ser um problema em um relacionamento em que os recursos são compartilhados. Gostam de gastar seu dinheiro em experiências de vida e, em geral, não priorizam belos objetos (por mais que gostem deles). Facilmente influenciadas pelos parceiros, precisam desenvolver seu senso de identidade para serem verdadeiramente confiáveis para as pessoas que lhes são próximas.

NETUNO NA TERCEIRA CASA

Estas pessoas precisam relaxar às vezes; necessitam de momentos de silêncio e ter confiança de que o que dizem será ouvido. Embora possam ser bastante intuitivos, os que têm Netuno na terceira casa podem ser também muito ansiosos, com propensão a projetar ideias nos parceiros. Precisam se lembrar de se comunicar verbalmente em vez de fazer suposições.

NETUNO NA QUARTA CASA

O lar precisa ser um santuário para estas pessoas; precisa oferecer a sensação de fuga deste mundo grande e maléfico. Este posicionamento indica certa tendência a idealizar a vida familiar; por isso, recomenda-se a estas pessoas que procurem enfrentar os problemas reais que podem surgir em casa. Também é importante que não se apressem a morar com os parceiros antes de estabelecerem limites saudáveis na relação.

NETUNO NA QUINTA CASA

Muito românticas, essas pessoas podem ter dificuldade de enfrentar a realidade cotidiana de uma relação de longo prazo. Podem passar por períodos em que o sexo será um veículo poderoso de conexão e outros em que isso simplesmente não acontecerá. De qualquer modo, o flerte é importante para elas, mesmo em momentos em que o sexo é menos frequente. Ter uma vida criativa – ou de fantasia – fora da parceria pode ajudar essas pessoas a se sentir vivas e trazer mais vibração para a dinâmica do relacionamento.

NETUNO NA SEXTA CASA

Os nativos deste posicionamento tendem a ter a mente e o corpo muito sensíveis. Têm necessidades particulares de autocuidado que requerem prática regular; do contrário, isso vai diminuir sua capacidade de se fazerem presentes na vida dos parceiros. Tendem a acumular objetos, por isso é importante que sejam ponderados na manutenção da boa ordem em uma casa compartilhada.

NETUNO NA SÉTIMA CASA

Pode ser difícil para essas pessoas aceitarem os parceiros como são, pois, muitas vezes, preferem se concentrar no potencial que supostamente têm. Os nativos deste posicionamento são muito atenciosos e, de fato, querem atender às necessidades das pessoas em sua vida, mas podem ter dificuldade de se concentrar em mais de um relacionamento por vez. Ao mesmo tempo que essa qualidade pode afastá-los das parcerias, também pode aproximá-los dos parceiros em certos momentos.

NETUNO NA OITAVA CASA

Estas pessoas passam por ciclos em que o sexo lhes parece muito ou menos desejável. Intuitivas e sensíveis, precisam sentir que podem mesmo confiar nos parceiros. Alternativamente, podem supor que outros nunca são confiáveis e escolher parceiros em quem sabem que não podem confiar, em uma espécie de profecia autorrealizadora. Se não forem capazes de definir seus limites de forma clara, poderão acabar sendo passivo-agressivos com os parceiros.

NETUNO NA NONA CASA

Estes indivíduos sempre estão em busca da verdade e são amantes da aventura; veem as parcerias como veículos para o crescimento criativo. No entanto, quando surge o potencial de conflito ou os parceiros se afastam, podem se refugiar da dura realidade, na esperança infundada de que as questões se resolverão por si mesmas. Têm de resistir ao desejo de se submeter à liderança dos parceiros e, em vez disso, devem assumir a responsabilidade pelas próprias crenças e escolhas.

NETUNO NA DÉCIMA CASA

Quando se trata de planejamento de vida, essas pessoas podem ser muito idealistas e exigir muito de si mesmas, ou ficar à toa, na expectativa de que os parceiros resolvam as coisas por elas. De qualquer forma, precisam cultivar a clareza de intenções. Quando fazem escolhas de vida baseadas no que de fato acreditam, não no que temem, as coisas tendem a ficar muito mais fáceis. Dispõem-se a se sacrificar pelas necessidades dos parceiros e se dão melhor quando aprendem a pedir em troca o que precisam.

NETUNO NA DÉCIMA PRIMEIRA CASA

Para estas pessoas, a socialização pode ser uma experiência muito perturbadora, que provoca ansiedade, ou fonte de inspiração. Devem ter cuidado para não depender em demasia dos parceiros para guiar sua vida social e, em vez disso, encontrar pessoas e grupos que lhes permitam explorar diferentes partes de si mesmas. O voluntariado e outras oportunidades de serviço podem ser muito bons para essas pessoas, alimentando sua alma e seus relacionamentos.

NETUNO NA DÉCIMA SEGUNDA CASA

Netuno está em seu posicionamento natural aqui, e estes indivíduos realmente precisam de muito espaço e tempo para processar os próprios sentimentos e experiências. São muito sensíveis e profundamente impactados pelo mundo, e suas relações pessoais podem ser um pouco cansativas. Por causa disso, podem, muitas vezes, entrar em dinâmicas de codependência. O desenvolvimento de uma vida espiritual rica e de fronteiras saudáveis vai lhes permitir atender às necessidades dos parceiros de forma mais consistente e, em contrapartida, formular as próprias necessidades de modo claro.

PLUTÃO ♇

Tempo que leva para percorrer o zodíaco: aproximadamente 248 anos

Signo que rege: Escorpião

Casa que rege: oitava

RELACIONAMENTOS DE LONGO PRAZO: PLUTÃO

Plutão rege nossa capacidade de sermos o melhor ou o pior que podemos ser; suas energias são intensamente criativas e poderosamente destrutivas. Rege também questões relacionadas à vergonha, ao trauma e ao abandono, com capacidade de cura profunda e transformacional.

Como planeta exterior que leva 248 anos para orbitar o Sol, o movimento de Plutão nos signos pode significar compulsões, desafios, dons e recursos que perpassam toda uma geração. Por isso, ele é menos usado na astrologia contemporânea para obter informações sobre indivíduos ou relacionamentos. No entanto, quando olhamos Plutão nas casas astrológicas, podemos aprender sobre o trabalho de cura que temos de fazer como indivíduos – trabalho esse que tem papel significativo a desempenhar em nossos relacionamentos.

COMPULSÃO E MEDO

As questões que Plutão articula e as dinâmicas que provoca em nós podem ser especialmente difíceis de elaborar – e, no entanto, é importante conseguir lidar com elas, sobretudo quando trabalhamos para construir parcerias saudáveis. A maioria de nós pode esconder nossas compulsões, nossos medos e nossa vergonha de outra pessoa por um período limitado – mas, em um relacionamento de longo prazo, isso se torna difícil ou quase impossível, e mais cedo ou mais tarde vamos nos deparar com o Plutão do nosso parceiro, e ele com o nosso.

No capítulo dois, falamos sobre o que acontece entre duas pessoas quando ainda é cedo o suficiente para fingir que tudo está bem. Aqui, estamos falando da fase em que isso não é mais possível, quando temos de cuidar de nós e fazer o trabalho emocional saudável necessário para ajudar o parceiro.

Plutão rege o medo de permitir que os outros nos vejam de modo verdadeiro. A área em que temos esse planeta é onde tendemos a buscar desesperadamente apoio e reconhecimento, ao mesmo tempo que temos vergonha de nossas necessidades reais. As energias de Plutão são compulsivas e intensas; ele pode nos inspirar a tentar refletir um conjunto de sentimentos mais límpidos e organizados que os sentimentos complexos que de fato temos. E, quando tentamos mudar nosso comportamento sem mudar os sentimentos subjacentes, forjar uma intimidade verdadeira torna-se muito mais difícil. Onde temos Plutão no mapa, ou reprimimos e evitamos problemas profundos ou, ao contrário, os exageramos. Mas testemunhar nossa dor – dando-lhe um nome, fazendo contato visual com ela e permanecendo em sua presença – é o primeiro passo, e essencial. Se não o fizermos, a relação pode acabar por reiterar o próprio trauma que tentamos evitar.

As parcerias íntimas envolvem as partes mais cruas e não trabalhadas do nosso ser. Por isso, é inevitável que qualquer trauma que tenhamos vivido, por mais profundo ou reprimido que seja, venha a se manifestar nessas relações. Plutão nos ângulos do mapa – ou seja, na primeira, na quarta, na sétima e na décima casas – muitas vezes reflete traumas infantis que se tornam fundamentais para a psique da pessoa. Esse trauma pode ir desde uma grande transição (como uma mudança de casa ou um divórcio) até uma morte na família, maus-tratos ou mesmo abuso sexual. Experiências infantis intensas são inevitavelmente desencadeadas pela família que criamos – e os parceiros de relacionamentos duradouros com certeza se encaixam nessa categoria. Por essa razão, é importante refletir sobre o modo como essas antigas experiências de desenvolvimento entraram em nossa psique e o que podemos fazer para conviver com elas.

CONFLITOS DE PODER

Plutão rege as lutas pelo poder, que podem ser corrosivas em qualquer relacionamento de longo prazo, sobretudo quando não há acordo claro sobre os pontos em disputa. É quando nos sentimos irritados ou nos colocamos na defensiva – sentimentos provenientes de Plutão – que temos mais tendência a nos comportar mal, nos fechar e nos esconder dos parceiros. Nessa situação, nossas ações podem nos impedir de atender às próprias necessidades e dar uma oportunidade aos nossos parceiros.

Plutão também está relacionado às partes de nós que querem ou esquecer tudo ou agarrar-se a uma situação com unhas e dentes. Nos relacionamentos de longo prazo – e certamente em um compromisso para a vida inteira –, todas as partes devem, em diferentes momentos, esquecer as coisas injustas ou indelicadas que o parceiro faz. É importante determinar se esse esquecimento é saudável ou se representa uma renúncia a si mesmo – e é aqui que o autocuidado é crucial. O perdão pode ser um ato profundamente plutônico quando é autêntico e envolve o processo regenerativo de afirmar uma nova verdade em uma parte diferente da psique.

COMO LIDAR COM ESTE PLANETA

Quando você é capaz de permanecer diante dos pensamentos, sentimentos, impulsos e estímulos mais profundos sem julgá-los e sem nenhuma outra finalidade, está começando a lidar, de verdade, com Plutão. Aprender a não se abandonar – nem ao parceiro – é um bom ponto de partida, seja como for que Plutão impacte seu relacionamento.

PLUTÃO NOS SIGNOS

Consulte as páginas 94 e 170 para mais informações.

PLUTÃO EM CÂNCER (1913-1939)

Plutão está associado à transformação e pode ser bastante destrutivo, ao passo que Câncer está associado à segurança, ao lar e à nação. Durante esta fase, tivemos a Primeira Guerra Mundial, a Grande Depressão e o início da Segunda Guerra Mundial. Esta geração teve uma vida muito árdua, porque nunca se sentiu segura; por isso, é propensa a ser bastante protetora ou reativa. Foi também uma geração que valorizava demais o clã ou a nação (as leis de segregação estavam em vigor nos Estados Unidos durante esse período, e a Ku Klux Klan detinha grande poder). Era um mundo "nós contra eles". A ênfase na família era bem forte, pois as pessoas lutavam contra a pobreza e a guerra.

O que isso significa para os relacionamentos de longo prazo: esta geração viveu duas guerras mundiais, por isso teve de lidar com questões de medo e abandono. Este posicionamento tornou as pessoas muito apegadas umas às outras; havia conflito entre a tentativa de encontrar um lugar na família e a realidade dominadora das famílias da época – marcada por profunda dependência familiar.

PLUTÃO EM LEÃO (1939-1957)

Essa geração viveu um período de ditadores opressivos, entre os quais Benito Mussolini, na Itália; Adolf Hitler, na Alemanha; Kim Il Sung, na Coreia do Norte; Ho Chi Minh, no Vietnã; Mao Tsé-tung, na China; Francisco Franco, na Espanha; Nikita Khrushchev, na União Soviética, além de vários outros. Portanto, é natural que pessoas nascidas durante esse período tenham ficado abaladas. A época também assistiu à explosão das primeiras bombas atômicas em Hiroshima e Nagasaki. Essas pessoas tiveram de lidar com uma energia feroz, de modo que temas como controle, sucesso e reconhecimento ganharam todos muita proeminência. Havia grande segregação racial e xenofobia. Os primeiros motins raciais em Detroit aconteceram nesse período – as pessoas se expressaram e foram reprimidas com violência. Foi toda uma era de raiva expressa e reprimida. Os nativos de Plutão em Leão não foram responsáveis por essas viradas culturais, mas foram criados nessa época – incentivados pela geração que os precedeu.

O que isso significa para os relacionamentos de longo prazo: para essa geração, os papéis de gênero no casamento foram apresentados de modo mais exagerado à medida que a televisão ganhava popularidade enquanto cresciam. Cozinhar tornou-se mais fácil; as tarefas domésticas foram modernizadas. Foi o auge da família nuclear ligada ao capitalismo e a uma nova estratificação de classe.

PLUTÃO EM VIRGEM (1957-1972)

Esta geração foi criada por pais de Plutão em Leão e tem muito mais consciência social que as gerações imediatamente anteriores. Muitas mudanças significativas em leis e na medicina ocorreram nesse período. Plutão em Virgem tem a compulsão de mudar de foco com frequência, buscando a verdade mais perfeita – mas, como não há verdade perfeita, pessoas com esse posicionamento podem ficar presas à rotina e aos hábitos.

O que isso significa para os relacionamentos de longo prazo: a convocação militar obrigatória estava em vigor nos Estados Unidos, e a Guerra do Vietnã causou profundo impacto nessa geração. Muitas famílias tiveram grandes dificuldades devido à desconexão emocional e aos traumas vivenciados pelas pessoas que voltavam de longe.

PLUTÃO EM LIBRA (1971-1984)

Após o fim da Guerra do Vietnã, em 1975, houve o retorno a um período de relativa prosperidade e paz. Esta geração não precisou se concentrar tanto na sobrevivência prática como as gerações precedentes, por isso houve mais espaço para que as artes e a justiça social se tornassem elementos culturais de maior relevância. As amizades assumiram papel muito maior. A geração X tem muita consciência sobre romance, justiça social e equidade. Quando havia injustiça, essas pessoas a levavam para o lado pessoal. O número de crianças que voltavam da escola para uma casa vazia, pois ambos os pais estavam trabalhando, atingiu o ápice. À medida que o mundo ia se tornando cada vez maior, a ideia de que desconhecidos representavam perigo ganhou peso, e tornou-se regra confiar apenas em conhecidos. O movimento dos Panteras Negras ganhou preponderância nesse período, apesar de ter começado com Plutão em Virgem. A rigidez dos papéis de gênero que se via com Plutão em Leão já havia se suavizado quando Plutão em Libra surgiu com a era da discoteca e mudanças na indústria cinematográfica.

O que isso significa para os relacionamentos de longo prazo: as pessoas desta geração têm profunda preocupação com a justiça, e este posicionamento está relacionado ao aprofundamento e à expansão das formas de conexão significativa com os outros.

PLUTÃO EM ESCORPIÃO (1984-1995)

Esta foi a primeira geração a crescer com um computador em casa. A sensação de conexão com um mundo maior pode tê-la feito se sentir exausta ou tornado cínica. Foi exposta a tudo; nada era tabu. Houve também mais androginia – essas crianças foram expostas a identidades de gênero e a sexualidades mais nuançadas e complexas, por exemplo, as de estrelas *pop* como David Bowie e Annie Lennox. Imagens sexualizadas já permeavam a cultura *mainstream*. Essa geração assistiu a personagens *gays* na TV e expandiu ainda mais as noções de gênero e sexualidade.

O que isso significa para os relacionamentos de longo prazo: Plutão está domiciliado no signo de Escorpião, marcando esta geração com paixão intensa, mas ao mesmo tempo com cautela, para não ser magoada. Estas pessoas anseiam por ligação profunda quando se trata de parceria.

PLUTÃO EM SAGITÁRIO (1995-2008)

Este posicionamento também ocorreu entre 1746 e 1762. Pessoas nascidas durante esses períodos foram educadas com compreensão paradoxal do mundo. Por um lado, foram tempos de prosperidade; por outro, as tensões políticas chegavam ao ponto da ruptura. No caso da era mais recente, os oprimidos e pobres foram ficando cada vez mais impacientes com a classe dominante. A consciência da necessidade de mudança cresceu, e essas pessoas tenderam a desenvolver interesse pela reforma política e pela revolução. Souberam também inspirar os outros com seu carisma e personalidade enérgica. Houve ainda expansão dos papéis e normas de gênero, além de crescente aceitação das diferentes apresentações de gênero. As mídias sociais e a autopublicação tornaram-se mais disponíveis, possibilitando que todo um grupo de pessoas antes marginalizado contornasse as barreiras tradicionais e fizesse valer sua voz.

O que isso significa para os relacionamentos de longo prazo: embora este posicionamento tenha intensificado a necessidade de liberdade pessoal, também aprofundou a capacidade dessas pessoas de partilhar a vida. Em meio à guerra e à crescente desigualdade econômica, elas se reuniram em torno de suas paixões.

PLUTÃO EM CAPRICÓRNIO (2008-2024)

O Massacre de Boston, a Tea Party de Boston, a Revolução Americana e a assinatura da Declaração de Independência ocorreram durante o período anterior em que Plutão esteve em Capricórnio (1762 a 1778). A geração atual veio desfazer muitas das restrições estabelecidas durante a fase de Plutão em Sagitário – em particular no que se refere à falta de privacidade e ao controle corporativo. Trata-se de uma geração muito comprometida com a mudança, sendo, por vezes, bastante cética acerca do estado do mundo. Abordará a tarefa de melhorar o mundo com determinação sombria, dedicada às suas causas, com moral e ambições sólidas; mas também utilizará o panorama da opressão em seu benefício. Em vez de pregar o poder ou abordá-lo de forma didática, essa geração encarnará esse poder. Essas pessoas podem ter mais estima por questões práticas ou externas que por questões pessoais; podem ser capazes de grande maturidade emocional ou, em contrapartida, ter forte tendência à introversão. Serão muito capazes, embora impiedosas.

O que isso significa para os relacionamentos de longo prazo: as pessoas desta geração serão capazes de grande maturidade emocional. Redefinirão a família e provavelmente escolherão ser pais tardiamente.

PLUTÃO NAS CASAS

PLUTÃO NA PRIMEIRA CASA

Os que possuem este posicionamento são propensos a ter uma forma intensa de se apresentar e é provável que tentem controlar o modo como os outros os veem. E, apesar de quererem ser percebidos e apoiados, nem sempre conseguem tolerar que isso aconteça. Podem ser muito reservados ou compulsivamente honestos – ou oscilar entre esses extremos. Acontece, com frequências, de entrarem em relacionamentos muito intensos, e essa intensidade pode ou afastar ou atrair os outros. Tendem a ser muito voltados à sexualidade ou assexuais. Quando problemas reais aparecem, sua capacidade de ajudar os outros é profunda.

PLUTÃO NA SEGUNDA CASA

Estas pessoas tendem a viver conflitos de poder em torno de seus recursos ou a ter relação intensa com o dinheiro e suas obrigações. Equiparam dinheiro com controle e precisam ter cuidado para não desenvolver ressentimentos em relação aos parceiros em torno dessa questão. Quanto mais forem capazes de assumir a responsabilidade pelo que têm, precisam e acreditam, maior será a sensação de fluxo e colaboração com os parceiros. Se derem demasiada ênfase ao dinheiro ou a receber e a dar presentes materiais, poderão sentir que o relacionamento gira em torno de segundas intenções.

PLUTÃO NA TERCEIRA CASA

Quem tem Plutão na terceira casa usa a comunicação como meio de poder. São indivíduos que podem omitir ou ocultar informações, ou usar confidências passadas contra o parceiro quando as coisas dão errado. Seu pensamento pode ser profundo e penetrante, o que, quando aplicado de forma criativa, lhes dá tremenda percepção para trabalhar as ideias e chegar a uma resolução autêntica. Quando aplicado de modo negativo, o pensamento corre o risco de ser destrutivo, defensivo e maldoso.

PLUTÃO NA QUARTA CASA

Os que têm este posicionamento apresentam, muitas vezes, problemas de abandono – às vezes até sentem medo de estar sozinhos em casa. Seu impulso para construir uma família é fortíssimo, e sentem-se inclinados a agarrar-se ao relacionamento com unhas e dentes, uma vez que tenham constatado que alguém os faz se sentir seguros. Podem mimar as pessoas que amam como forma de compensar ressentimentos, mas a vontade de ficar perto dos parceiros ao longo dos períodos difíceis muitas vezes lhes permite transformar a dor em experiência de crescimento.

PLUTÃO NA QUINTA CASA

Estas pessoas possuem sentimentos muito fortes sobre ter filhos biológicos – a favor ou contra. Esta é a casa da criatividade e das artes, por isso podem ter vontade de ter uma vida criativa que dê à luz projetos em vez de bebês. Precisam de muita atenção, mas não de qualquer tipo. Quando as demonstrações de amor não se parecem com como eles pensam que o amor deve ser, isso pode ferir seus sentimentos. O sexo para essas pessoas pode ser uma arena de conflito de poder ou um modo de construir intimidade e confiança; por outro lado, o controle sobre a própria sexualidade é importante para que possam alcançar satisfação física com os parceiros, no longo prazo.

PLUTÃO NA SEXTA CASA

Estas pessoas podem ficar tão fixadas nas responsabilidades que têm nos relacionamentos que podem se esquecer de que têm escolha – ou esquecer-se de verificar se o relacionamento está mesmo dando certo. Quem tem este posicionamento precisa estipular limites pessoais saudáveis para não se martirizar pelo parceiro e, depois, se ressentir contra ele. Pelo lado positivo, são capazes de mover montanhas na vida e sabem manter-se ligados aos parceiros no longo prazo.

PLUTÃO NA SÉTIMA CASA

Bastante obsessivas na vontade de formar parcerias, estas pessoas podem apressar-se a assumir compromissos antes de verificar, a fundo, o candidato a parceiro. Isto pode levar a relacionamentos sem bases sólidas. Estes nativos podem ter medo de ficar sozinhos, mas também precisam de muito tempo para si mesmos. Sentem que a transformação e o crescimento são inerentes a qualquer relacionamento de longo prazo, e isso pode capacitá-los a procurar resolver os ciclos difíceis ou, por outro lado, inclina-los a permanecer em relacionamentos nos quais o ressentimento e os embates pelo poder têm relevância desproporcional.

PLUTÃO NA OITAVA CASA

Esta é a colocação natural de Plutão; por isso, estas pessoas, muitas vezes, lutam com seus ressentimentos e têm dificuldade de falar sobre as raízes de seus problemas, embora seja exatamente isso que devam aprender a fazer. Esta é também a casa dos recursos compartilhados, e, frequentemente, o planejamento financeiro nas parcerias adquire intensidade inaudita. O sexo é complicado para estes nativos; eles tendem a passar por períodos em que as relações com o próprio corpo são intensificadas ou, ao contrário, totalmente esquecidas. Quando os conflitos pelo poder se acumulam, ou quando se sentem desrespeitados, o sexo é a primeira solução buscada. Muitas vezes, têm sentimentos fortes sobre a morte e a velhice;

é importante que escolham parceiros com quem sintam que podem envelhecer e enfrentar a morte.

PLUTÃO NA NONA CASA
Persistentes na busca da verdade, essas pessoas se sentem movidas a chegar ao fundo das coisas. Podem ser bastante dogmáticas nas ideias sobre certo e errado e tendem a ter sentimentos muito vigorosos sobre religião, educação superior e outras instituições sociais. Têm mente profunda e penetrante, mas não costumam ser grandes ouvintes. É importante que cultivem maior flexibilidade no que diz respeito ao que os parceiros dizem e em que acreditam, e que assumam mais responsabilidade por seu tom de voz quando as coisas esquentarem. A aventura e a espontaneidade também são bastante intensas para elas.

PLUTÃO NA DÉCIMA CASA
Estes nativos são muito ambiciosos e têm a sensação de que estão destinados a algo grande. Por tomarem a carreira como medida da autoestima, podem ou se autossabotar ou dar à carreira ênfase excessiva. Da mesma forma, podem se esconder por trás das relações ou dar prioridade desproporcional à ambição em detrimento da parceria. Muitos indivíduos que têm este posicionamento foram criados por um pai ou mãe que abandonou a própria carreira para criá-los – ou os abandonou para seguir a carreira. De um modo ou de outro, isto pode deixá-los na defensiva na forma como priorizam seus objetivos. É fundamental que permitam aos parceiros ajudá-los e apoiá-los.

PLUTÃO NA DÉCIMA PRIMEIRA CASA
Estas pessoas anseiam pelo sentimento de pertencer a um grupo, e fazer parte de uma comunidade ou de um grupo de amigos pode ser uma fonte de grande dor ou cura. Podem vivenciar com os amigos um tipo de conflito de poder que costuma ser mais associado a relacionamentos de parceria. Por isso, é importante que os parceiros os apoiem quando investirem em suas relações platônicas. Por outro lado, podem ter reações intensas aos amigos dos parceiros e dificuldade de ajudar os conhecidos quando necessário. Quando não têm amigos nem uma comunidade à qual pertençam, correm o risco de depositar todas as suas necessidades nos relacionamentos primários.

PLUTÃO NA DÉCIMA SEGUNDA CASA
Essas pessoas tendem a abafar ou esconder as emoções mais intensas, o que pode torná-las um pouco passivo-agressivas ou manipuladoras, em um esforço para ocultar o próprio impulso de poder. Isto pode levar a uma conduta autodestrutiva ou à escolha de parceiros que expressem muita intensidade, para que elas próprias não tenham de fazê-lo. Estes nativos precisam aprender a assumir mais responsabilidade por suas escolhas e pelo autocuidado. Sua capacidade de transformação e crescimento é muito grande quando tomam a decisão de se esforçar. Têm profunda capacidade de cura e de confrontar a própria psique.

AGRADECIMENTOS

Gostaríamos de agradecer a Kari Stuart, da ICM, pelo apoio e fé neste projeto; aos nossos editores, Kaitlin Ketchum e Ashley Pierce, pelo entusiasmo e dedicação em fazê-lo brilhar; à nossa *designer* gráfica, Annie Marino, por ter trabalhado pacientemente conosco nas diversas versões do livro; e a toda a equipe da Ten Speed Press, pelo trabalho, que permitiu a este livro nascer para o mundo. Obrigado também a Joel Burden, por acrescentar cor e vida a esta obra, e a Annabel Gat, pela sabedoria e apoio.

DE JESSICA LANYADOO Obrigada ao meu noivo, Anders, a quem amo para sempre; a Nikki Sacchi, por todo apoio e mentoria ao longo dos anos; e à minha comunidade de astrologia, tanto na vida real como *on-line*, por serem essas criaturas singulares e fabulosas que me acompanham aqui na Terra. Também quero dedicar minha mais profunda gratidão a todas as pessoas que fizeram consultas astrológicas comigo; vocês abriram o coração para mim com toda a confiança, por isso serei sempre grata.

DE T. GREENAWAY Muitíssimo obrigada a Justin, Marlow e ao restante da minha família. E a todos na NOTTO, pela inestimável companhia.

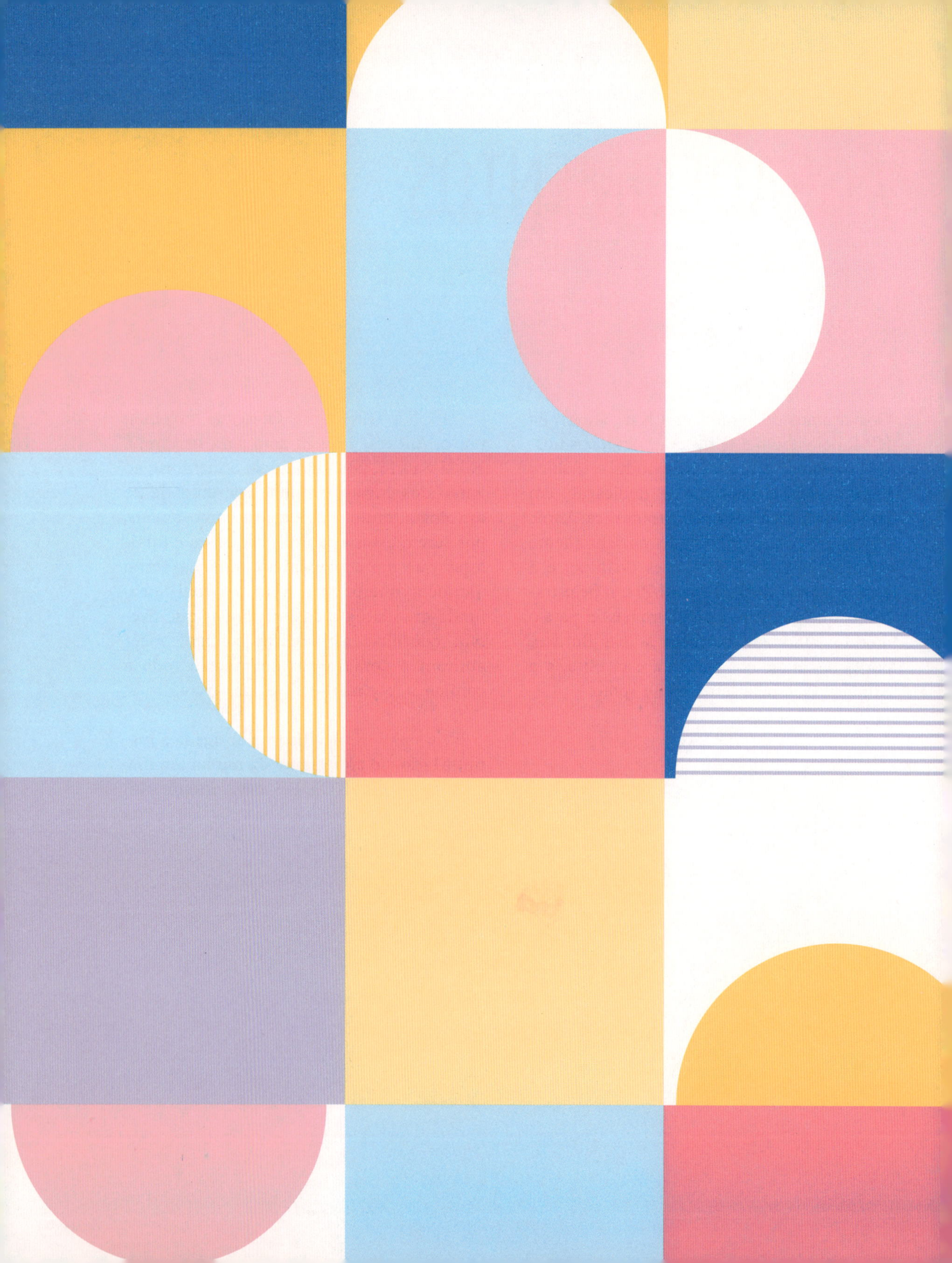

SOBRE AS AUTORAS

JESSICA LANYADOO reuniu-se com milhares de clientes nos últimos vinte anos. É astróloga e médium respeitada internacionalmente, com fãs e clientes em todo o mundo. Ouça seu programa semanal, *Ghost of a Podcast*, leia os horóscopos que ela publica e use o gerador gratuito de mapas astral no *site*: lovelanyadoo.com.

T. GREENAWAY é jornalista e editora. Seus trabalhos têm sido publicados no *New York Times*, na NBC News, no NPR.org, no *The Guardian*, na *Food & Wine* e na *Mother Jones*, entre outros lugares.

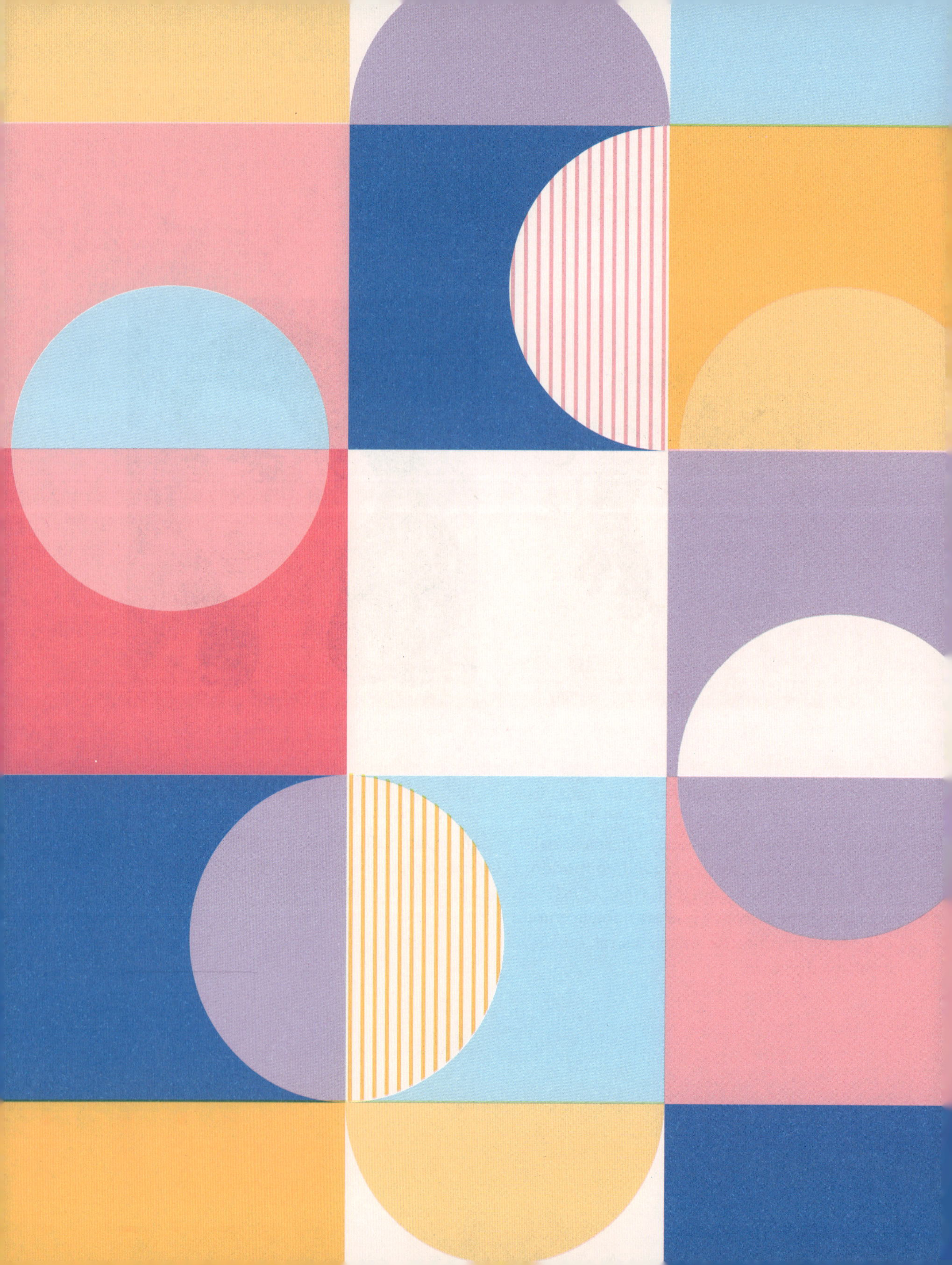

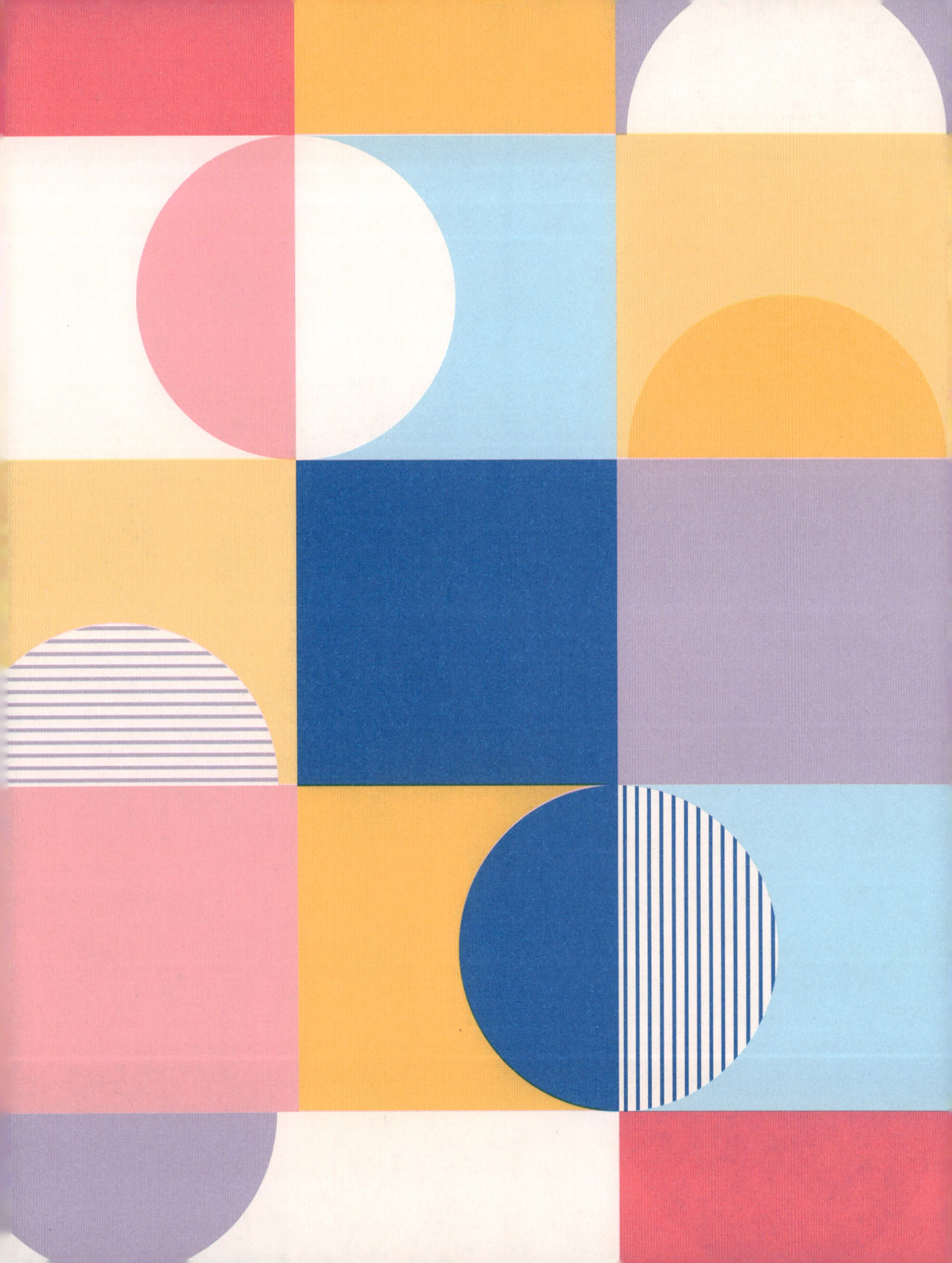

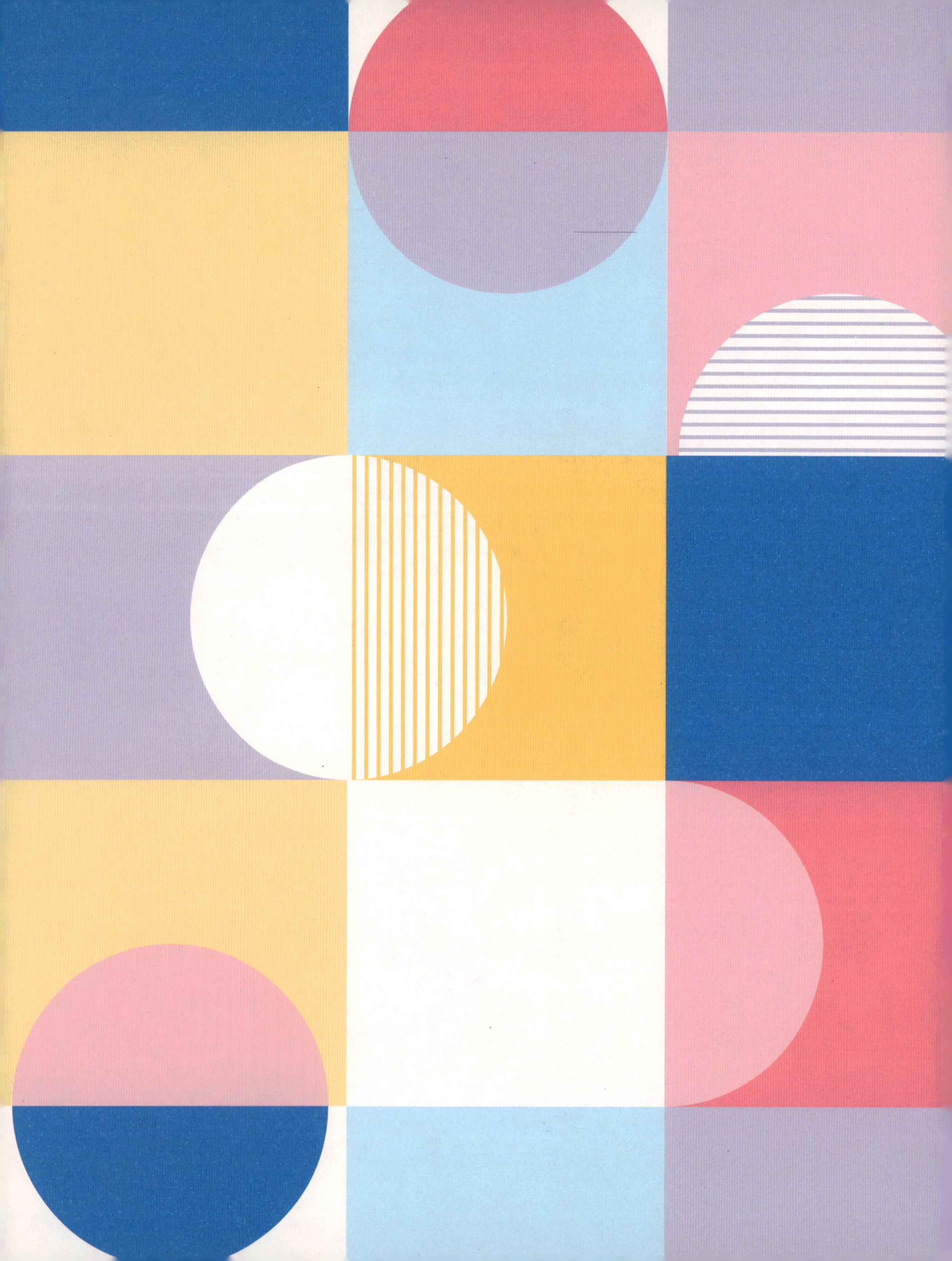